HR GIGER

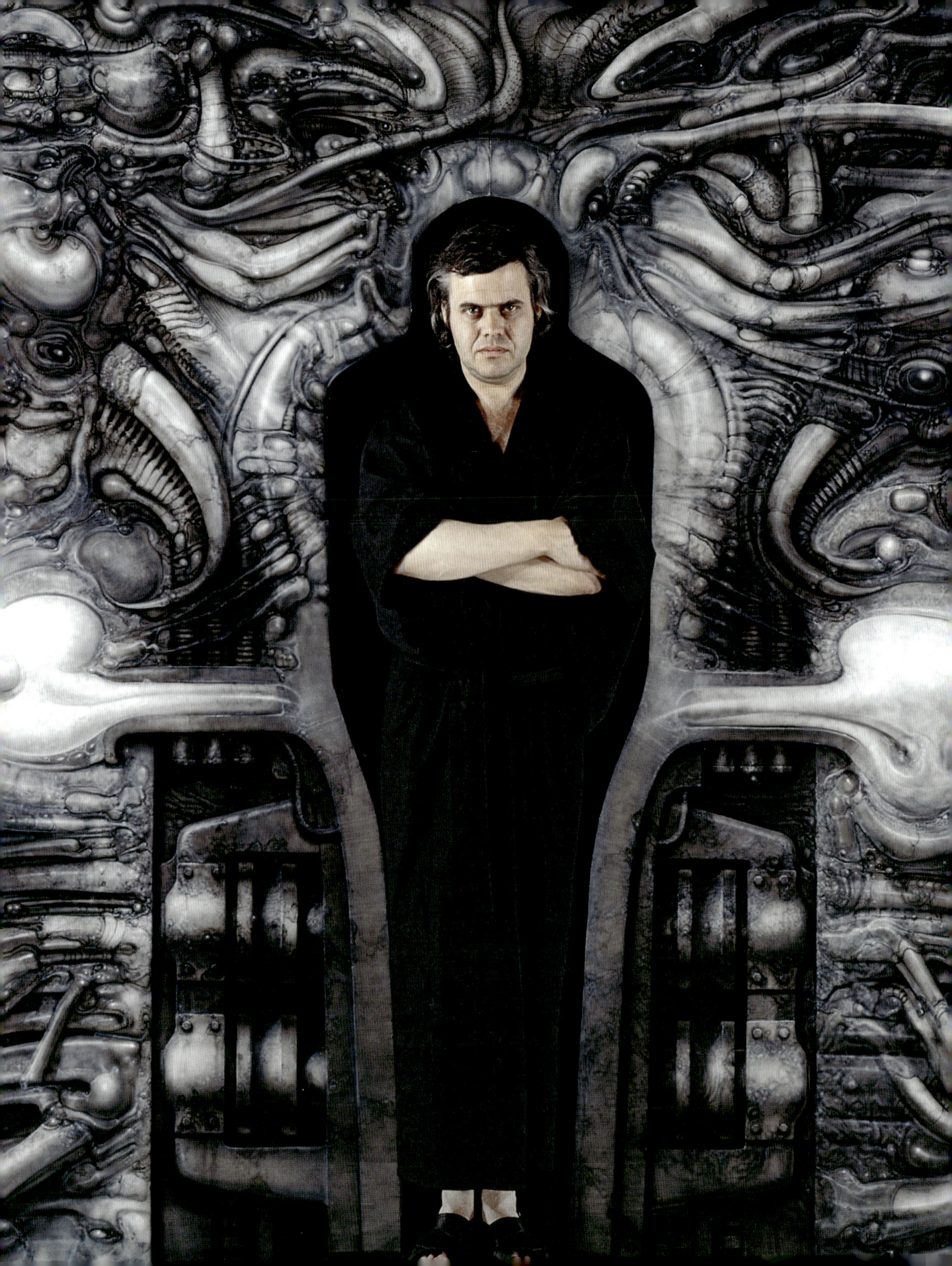

HR Giger

HR Giger

1940–2014

TASCHEN

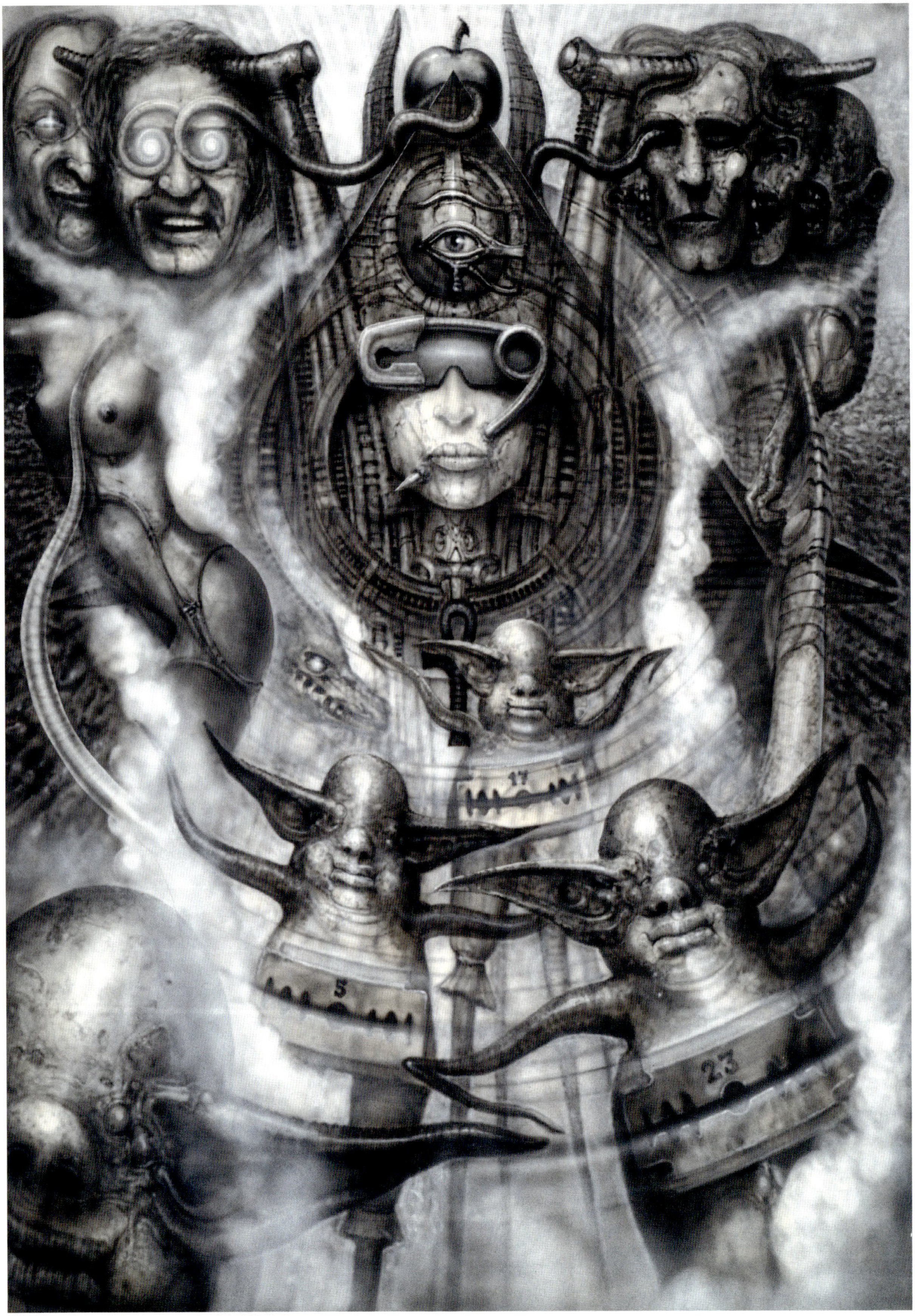
17
5
23

Préface

Je suis assis à mon bureau dans notre maison sur les collines qui dominent Hollywood, occupé à écrire une préface pour le livre *N. Y. City de Giger*. Je regarde par la fenêtre et vois les rosiers en fleur, plantés par Barbara, les douze cyprès élancés venant d'Italie, la colline verte, couverte de lierre. Le chien et le chat jouent sur la pelouse. Le ciel est bleu.

Des photos de *N. Y. City de Giger* sont éparpillées sur mon bureau. Je les examine pour la énième fois, comblé d'admiration pour ce peintre suisse qui est en train de créer l'art du 21e siècle. Les mots me manquent pour décrire les pages de ce livre, d'une précision scientifique, arrachées de mon propre corps. Il suffit d'y jeter un coup d'œil pour comprendre mon dilemme. Notre langue primitive, préscientifique n'a que trop peu de mots suffisamment exacts pour faire sentir les états terrifiants que ce peintre nous révèle.

Giger, tu découpes les tissus cellulaires de mon corps en lamelles d'épaisseur microscopique, et tu les exposes aux yeux de tous. Giger, tu coupes mon cerveau en tranches avec le fil de ton rasoir, et, encore palpitantes, tu en couvres la toile.

Giger, tu es l'étranger tapi au fond de mon corps, qui pond des œufs desquels vont éclore des merveilles. Ton cocon est fait de fils de soie dont tu t'es enroulé et tu as creusé un tunnel profond jusque dans les régions sages de mon cerveau. Giger, tu vois plus loin que nous autres, primates domestiqués. Appartiens-tu à une espèce douée d'une intelligence supérieure ? Es-tu un visiteur contagieux, qui avec ses yeux en forme de pétale de pavot grand ouverts, scrute nos organes de reproduction ?

L'âge d'or de la chimie commença le jour où August Kekulé von Stradonitz, faisant le rêve d'un serpent se mordant la queue, découvrit l'anneau de carbone.

L'âge d'or de la physique commença quand Einstein comprit le principe de la relativité en rêvant qu'il flottait au milieu de l'air à l'intérieur d'un ascenseur.

Et voici Giger. Il a, de toute évidence, activé les circuits de son cerveau qui régissent les systèmes unicellulaires, les technologies botaniques, les mécanismes des acides aminés de notre corps. Giger est devenu le photographe officiel de l'âge d'or de la biologie.

Son œuvre nous rend confus, l'étendue du temps évolutionnaire qu'il nous montre nous met mal à l'aise. Il nous fait voir d'une lumière trop crue nos formes originelles et nos formes futures. Il fouille dans notre mémoire biologique. Il nous prend en photo, huit mois avant la naissance. Ce sont des paysages

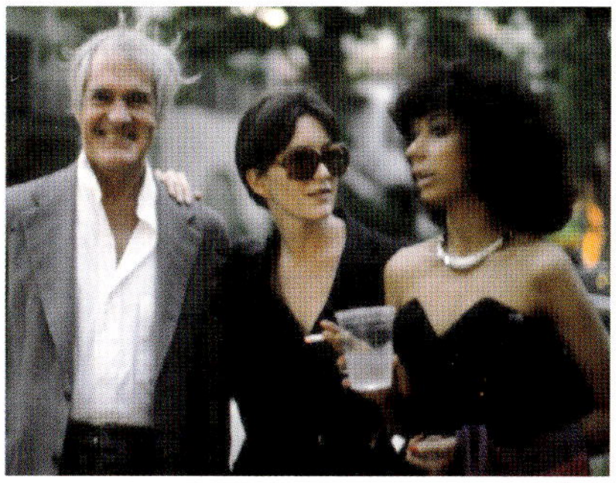

Tim et Barbara Leary, Mia, 1980

Illuminatus I, 1978
Acrylique sur papier, 100 x 70 cm

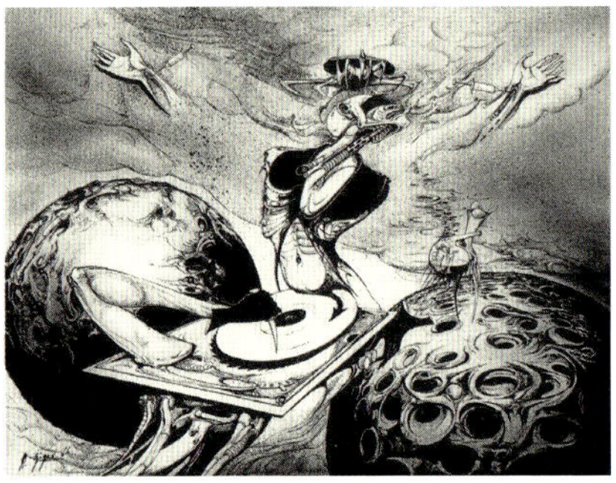

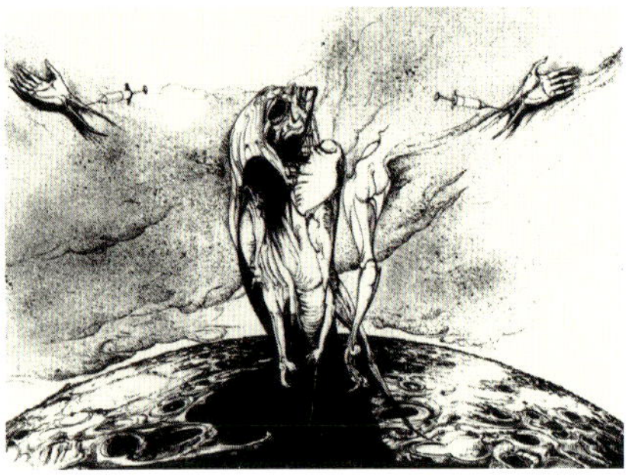

The Voice of America I, 1966
Encre de Chine sur papier, 42 x 50 cm

The Voice of America II, 1966
Encre de Chine sur papier, 42 x 60 cm

N.Y. City III (Straight), 1980
Acrylique et encre de Chine
sur papier, 100 x 70 cm

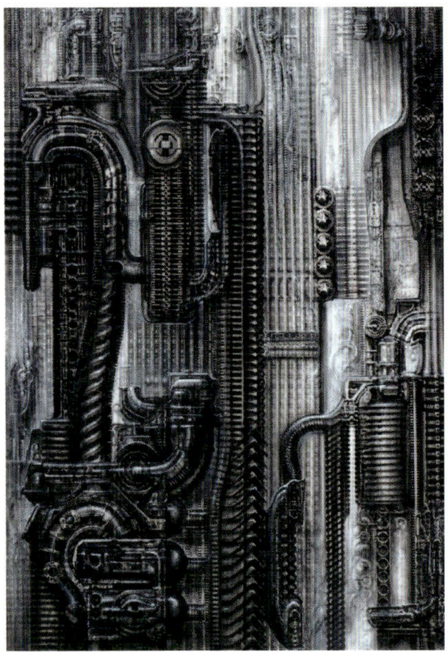

gynécologiques, des cartes postales intra-utérines. Giger plonge encore plus loin dans notre passé, sondant le noyau de nos cellules. Voulez-vous savoir à quoi ressemble votre code génétique A.D.N. ? Jetez donc un regard un peu plus loin. Pouvez-vous supporter la vue de vos cellules et de vos tissus, mus par l'A.R.N., se reproduisant, se divisant sans cesse, se rapprochant tels des clones pour former l'architecture de notre chair ? Dans ce cas, tournez la page. Tout comme Jheronimus Bosch ou Pieter Breughel, Giger nous montre sans pitié l'anabolisme et le catabolisme de notre réalité multiple.

Nous nous voyons dans ses tableaux comme des sortes d'embryons rampants, des larves protégées par la membrane faite de notre conception du Moi, attendant le moment de notre métamorphose, le moment de renaître. Nos villes, nos civilisations ressemblent à des fourmilières, des ruches colonisées par des créatures larvaires grouillantes : nous-mêmes.

Giger nous encourage à nous reconnaître en ces formes insectoïdes. Le naturaliste Eugène Marais et le socio-biologiste de Harvard, Edward Wilson, ont tous deux décrit les technologies complexes et compliquées de survie, élaborées par les insectes vivant en société. Ces ethnologues nous apprennent que des civilisations urbaines organisées, des termites, par exemple, existent depuis plus de 400 millions d'années. Nous apprenons de ces insectes les stratégies évolutionnaires d'espèces douées d'intelligence. Si la nôtre doit évoluer et survivre, il faut essayer de comprendre exactement en quoi ces insectes nous sont supérieurs. Ils ont développé le processus de la métamorphose, une tactique selon laquelle l'individu passe par plusieurs stades, reçoit des informations et devient plus mobile avec chaque information. Ils mettent en pratique la division du travail et forment des castes structurelles et temporelles. Ces insectes se transforment et leurs corps ailés s'élèvent dans les airs, portant le message sacré du code A.D.N. de l'espèce, passant à de nouvelles cases écologiques. L'intelligence de l'œuf prévoit l'organisation harmonieuse, souple et diverse de la ruche (le fond commun génétique).

L'ère des villes est dépassée. Comment un être libre et intelligent pourrait-il jamais vouloir vivre comme un rongeur, furtif, furetant dans l'ombre des cavernes d'une grande métropole ? Le citadin est une sorte de créature embryonnaire, une limace larvaire qui attend de se métamorphoser en une créature volante et chatoyante. Et vous ?

Que cela nous plaise ou non, nous sommes tous des envahisseurs sous forme d'insectes, des étrangers creusant à l'intérieur de nos corps urbanoïdes. Les paysages de chair que nous montre Giger, ses lamelles microscopiques, sont autant de signes nous appelant à la mutation.

Citadins, tenez-vous prêts, c'est l'heure de passer à un autre stade de l'évolution. Nous n'aurons plus besoin de nous cramponner comme des bernicles ou de ramper comme des chenilles dans l'obscurité des dédales de la métropole de nos tissus cellulaires.

L'œuvre de Giger illumine en un éclair l'intelligence biologique, éclairant même les profondeurs ténébreuses des grottes de nos villes. Le signal génétique est clairement donné, nous exhortant à sortir de nos tunnels, à exposer l'enveloppe membraneuse de nos corps pâles à la lumière du ciel et du soleil. Déployez vos ailes de soie superbes ! Élevez-vous dans l'air, planez au-dessus de la surface de la planète et montez loin dans l'espace !

C'est là le génie évolutionnaire de Giger. Il nous ramène loin dans les profondeurs de notre passé marécageux, végétatif, pour découvrir nos formes d'insecte, mais il nous propulse toujours en avant vers l'espace de notre avenir. Sa perspective est en fin de compte post-terrestre. Il nous enseigne à aimer

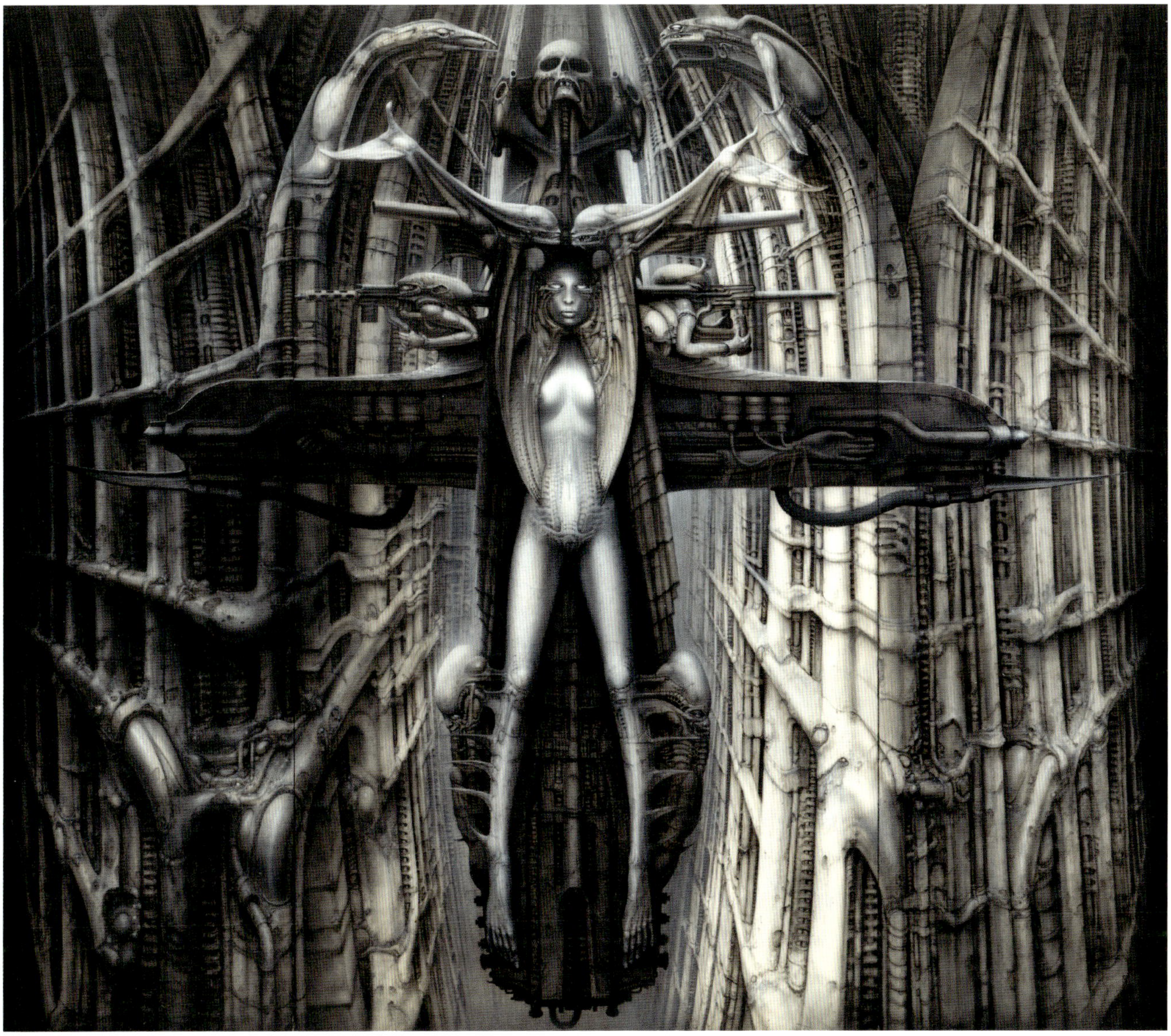

The Spell I, 1973/74
Acrylique et encre de Chine
sur papier sur bois, 240 x 280 cm

nos corps visqueux, primaires, d'insectes rampants, pour nous aider à nous métamorphoser.

Nous aimons Giger ici en Californie. Nous lui avons décerné l'Oscar, le prix d'excellence scientifique.

Nous aimons Giger parce que Los Angeles n'est pas une ville. Nous sommes déjà de l'ère post-urbaine. Il n'y a pas de métro en Californie. Nous vivons comme dans l'espace, au sein de petites collectivités, dans des quartiers reliés par des autoroutes.

Bien. Je viens de terminer mon hommage au génie de Giger. Je vais quitter mon bureau et aller dans la cour intérieure ensoleillée. Les oiseaux m'appellent, un papillon vient de passer devant la fenêtre et Giger m'attend là-haut, au-dessus des arbres dans le bleu du ciel.

Timothy Leary, Hollywood, 2 juin 1984

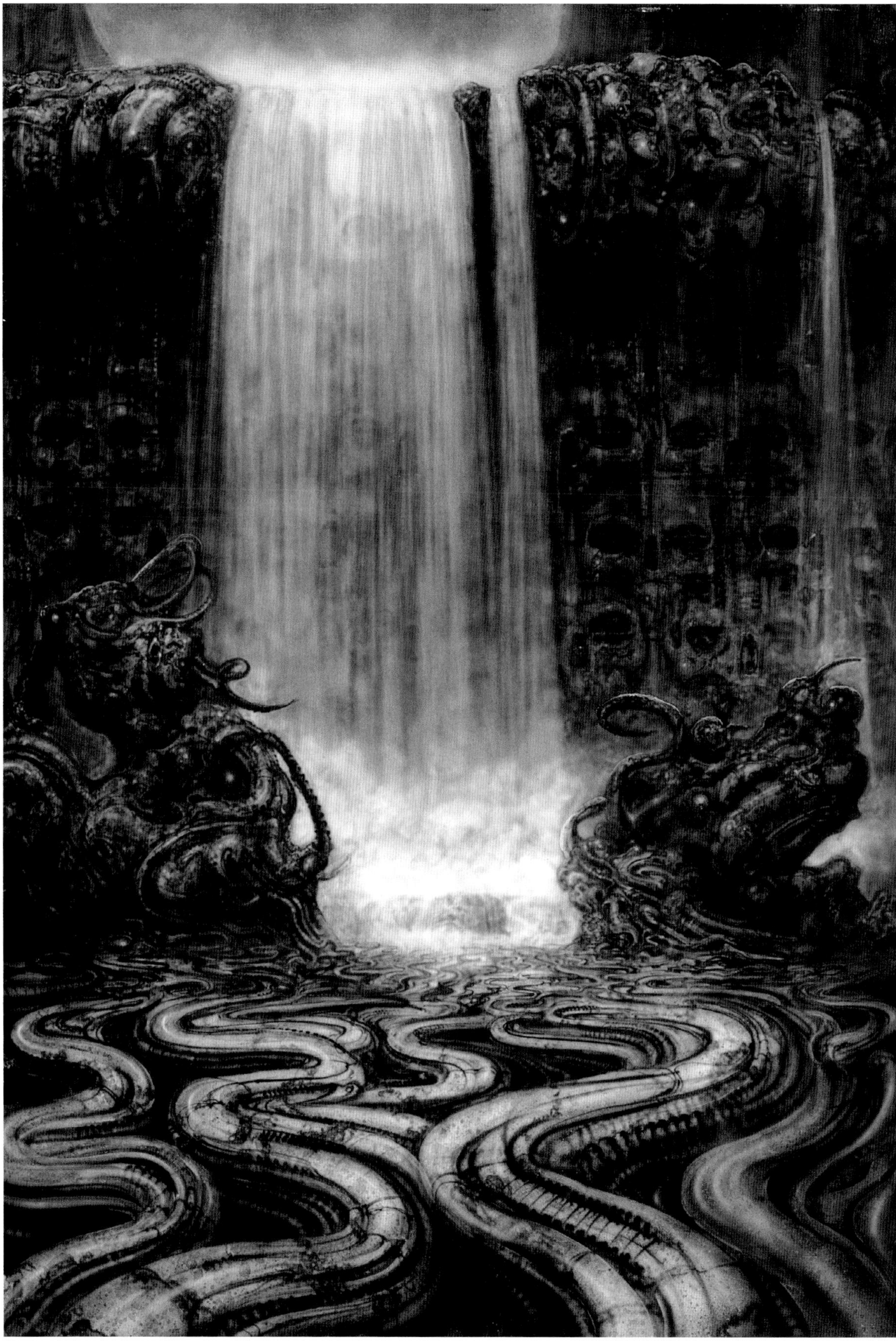

Abdul A Rh+

Après de longs voyages qui le menèrent de Coire, en passant par les Alpes, vers les régions enneigées secrètes de Flims jusqu'aux montagnes grises en traversant des vallées magnifiques, des endroits magiques souillés de funiculaires et les cascades de Flem à Segnes, il atteignit, par le Martinsloch et dépassant les frontières, Zurich, où il étudia pendant 4 ans les théories secrètes de l'École des Arts Décoratifs. S'il avait travaillé comme vendeur de meubles au Globus à Zurich, les prophéties du mage Willy Guhl se seraient réalisées.

Giger's Necronomicon

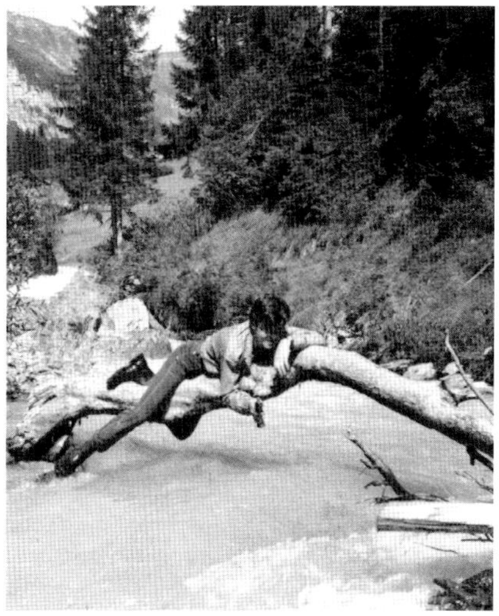

HR Giger, né le 5 février 1940 à Coire

Souvenirs de jeunesse à Coire

Très tôt déjà je fus attiré par le sexe opposé. Les endroits les plus noirs étaient ceux qui m'intéressaient le plus.

C'est pourquoi, dès que je pus m'habiller moi-même, je portai du noir. L'endroit le plus noir à la maison était sous la table, dans une pièce sans fenêtre qui me servait de salle de jeu. En bas, je jouais avec mon train électrique, mes nounours, mes guignols et des armes que je m'étais confectionnées, telles des arcs, des coups-de-poing, des poignards et autres objets qui me passionnaient.

Mais pour le beau sexe j'aurais fait n'importe quoi. Seulement, les jeunes dames ne savaient que faire de mes jouets. J'étais très timide, et je me cachais souvent dans la cave ou dans l'écurie. J'avais honte des pantalons courts que je devais porter et de mes cuisses que je trouvais trop grosses.

Le cirque était pour moi un des plus beaux événements que je connusse. Plus il était petit et intime, plus les acteurs enfants m'excitaient. Ce sont les exercices au trapèze ou à la grande corde qui me fascinaient le plus. Ce qui m'étonnait surtout, c'était la façon dont les athlètes masculins cachaient leur sexe et passaient ainsi pour des filles. J'allais à presque toutes les représentations en usant toujours de nouveaux stratagèmes que nous, enfants, devions à chaque fois découvrir pour ne pas payer. Le plus souvent, j'avais une place sous les sièges des spectateurs.

Mon enfance fut merveilleuse, pleine de secrets et de coins romantiques. Mes parents me laissaient jouer. La seule chose qui m'agaçait, c'étaient les domestiques, en partie bêtes, et leurs tentatives pour vouloir m'éduquer et faire régner l'ordre.

Cataracte, 1977
Acrylique sur papier, 100 x 70 cm

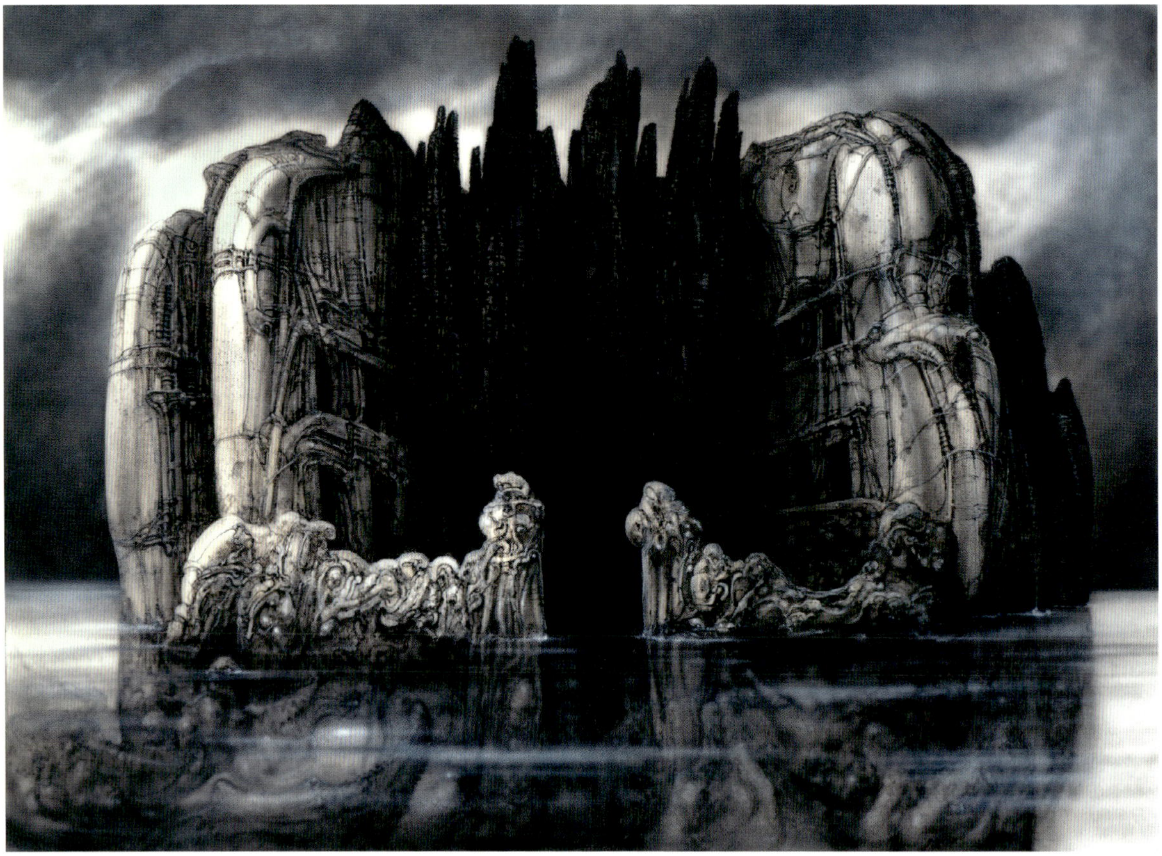

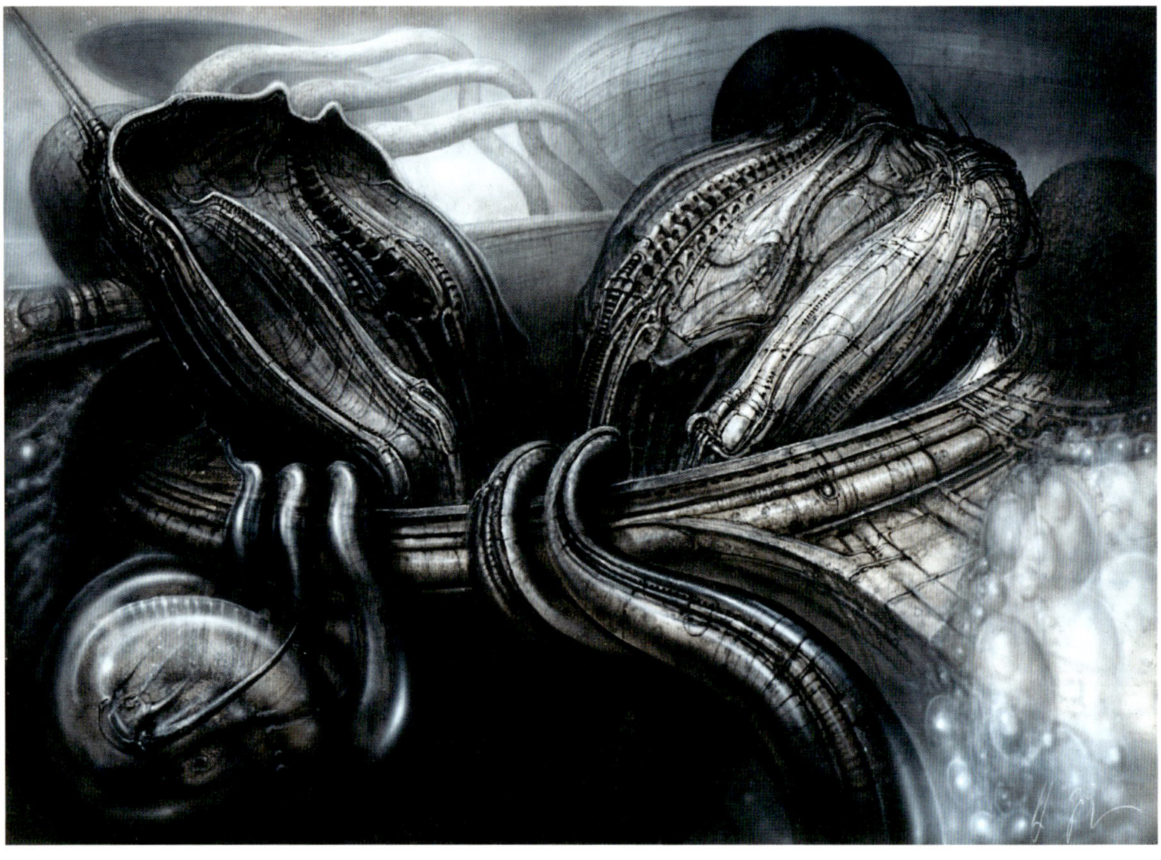

Au jardin d'enfants déjà, il y avait quelques filles que je trouvais très jolies, et j'attendais des heures entières devant leurs maisons. Cependant, il y était très mal vu de parler aux filles, et très vite on me surnomma « Coureur de jupons ».

Au jardin d'enfants catholique, où l'on devait toujours prier, on nous remettait, quand on avait été méchant, un visage du Christ ensanglanté pour nous faire comprendre que l'on est responsable de ses souffrances. Quand, plus tard, Fritz Billeter m'a demandé pourquoi j'aimais tant voir couler le sang, j'ai compris aussitôt d'où provenaient le sablier et la montre sanguinaire que j'avais construits. La tête ensanglantée du Christ au jardin d'enfants catholique en était la raison. Revenons maintenant au jardin d'enfants réformé de Tante Grittli. Les jours où le soleil brillait, nous allions nous promener, main dans la main, jusqu'à la colline des roses, où, autrefois, les assassins de Coire furent pendus. Là, Tante Grittli distribuait à chaque couple un harnais et un fouet. Bien sûr, la fille devait faire le cheval. C'était rarement le contraire, et je savourais d'avance les jarretières et les coups de fouet. Les bagarres favorisaient le contact corporel entre les enfants. Mon ami et moi – nous étions les plus âgés –, on nous enfermait toujours dans les W. C. afin que les autres enfants aient dix minutes d'avance pour rentrer chez eux. Malheureusement, il était mal vu de taper les filles.

Les six années à l'école primaire, je les ai passées dans une école dite pilote. L'école s'appelait ainsi, car l'enseignement était donné par des professeurs non titularisés. Cette école était merveilleuse. Pendant six ans, il n'y eut pas de devoirs. En revanche, j'eus plus tard d'autant plus de mal au lycée. Ma classe était composée de six filles et de moi. Les filles inventaient toujours des jeux où il fallait s'embrasser.

Cela était à chaque fois très embarrassant, et je m'assurais avant chaque jeu qu'il n'était pas nécessaire d'embrasser une fille. Cependant, les petites garces savaient comment m'effrayer. Les trois premières classes avaient lieu dans une seule salle, dans laquelle l'enseignement était donné à voix haute à une classe, pendant que les autres devaient travailler, ce qui cependant arriva rarement. Tous se réjouissaient de faire la connaissance des nouveaux enseignants qui devaient jouer au professeur. Nous les rendions fous, car ils n'avaient pas le droit de nous battre. Le professeur principal, un vieux trou du cul, nous battait d'autant plus. De la quatrième à la cinquième classe, nous avons eu un professeur principal merveilleux, il s'appelait Wieser. Il m'apprit à modeler, à dessiner, à construire des décors etc. J'avais monté mon train électrique dans la pièce à modeler de l'école, si bien que les enfants de ma classe et ceux des deux autres, y compris les enseignants, jouaient au train électrique à genoux, et la pause était parfois prolongée d'une demi-heure.

Un jour, Wieser proposa : « Maintenant, on fait des blagues. » La plaisanterie consistait à faire se regarder deux locomotives qui ne devaient pas se heurter avant que le temps se soit écoulé. Nous avions une voie électrique très perfectionnée, et chaque élève avait une aiguille à bouger. Parfois, les locomotives s'effleuraient rapidement, et nous criions d'enthousiasme, notre professeur criant le plus fort. Malheureusement, cet homme mourut du cancer, alors que j'allais encore à l'école, et alors un vieil imbécile essaya, après cinq ans d'oisiveté, de nous préparer à l'examen en nous donnant des devoirs. Nous nous moquions bien de lui.

Après la sixième année d'école, c'en était fini de la belle vie. Une peur sans fin des examens s'empara de nous. Cette peur me poursuivit jusqu'à la maison. Mon père dut faire l'expérience que, souvent, les enfants d'intellectuels ne sont pas les plus intelligents. Il essaya de m'apprendre le latin. Pendant le cours, il élevait

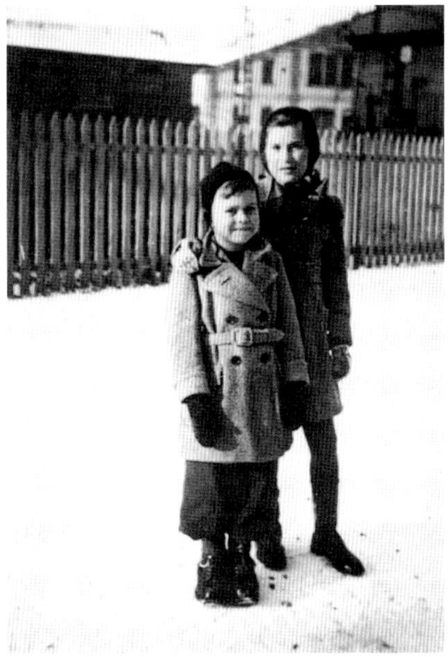

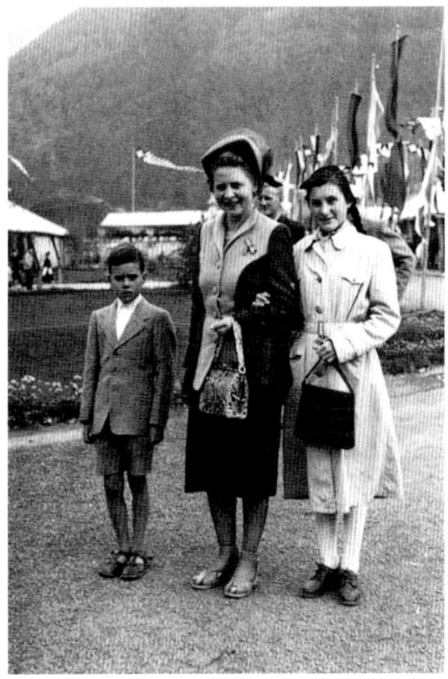

HR Giger et Dorli Goldner, vers 1945

HR Giger, Melly Giger, Dorli Goldner (orpheline) à Coire, 1949

Hommage à Böcklin, 1977
Acrylique sur papier sur bois, 100 x 140 cm

Métempsycose biomécanique, 1980
Acrylique sur papier, 70 x 100 cm

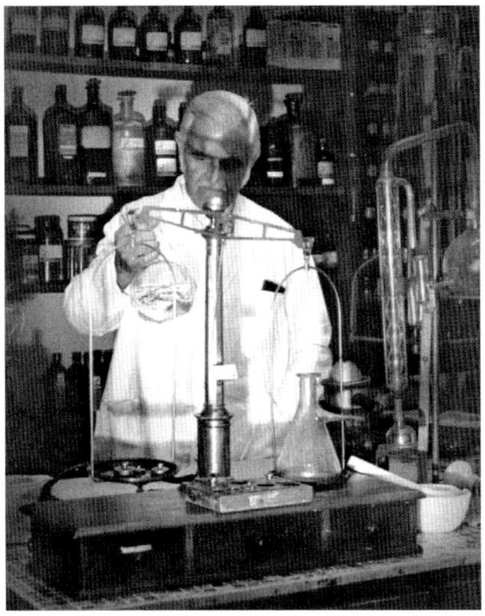

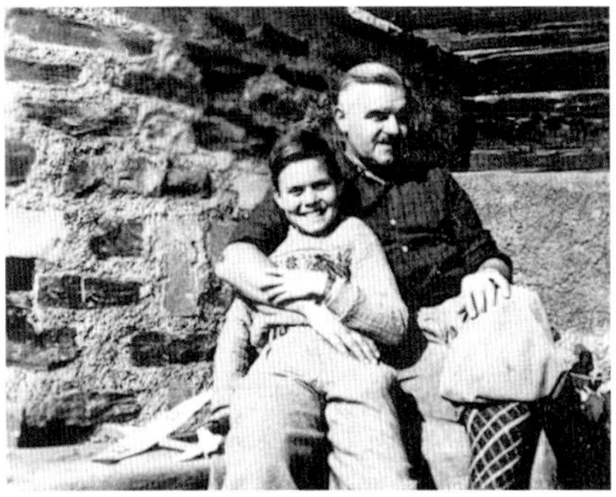

Hans Richard Giger dans sa pharmacie, Coire 1973

Père et fils Giger

PAGE 13
Paysage XV, 1972/73
Acrylique sur papier sur bois, 70 x 100 cm

Paysage XXVIII, 1974
Acrylique sur papier sur bois, 70 x 100 cm

Ébauche du jeune HR Giger pour son père

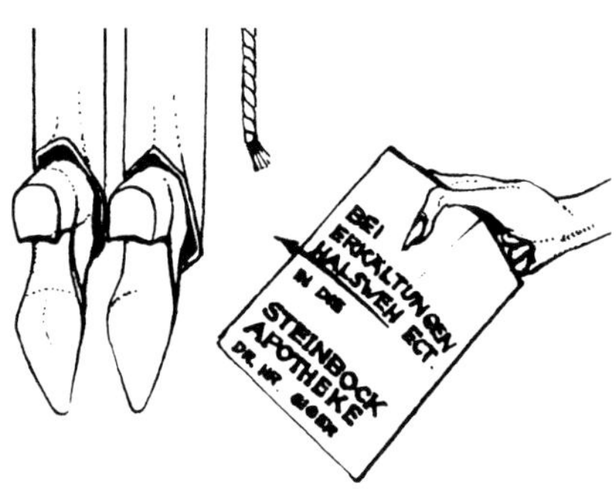

la voix de plus en plus. Ma mère était assise à la table à côté de moi. Elle étouffait ses sanglots. Elle ne pouvait pas m'aider, bien que d'habitude elle fit tout pour me voir heureux.

Je changeais de matière chaque année, pour ne pas être obligé de redoubler la classe. En cinquième année, le prof de math, un vieux con, me fit échouer à un demi-point. Redoubler une classe était quelque chose que mon père et moi ne pouvions pas nous permettre à Coire, alors en avant pour Lausanne où une Italienne me donna en français mes premiers cours d'anglais. Les connaissances en anglais sont en effet la seule chose dont je n'aurais pas voulu me passer plus tard. Sans anglais, pas de commerce dans le domaine cinématographique, pas d'Hollywood.

Mon père

Lorsque j'ai pu convaincre mon père peu avant sa mort en 1976 de donner une brève interview pour le film *Gigers Necronomicon*, il commença sa déclaration de la façon suivante : « Cela m'étonne que j'aie procréé un artiste. Cela ne peut pas être dû au lait maternel. » Puis, il se tourna vers ma mère et dit : « Tu te laisses toujours si facilement effrayer et tu vois des fantômes. » Sur quoi ma mère répondit : « Je suis peureuse, mais je ne vois pas de fantômes, pas encore. »

Profession peu lucrative, c'était la parole favorite de mon père ; il voulait dire par là que l'art contemporain ne permettait même pas d'assurer sa vie de tous les jours. Ainsi, faute de bonnes notes, à l'âge de 18 ans – deux ans avant le baccalauréat –, on me mit en apprentissage chez un architecte des Grisons. Mon penchant pour le dessin et le fait que ce métier me garantissait un boulot assuré même en des temps mauvais étaient les raisons décisives pour que j'épouse la profession de dessinateur industriel.

À Coire (Suisse), le mot artiste était considéré comme un terme injurieux qui signifie à la fois soûlard, libertin, paresseux et débile.

À vrai dire, je ne connaissais guère mon père. Il était un homme très réservé, très honnête et aidait tous ceux qui étaient dans la gêne ; en tant que docteur et pharmacien, président de l'association des pharmaciens et du service de sauvetage alpin, il était une personne respectée. Dans la pharmacie de mon père, il y avait, à côté des pilules, des sangsues que je devais livrer à vélo, en tant que distributeur, à des médecins et à des gens normaux. Afin que les bêtes ne crèvent pas, les flacons à grandes ouvertures n'étaient fermés que provisoirement avec de la gaze fixée par un élastique. Chacun peut s'imaginer l'état de la marchandise transportée lors de son arrivée. Nettoyées à la va-vite pour éliminer la poussière de la rue, on remettait les sangsues à moitié mortes dans les sacoches.

Mon père était un homme autoritaire mais gentil, qui ne m'a jamais battu – à l'exception d'une seule fois. À sa place, j'aurais probablement commis un meurtre.

Près de la pharmacie, on était en train – une fois de plus – d'éventrer le pavé pour enterrer un câble électrique. Quand il fit nuit, j'avais déjà mis en sûreté mon butin. C'était un bout de câble en cuivre d'environ deux mètres, revêtu de plomb et enveloppé d'un bandage épais de bitume. Avec ma lampe à essence, j'enlevai d'abord le bitume ; puis, je fis fondre le plomb qui me servit plus tard à fabriquer des armes. Les moules en acier de la pharmacie pour faire des suppositoires se prêtaient très bien à la fabrication de balles de revolver. Les coups-de-poing, je les moulai dans des plâtres faits d'après des modèles en cire. Malheureusement, j'avais choisi comme lieu de travail la cave située au-dessous de la pharmacie ; là, il n'y avait pas d'ouverture pour aérer. Tout à fait plongé dans mon travail,

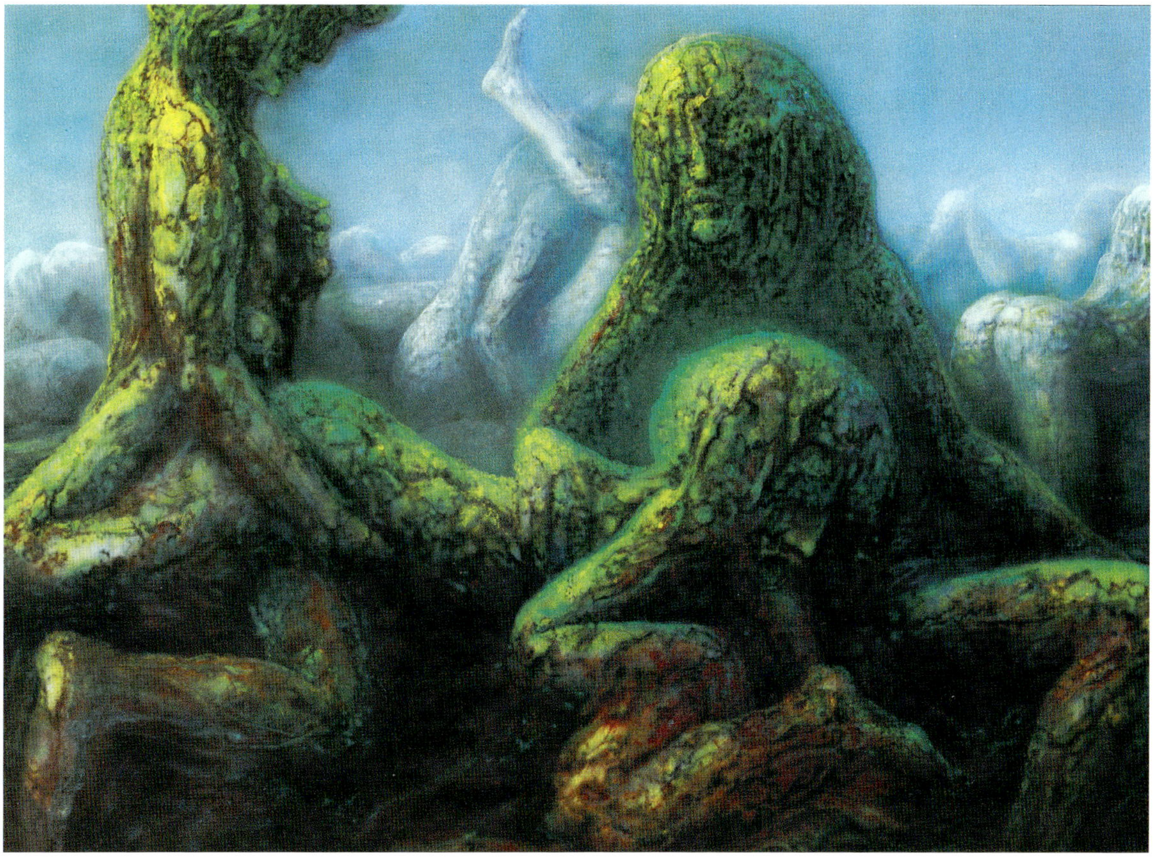

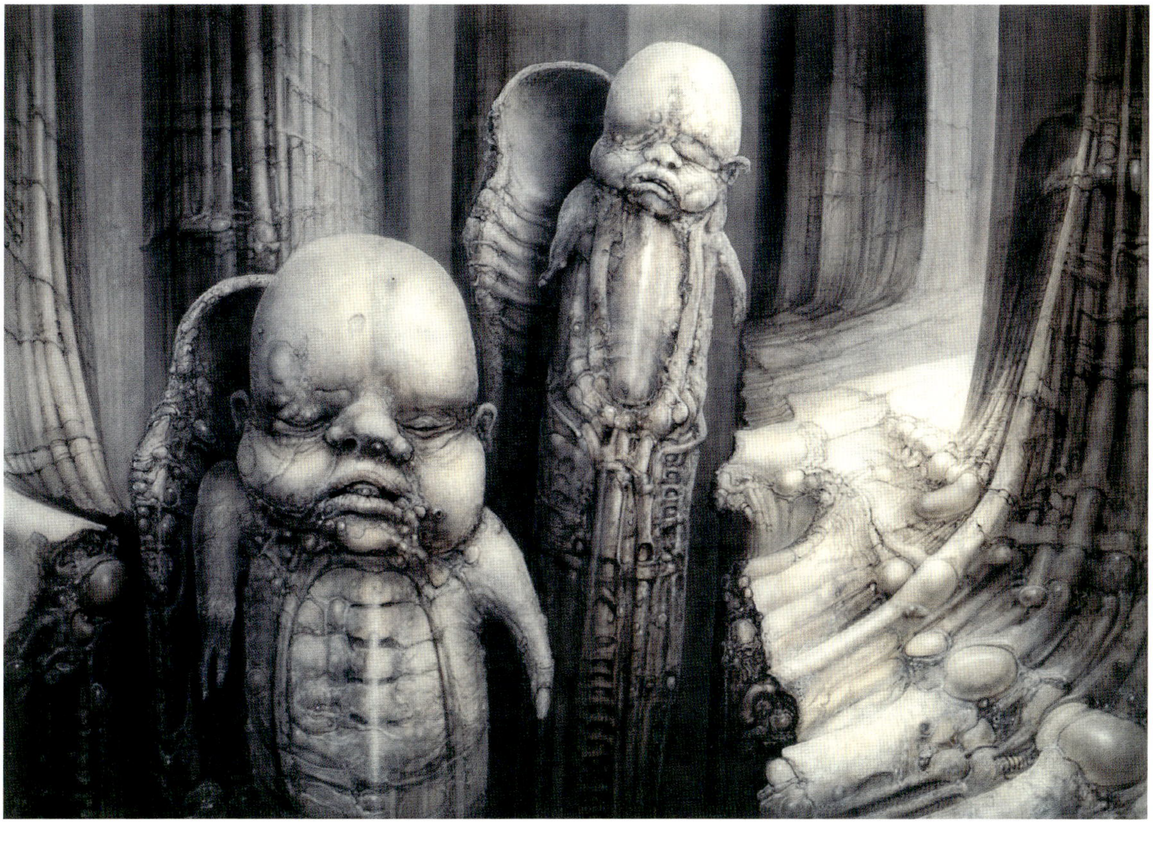

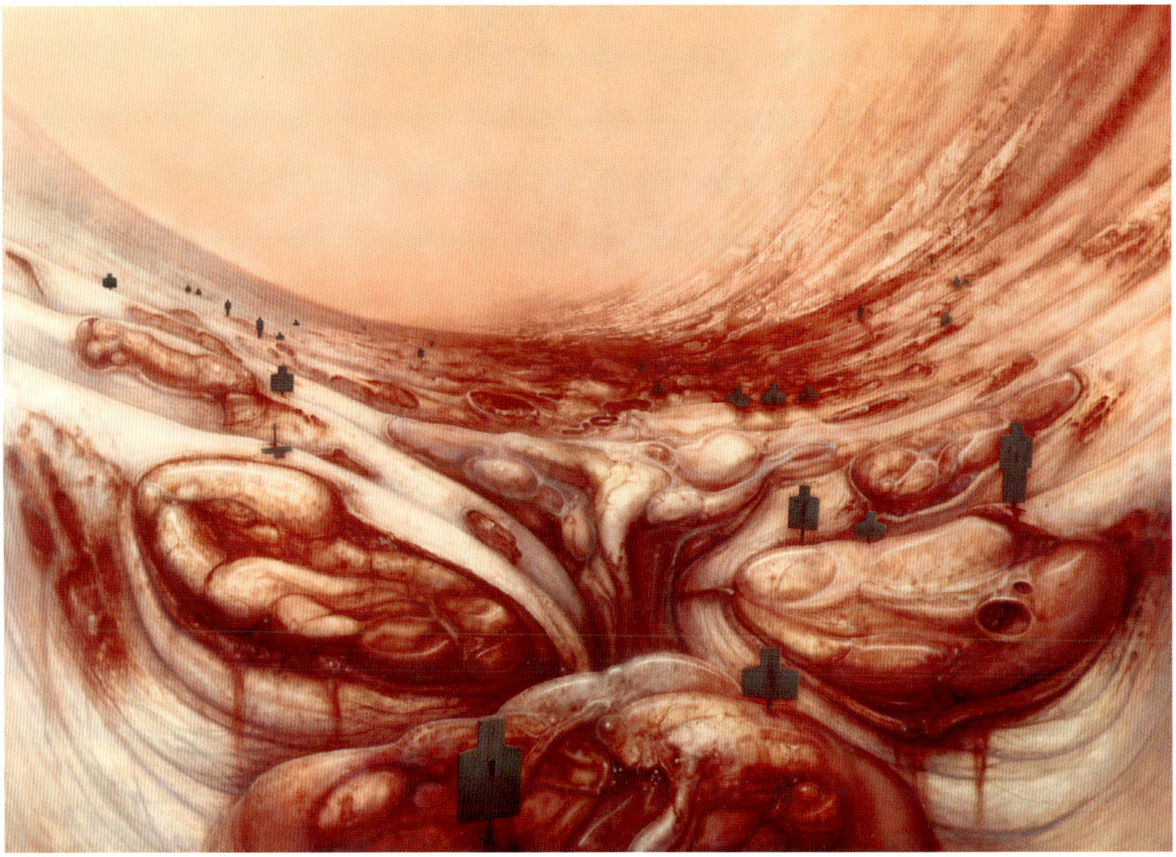

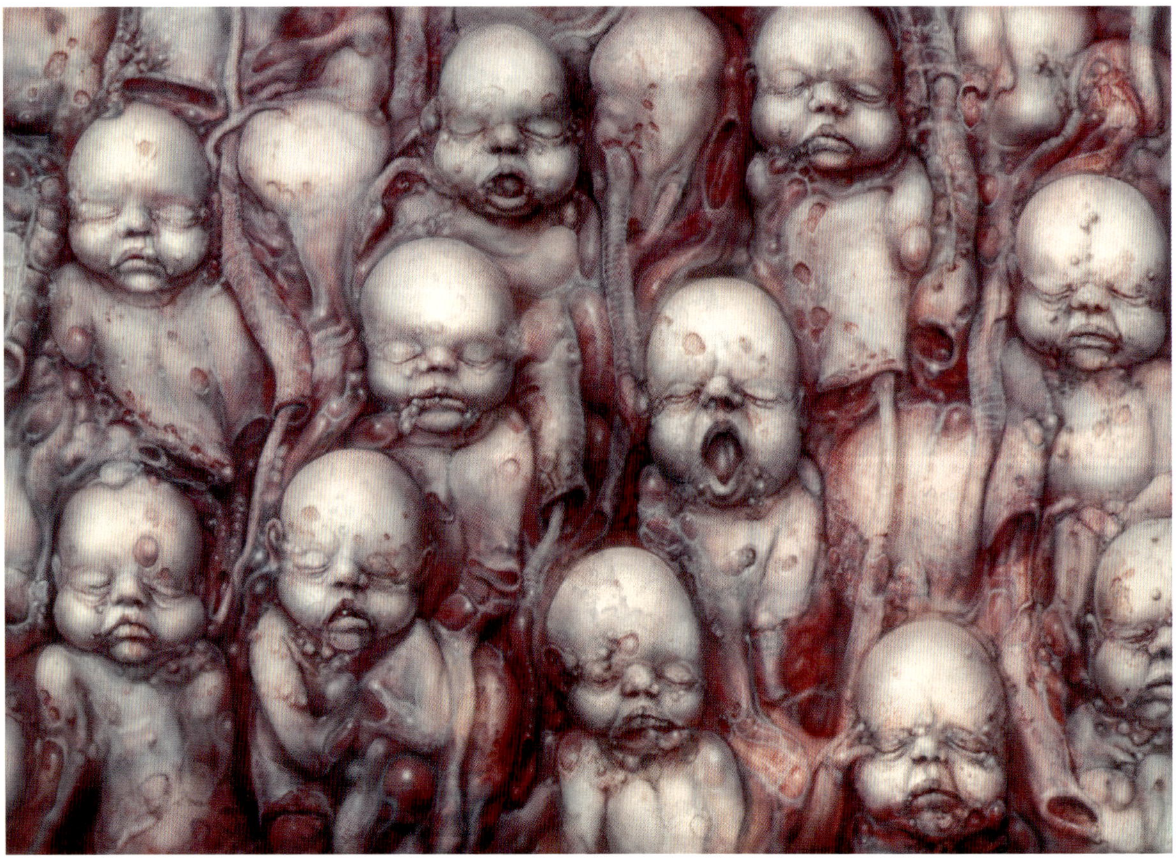

comme un vrai alchimiste – abruti –, après avoir fait fondre le plomb et brûlé le bitume pendant des heures entières, j'entendis tout à coup sa voix. Jamais plus tard, je ne le vis plus furieux. À travers une fumée épaisse et noircie par la suie, une sorte de brouillard londonien que je ne connaissais que dans les films d'Edgar Wallace, je vis fondre sur moi un tablier blanc de pharmacien. J'ai vite compris la situation et pris mes jambes à mon cou. Pourtant, en passant devant lui, je pris quelques gifles. Je me suis caché pendant deux jours. Pendant ce temps, il fallut réunir toute la main-d'œuvre disponible pour nettoyer la pharmacie. Quand mon père, qui avait cru d'abord que la pharmacie était en flammes, me repéra et comprit que j'étais l'auteur de l'incendie, la peur avait attisé la rage. Le bureau, le dépôt, l'armoire contenant les poisons, toutes les pièces – remplies de milliers de petits flacons – étaient noires. Une couche poisseuse et huileuse revêtait tous les objets. Celui qui connaissait notre pharmacie, peut s'imaginer qu'il y a aujourd'hui encore, après 40 ans, des flacons noirs rappelant mon travail d'alchimiste. Ce plomb a coûté plus cher – et de loin – que de l'or, si l'on additionne les heures de travail de trois apprenties, d'un distributeur, de M. Karst – l'éminence grise –, de tous les employés, de ma mère et de mon père.

Je remarquai souvent chez mon père qu'il eut préféré me voir à moitié mort ou du moins couvert de sang, si je lui avais causé de graves soucis et qu'ensuite je réapparus rayonnant de joie et de santé.

Je dois avoir un bon ange gardien, car jusqu'aujourd'hui quatre personnes ont tiré sur moi. Une fois, c'était moi qui avait appuyé sur la détente. Dans deux cas, les cartouches étaient pourries et par trois fois la balle a frôlé ma tête, bien qu'on ait bien visé. On était naturellement toujours d'avis que l'arme n'était pas chargée.

Ce qui est dommage, c'est qu'on doive garder les choses les plus chouettes pour soi, puisqu'on ne peut jamais être sûr que de telles choses soient prescrites. Plus je deviens vieux, plus je deviens anxieux, car je crois qu'un homme comme moi ne peut pas simplement avoir toujours de la chance.

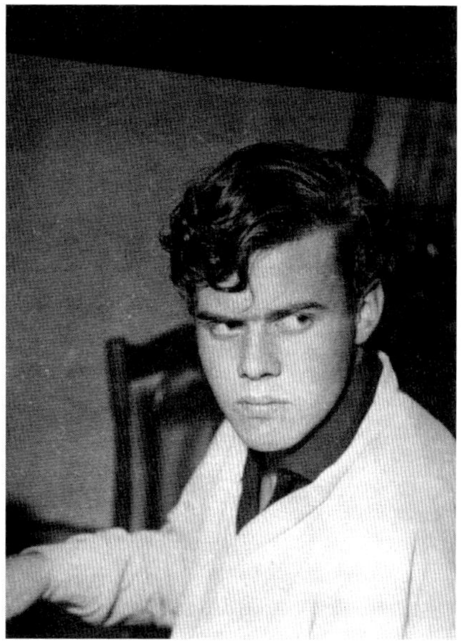

HR Giger dans la chambre noire, 1957

PAGE 14
Paysage X (Tell '73), 1972
Acrylique sur papier sur bois, 140 x 200 cm

Paysage XIV, 1972/73
Acrylique sur papier sur bois, 70 x 100 cm

EN BAS À GAUCHE
La chambre noire, 1960

EN BAS À DROITE
Soirée de jazz dans la chambre noire, 1956

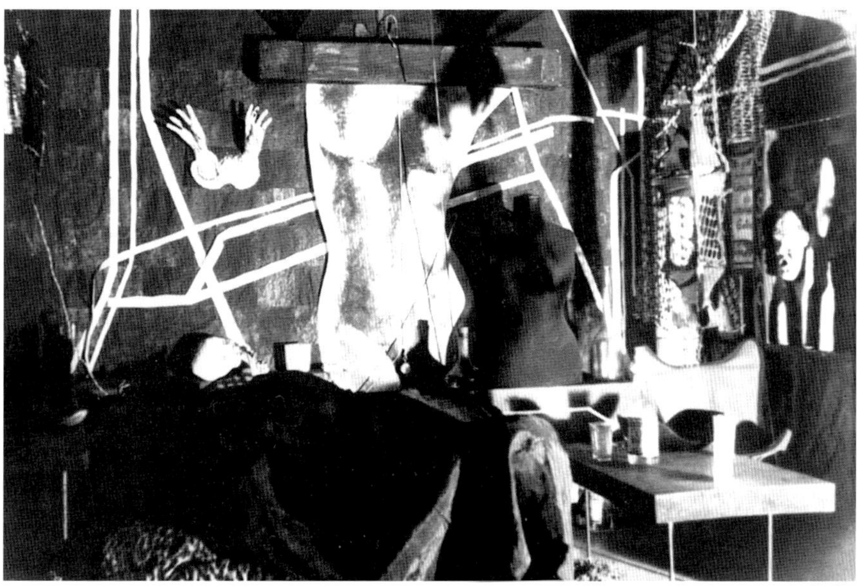

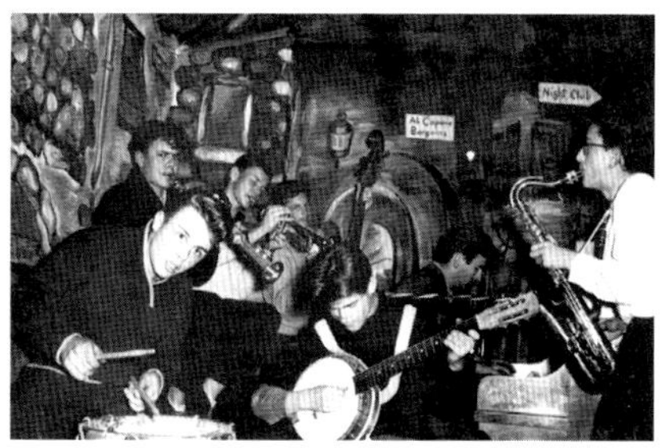

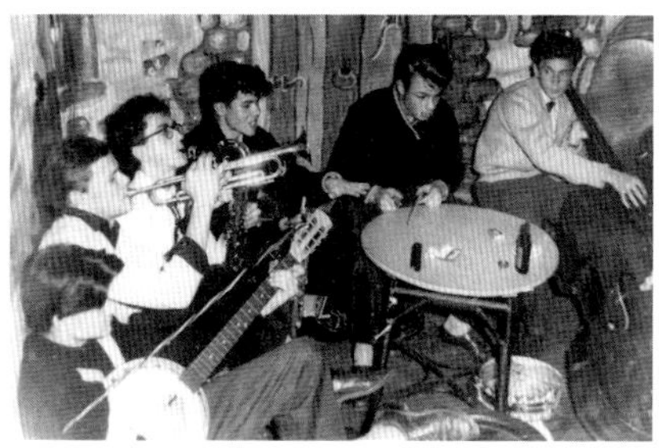

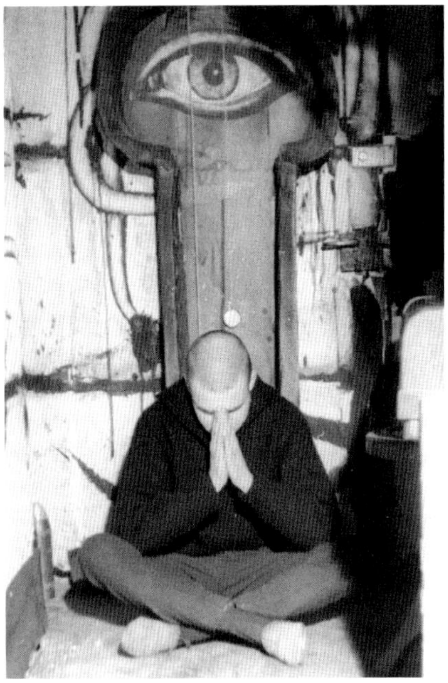

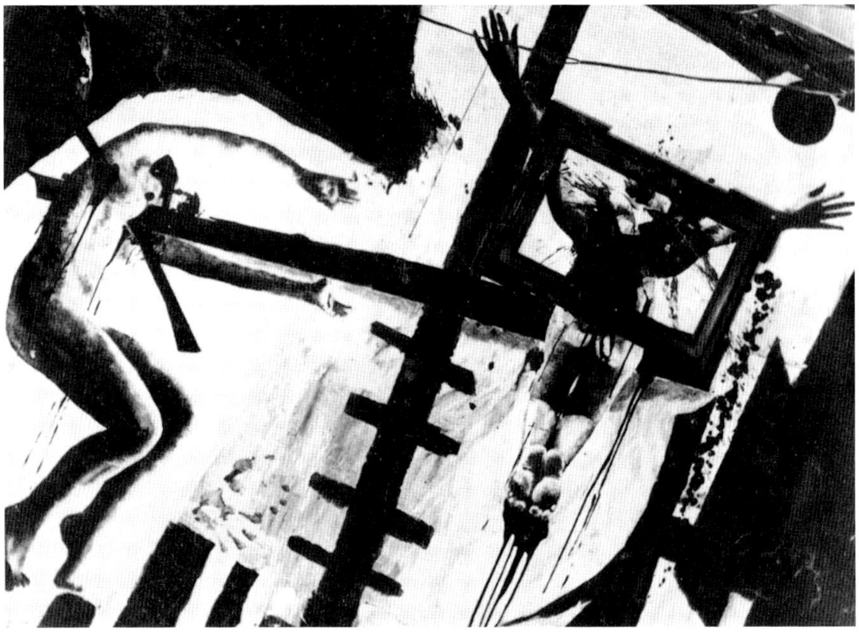

HR Giger dans la chambre noire, 1960

La chambre noire, 1960

PAGE 17
Maître et Marguerite, 1976
Acrylique sur papier sur bois, 100 x 70 cm

HR Giger dans la chambre noire, 1960

Décor de la chambre noire, 1957

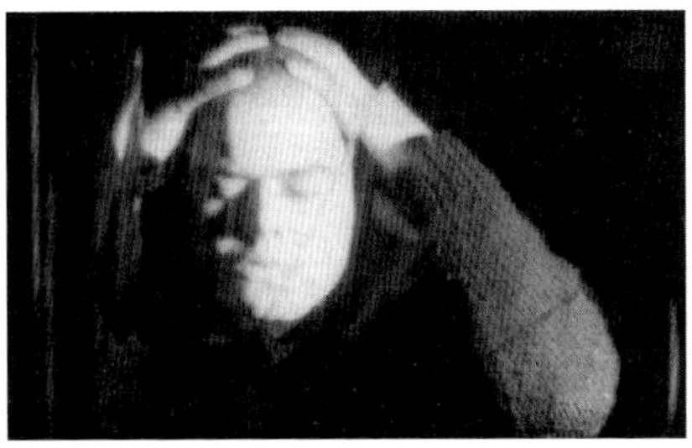

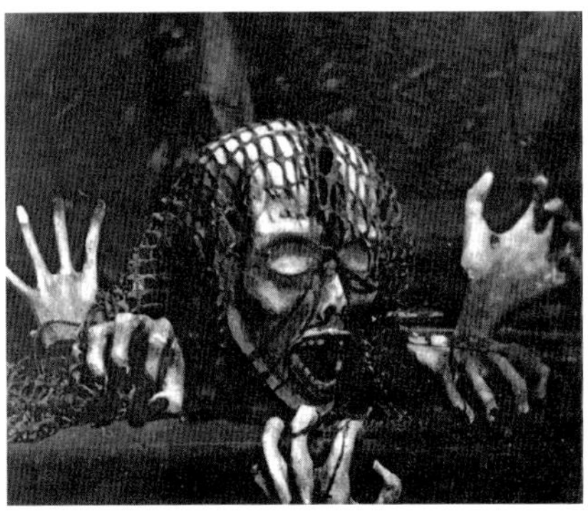

Train à fantômes I

Les visiteurs de mon train à fantômes étaient de jolies filles pour lesquelles l'entrée était gratuite, bien entendu. Les garçons devaient payer, comme c'est le cas encore aujourd'hui au parc d'attraction. Il fallait disposer d'une grande force de persuasion pour être autorisé à pousser les petits anges dans l'incertain. Je remportais un vif succès chaque fois que je réussissais à leurrer une fille plus mûre et plus âgée que moi. Malheureusement, cela n'arrivait pas souvent.

Description du train à fantômes : Mon train à fantômes consistait en un parcours à sens unique ; le départ se trouvait à l'entrée de la maison Storchengasse 17, dans la cage d'escalier ; le parcours menait à une porte battante située à la fin d'un virage en S, ouverte par un coup de chariot et fermée à l'aide d'un ressort. Le couloir étroit et sombre derrière cette porte se terminait par un second virage ; il était bourré de squelettes, de monstres et de cadavres en carton et en plâtre. De petites ampoules fonctionnant à piles que nous avions chipées sur les bicyclettes garées dans la rue, et que nous avions teintées, répandaient une lumière fantomatique qui donnait le frisson. Mes amis remuaient les spectres, les pendus à la potence et les ressuscités sortant de leur cercueil et reproduisaient en même temps des sons macabres. La sortie donnait sur l'arrière-cour qui menait à la Scharfrichtergasse, une ruelle parallèle à la Storchengasse.

Après avoir fréquenté pendant trois ans environ l'école primaire, je commençais à emprunter des livres de Karl May et d'Edgar Wallace. Plus tard, je découvris les romans policiers tels que *Le Cabinet des Figures de Cire* ou *Le Fantôme de l'Opéra*. Après la lecture de ces livres impressionnants, mon train à fantômes me parut plutôt primitif. Alors, je me suis mis à transformer la chambre supérieure située au-dessus de notre appartement et dans laquelle se trouvait encore le train électrique en « chambre noire ». Je l'aménageai de sorte que l'on put jouer du jazz et séduire les filles.

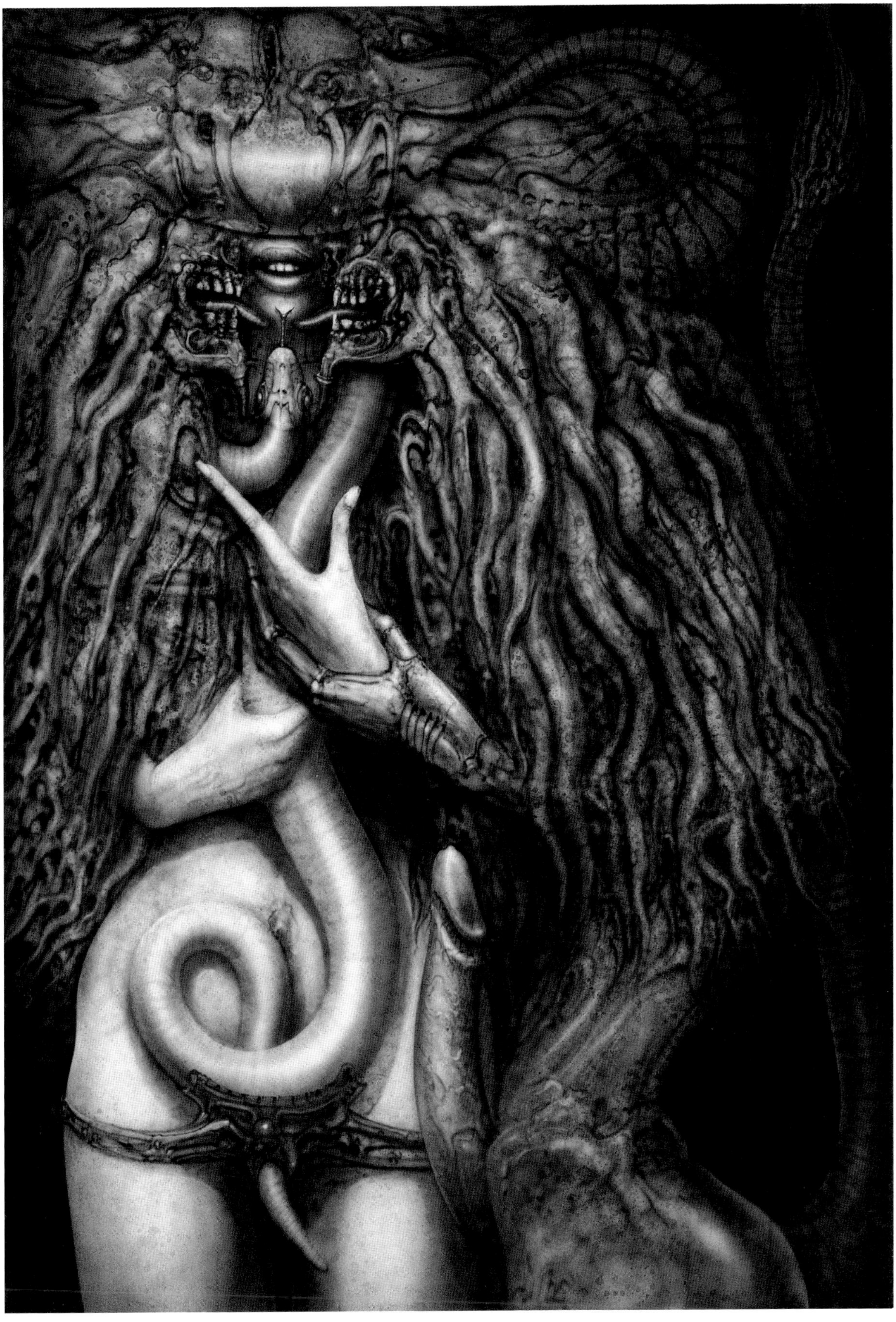

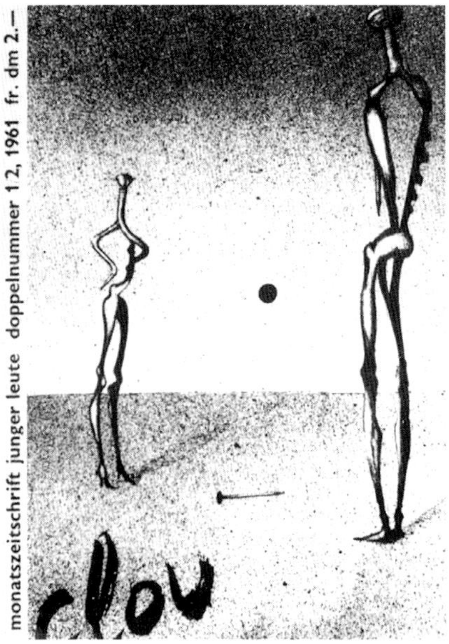

Clou, 1961

À DROITE
Numéro spécial de *Sprachrohr*, 1963, avec la première publication des *Atomkinder* de Giger

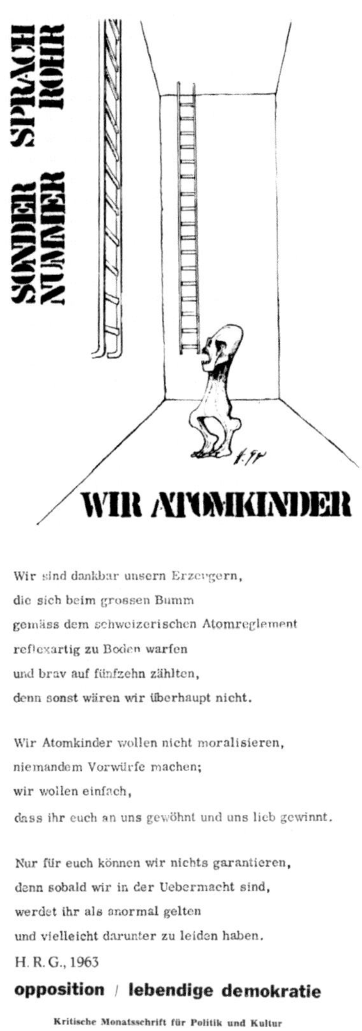
SONDER NUMMER SPRACH ROHR

WIR ATOMKINDER

Wir sind dankbar unsern Erzeugern,
die sich beim grossen Bumm
gemäss dem schweizerischen Atomreglement
reflexartig zu Boden warfen
und brav auf fünfzehn zählten,
denn sonst wären wir überhaupt nicht.

Wir Atomkinder wollen nicht moralisieren,
niemandem Vorwürfe machen;
wir wollen einfach,
dass ihr euch an uns gewöhnt und uns lieb gewinnt.

Nur für euch können wir nichts garantieren,
denn sobald wir in der Uebermacht sind,
werdet ihr als anormal gelten
und vielleicht darunter zu leiden haben.
H. R. G., 1963

opposition / lebendige demokratie

Kritische Monatsschrift für Politik und Kultur

Les Enfants nucléaires, 1963
Encre de Chine sur Transcop,
dimensions variables

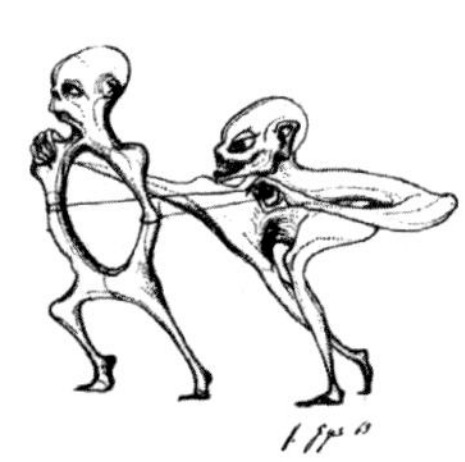

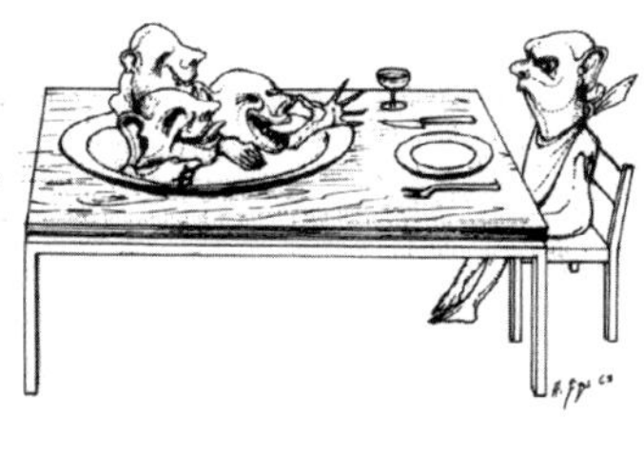

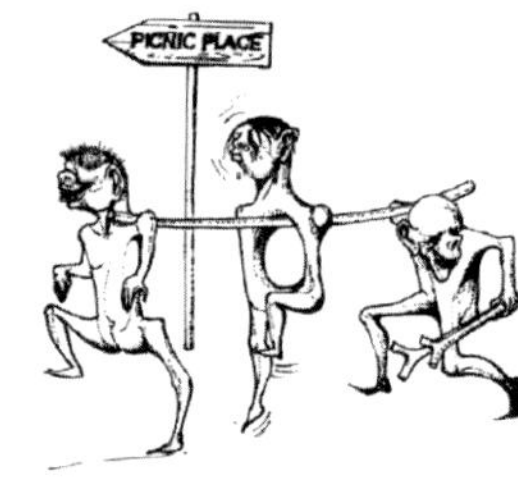

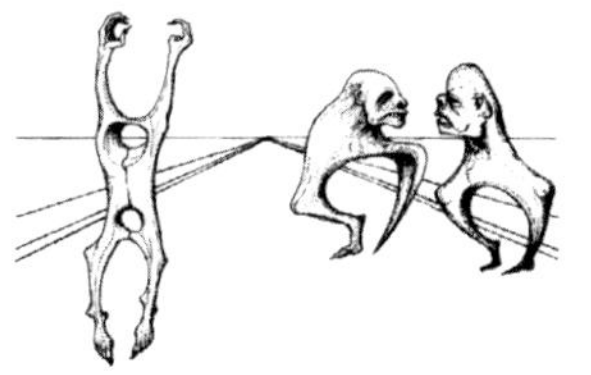

Couverture pour le magazine *Hotcha*, 1968
Collage, 30 x 21 cm

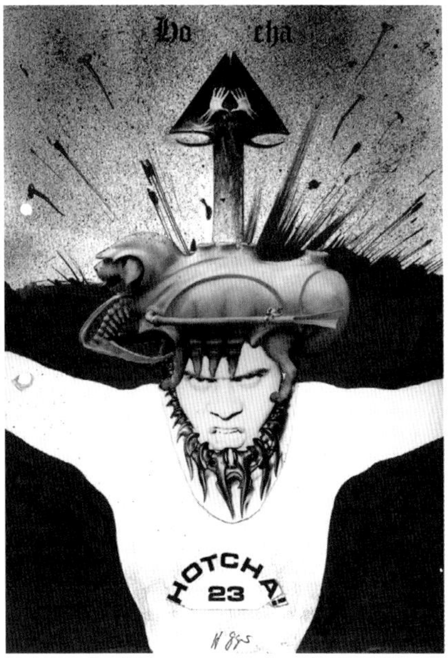

Mes premières publications

En 1959, des journaux underground comme *Clou*, *Hotcha* ou le journal des élèves de l'école cantonale de Coire ont publié mes *Enfants nucléaires* que j'avais dessinés en marge des plans industriels. Naturellement, cela ne m'a rien rapporté mais j'éprouvais une certaine satisfaction, surtout à l'égard de l'école cantonale que je devais quitter si honteusement. Dans l'annuaire figurait sous mon nom, il est vrai, architecte décorateur. Mon père souhaitait que j'épouse cette profession assurée. Vingt ans durant, personne n'a témoigné son intérêt pour la décoration intérieure.

Dieu merci.

« Mesure ta force ! »

Tous les visiteurs des foires connaissent les appareils à mesurer la force. Une caisse à chevilles qui, au moment où l'on frappe, fait monter un poids le long d'une glissière de quatre mètres. Le coup doit être très fort. Si l'on a bien touché le goujon, une clochette se fait entendre d'en haut.

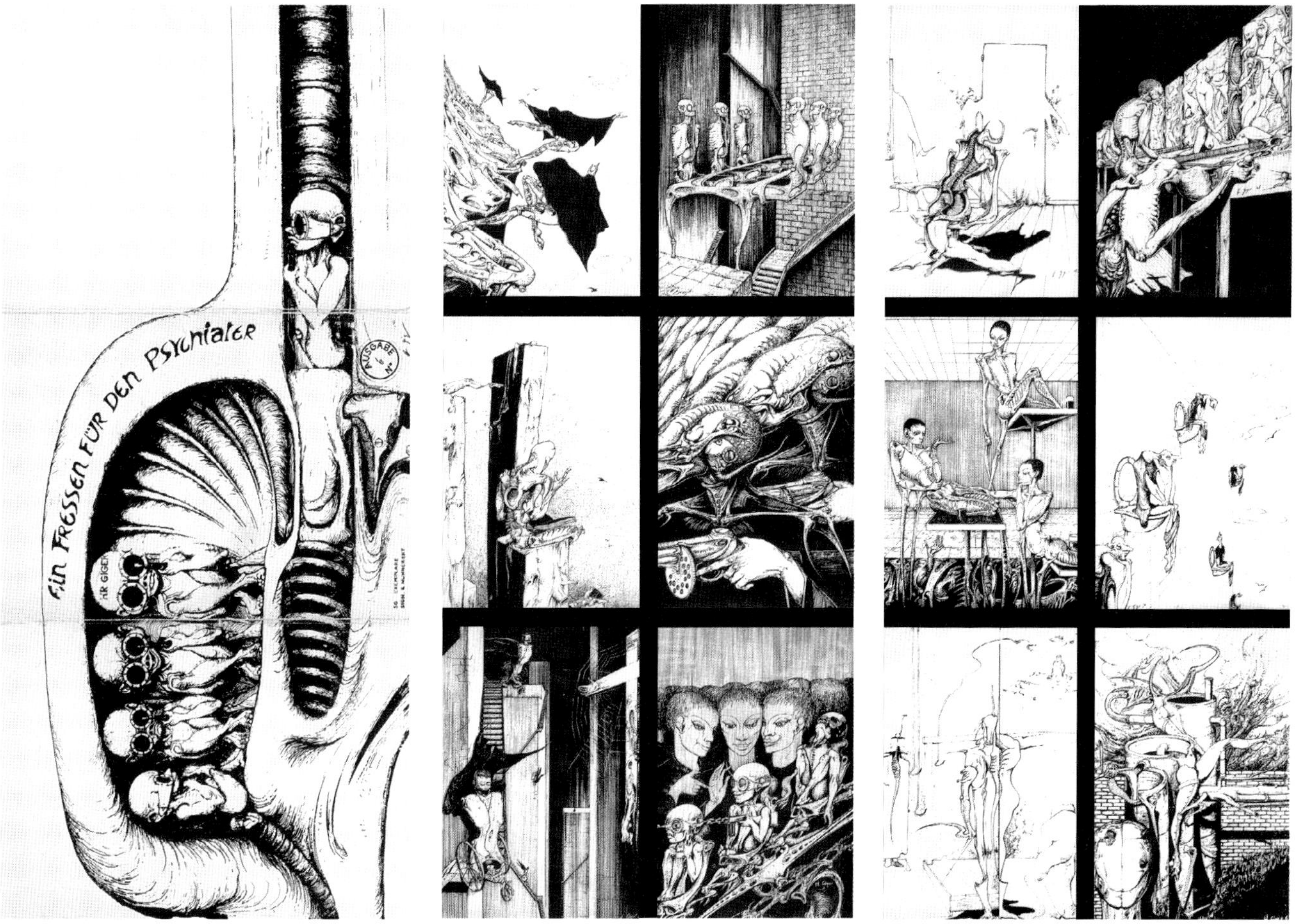

Portfolio ***Une aubaine pour un psychiatre***, 1966
Sérigraphies, couverture 93 x 44 cm,
pages à l'intérieur, 92 x 42 cm chacune

En pensant à cet appareil, je me souviens d'une histoire de jeunesse, qui s'est passée à Coire naturellement. Peu après la guerre, on fêtait le concours de tir fédéral. Cela causa une immense confusion dans cette petite ville somnolente. Je m'en souviens, car ma sœur, engagée comme gardienne de tir, vomit pendant trois jours comme tous ceux qui avaient reçu une saucisse grillée en reconnaissance de leurs services rendus. Tous les participants au concours de tir et la moitié des habitants de la ville étaient tombés malades après avoir mangé une de ces saucisses. Ces saucisses étaient fournies par la boucherie la plus grande et la plus connue dans la ville. Le chef de famille s'appelait justement Lucas. Naturellement, on a intégré ce scandale au programme du mardi gras, et d'une façon si originelle et atypique que l'origine de l'idée venait à coup sûr de l'extérieur de Coire. L'appareil était sur une estrade, dans un chariot du cortège. Il était muni, au lieu d'un poids rebondissant à la vitesse du coup du marteau, d'une fourchette géante se mouvant de bas en haut. La clochette en haut de l'appareil était remplacée par une saucisse énorme, flasque, dans laquelle la fourchette piquait en montant. À chaque fois que la fourchette piquait dans la saucisse, un jet d'eau se vidait de celle-ci dans une cuve posée derrière la machine, où se baignaient quelques filles aux cheveux roux. Magnifique. Très beau !

Malheureusement, c'en était trop pour notre boucher, et ce qu'il fit alors le rendit inoubliable. Il envoya ses compagnons détruire la marque d'infamie. Néanmoins, le chariot démoli fut montré lors du défilé et tout un chacun pouvait s'imaginer comment cela fonctionnait. Deux chevaux étaient attelés devant

Sprachrohr no. 25, 1963

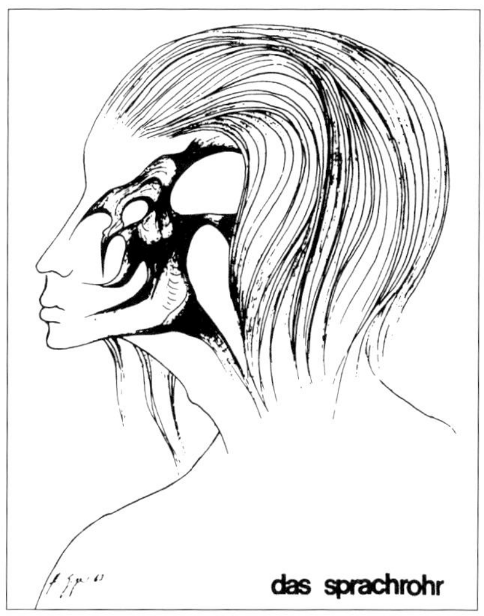

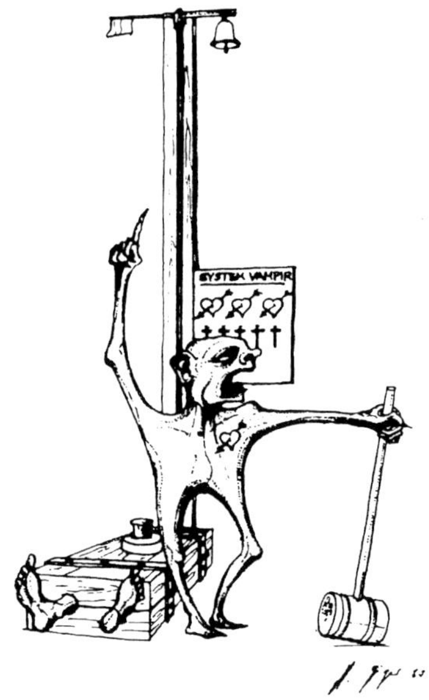

Du cycle : ***Les Enfants nucléaires***, 1963

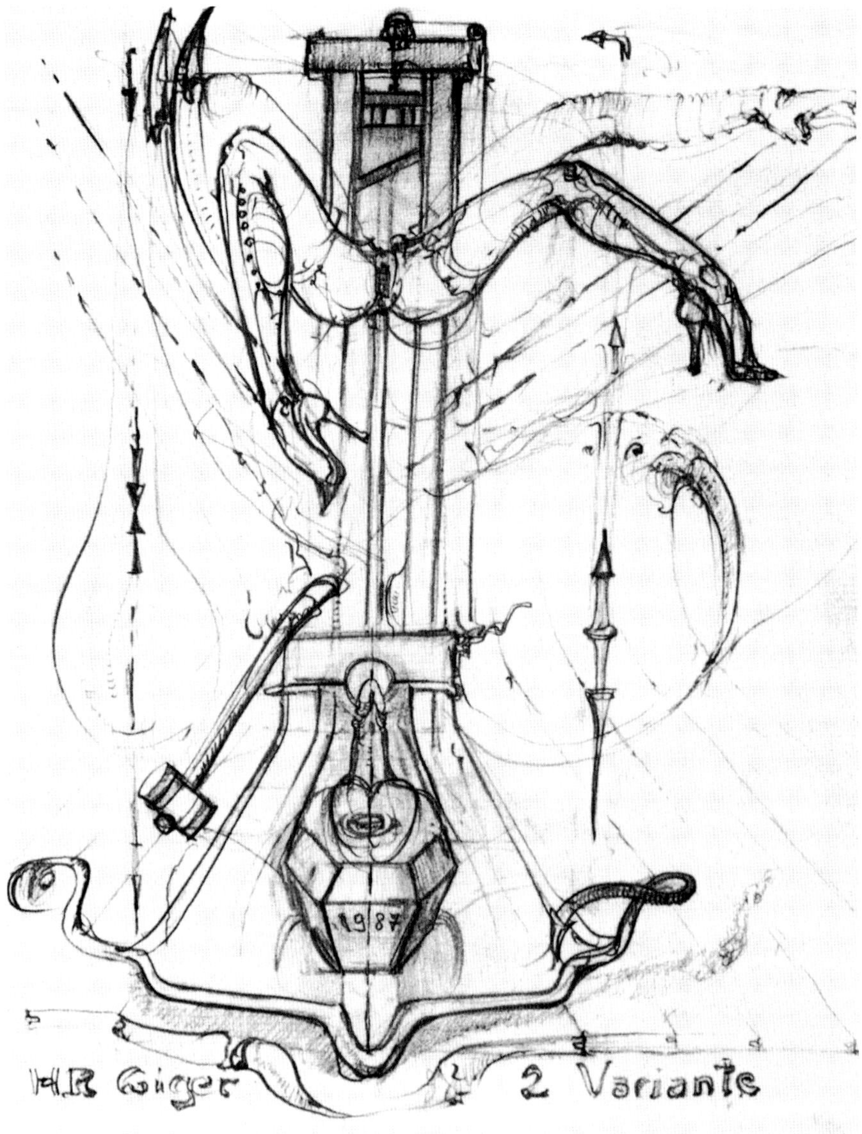

Dessin au crayon, 1987

PAGE 21
A. Crowley (The Beast 666), 1975
Acrylique sur papier, 200 x 140 cm

Ébauche à l'encre de Chine, 1962

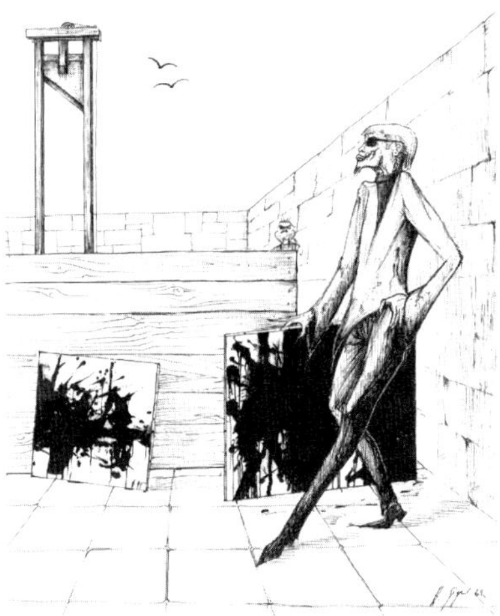

le chariot avec l'appareil amoché, la glissière tombée par terre et la peau vide de la saucisse traînant derrière, garnie de la perruque rousse de l'homme qui avait brandi le marteau et qui avait été roué de coups.

Certes, ce fut un moment impressionnant qui resta gravé dans la mémoire de chaque participant au carnaval de Coire. Cet objet était un précurseur du Pop Art américain, une « vision spectrale » de Claes Oldenburg.

La guillotine

Sur le couperet, on ne sait à vrai dire que peu de chose, à savoir qu'il a été amélioré par le Docteur Guillotin. Ce dernier remplaça le couperet horizontal par un couteau oblique. Ce couteau avait l'avantage de ne plus hacher, mais de couper proprement. L'inventeur fut un des premiers à profiter de son invention. Étant enfant, j'ai lu à plusieurs reprises un roman policier intitulé *Le Cabinet des Figures de Cire*, dont la lecture s'accordait sans problème avec mon fanatisme pour les trains à fantômes. Soudain, je vis dans une librairie un livre sur

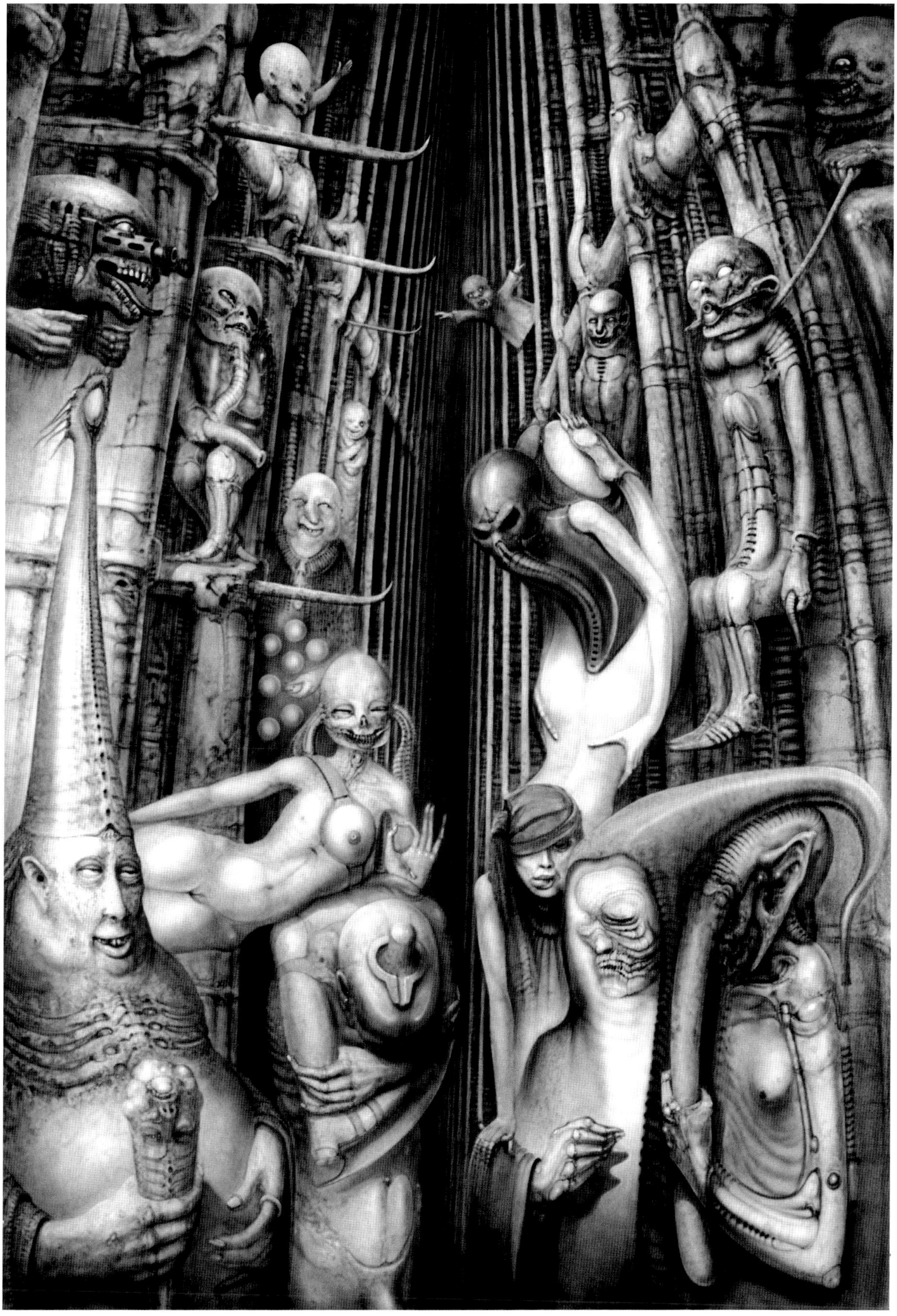

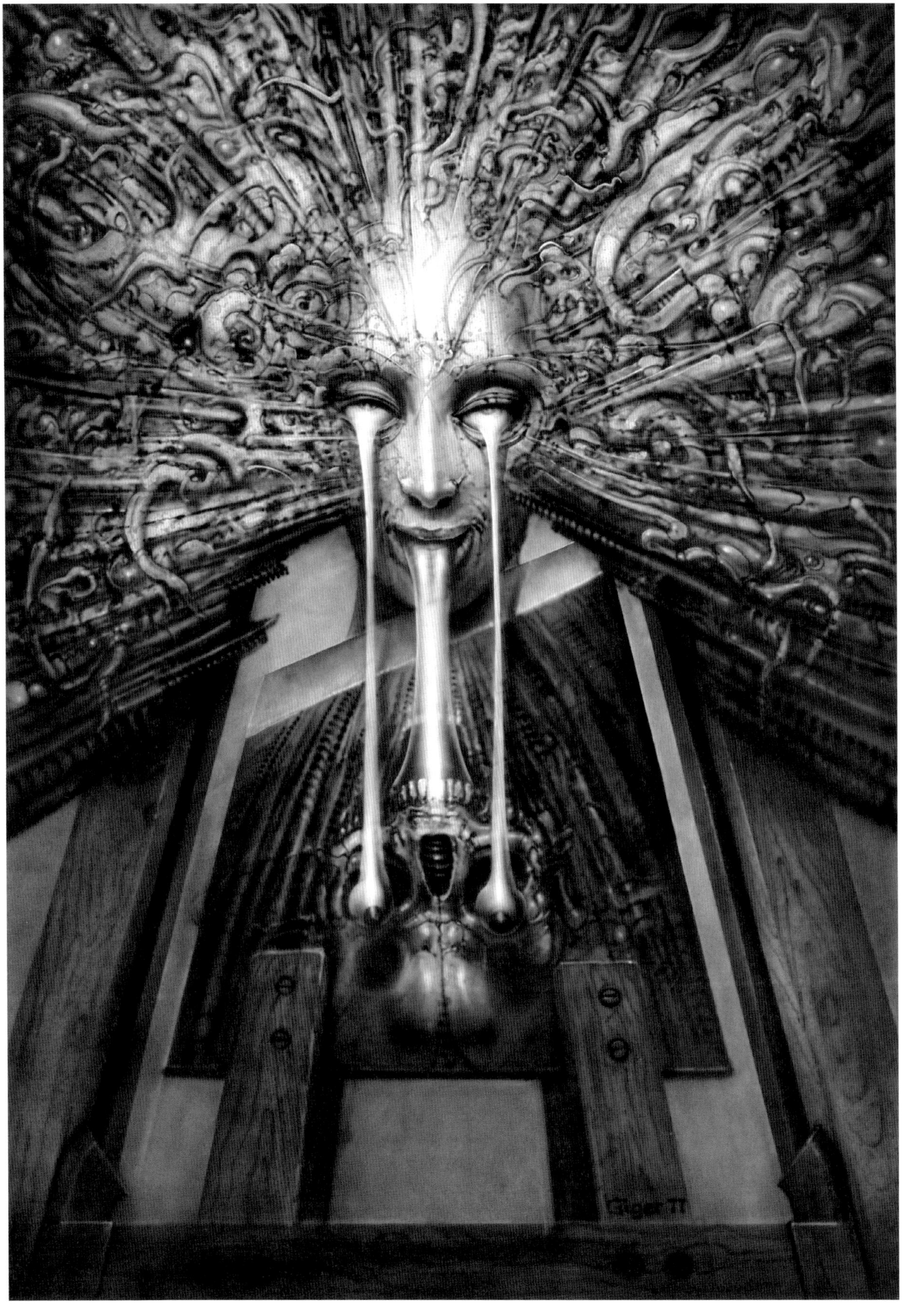
Giger 77

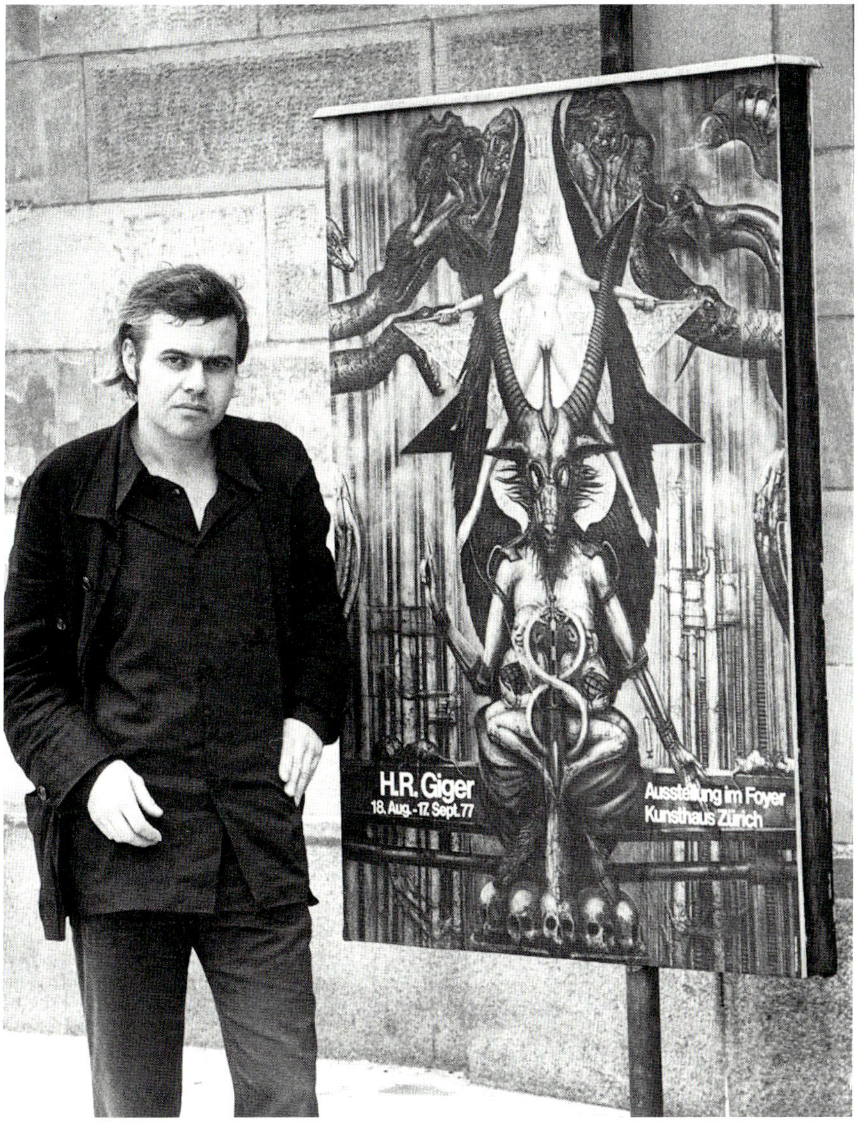

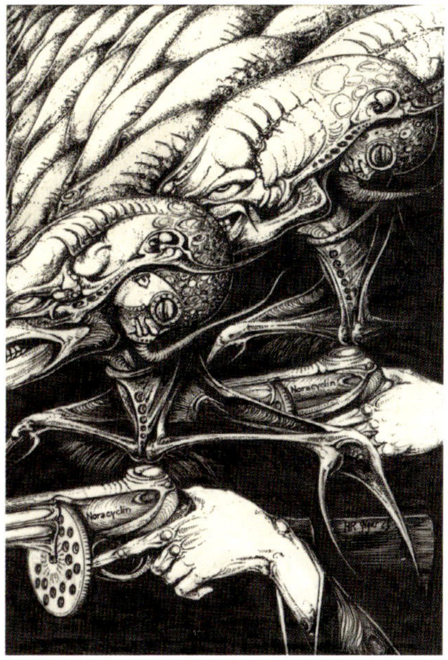

Noracyclin, 1965
Transcop, 30 x 21 cm

HR Giger devant la Kunsthaus Zürich, 1977
Photo : Candid Lang

PAGE 22
Réflexion, 1977
Acrylique sur papier sur bois, 100 x 70 cm

Supermarket, 1965
Transcop, 30 x 21 cm

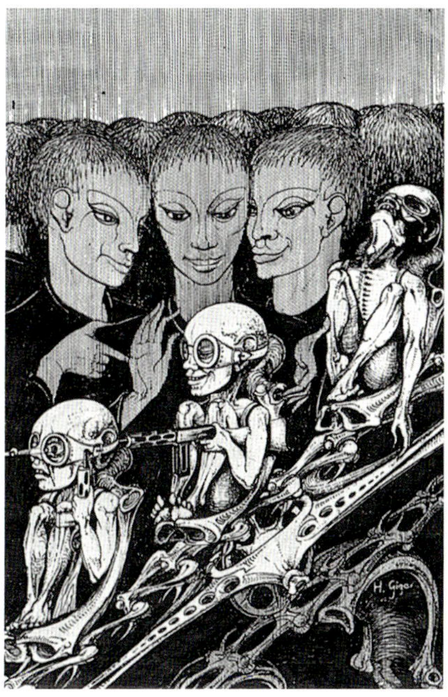

le cabinet de figures en cire à Paris. Il devint mon livre favori. Une Bernoise (Suisse), née Marie Grosholtz, vint habiter en France afin d'y épouser un certain Monsieur Tussaud. Ensemble, ils fondèrent le premier cabinet de figures en cire. Ils modelaient des personnalités, des criminels et aussi des gens normaux. Pour les gens complètement anormaux, p. ex. London, un cabinet d'horreur était installé dans la cave. Dans mon roman policier, les figures dans la cave étaient des cadavres conservés contre la dégradation à l'aide de cire et de diverses herbes et qui, par conséquent, avaient l'air naturel. Pendant la Révolution Française, Mme Tussaud modelait seule les personnalités de la Révolution, son mari étant décédé entre-temps. La jeune femme avait loué un atelier tout près de la Place de Grèves. Quelques assistants soldés lui rapportaient tout ce qui se passait sur la place, où plus de la moitié de la population parisienne eut la tête tranchée. Ils volaient les têtes coupées et la plupart du temps aussi les vêtements des morts. Avec les têtes, elle fabriquait lesdits masques mortuaires et les remplissait de cire. Elle avait plusieurs aides, car le public était avide de voir les victimes récentes. Ainsi, elle fit en sorte qu'on puisse admirer en cire – et le plus souvent habillé de

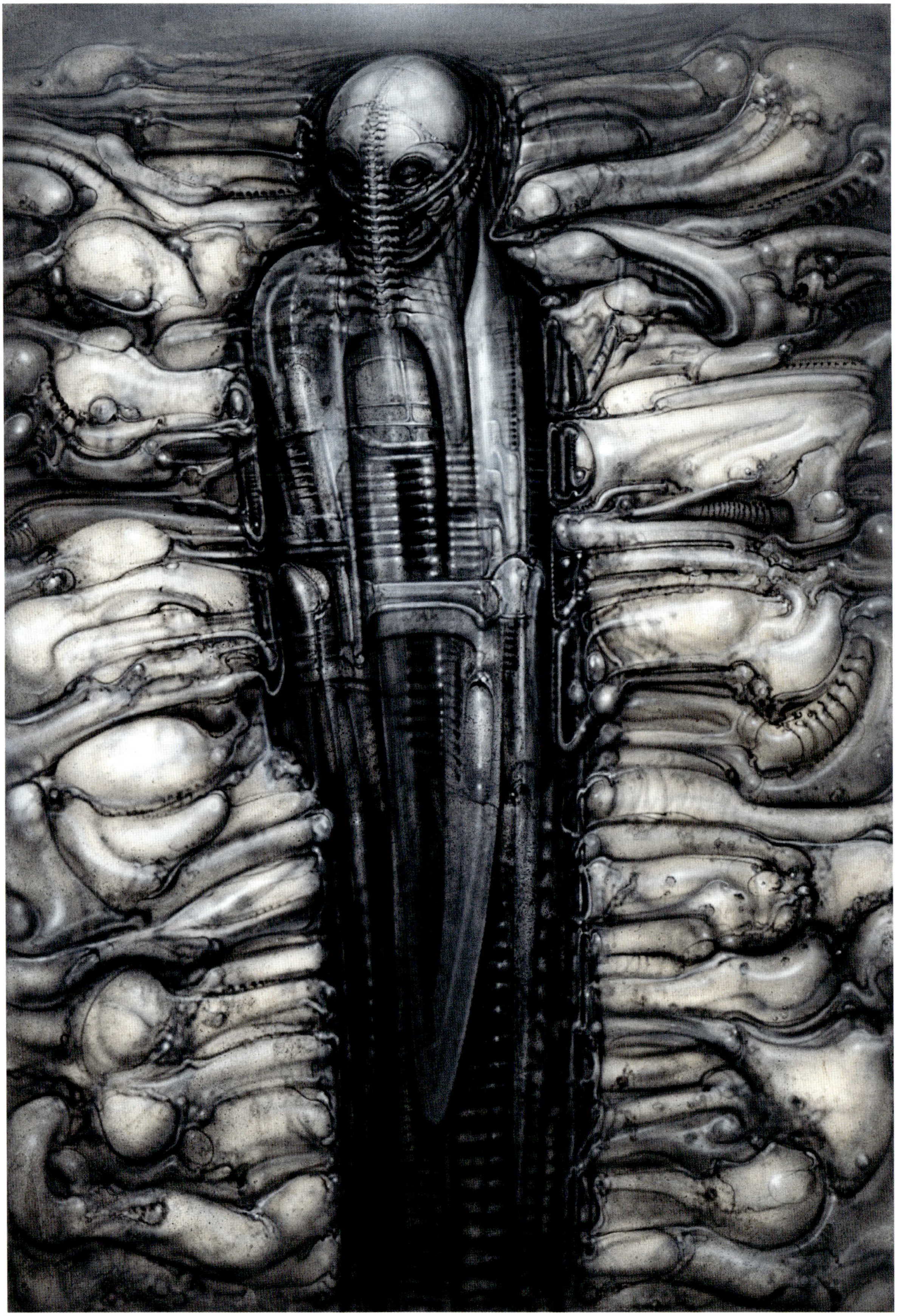

ses propres vêtements – le malheureux qui avait perdu sa tête sur la Place de Grèves. Lors d'un grand incendie, tout le cabinet de figures en cire fut détruit. Comme par miracle, le cabinet d'horreurs et la chambre de torture, où se trouvait la guillotine et toutes les atrocités, échappèrent aux flammes. Mme Tussaud alla s'établir à Londres où elle ouvrit un nouveau cabinet de figures en cire dans la Bakerstreet. Après sa mort, on fit de son visage aussi un moulage en cire que l'on plaça à la caisse où, bien qu'elle soit couverte de poussière, des gens aujourd'hui encore s'adressent à elle.

Un jour, je pus obtenir un jeu de construction en plastique représentant la guillotine. Mais cela ne me suffit pas, je voulais avoir un couperet grandeur nature. J'ai donc fait couper par un menuisier toutes les pièces nécessaires que j'avais dessinées selon les dimensions réelles. Il ne me manquait que le couperet. Mon père me crut fou. Je n'ai jamais construit de guillotine, car j'avais perdu tout d'un coup l'envie de décapiter les mannequins d'étalage qui traînaient sans mot dire dans ma chambre noire. On aurait pu les décapiter et tout de suite après, comme ils étaient en plastique, leur remettre la tête sur le tronc.

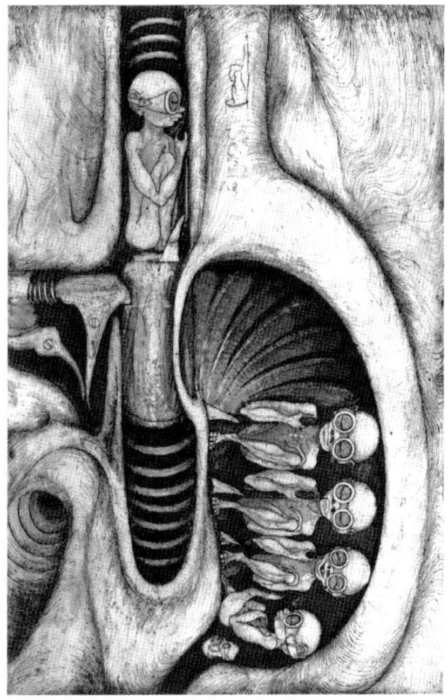

La Machine à enfanter (2e version), 1965
Gravure et aquatinte sur papier, 60 x 43,5 cm

PAGE 24
Samouraï, 1976
Acrylique sur papier sur bois, 100 x 70 cm

Ma première conférence

Ma première conférence, au lycée de Coire, dont le sujet était libre, s'intitulait bien entendu : La naissance du revolver.

J'étais apparu devant la classe sans être préparé et savais seulement que le mot « revolver » provenait du latin « revolvere », c'est-à-dire tourner. Je savais aussi que Samuel Colt était l'inventeur de cette arme individuelle, maniable d'une seule main, avec six balles, munie d'un autochargeur à tambour avec détonateur, de poudre noire, d'un compresseur et de balles en plomb. La conférence fut brève, car après avoir expliqué ce que je savais, je présentai ma collection d'armes. J'avais apporté environ vingt revolvers et pistolets différents que je distribuai à mes camarades pour les leur montrer. Chacun visait l'autre. Le professeur devint pâle et essaya en vain, dans cette cacophonie, de ramasser ces instruments dangereux. Ce fut la conférence la plus courte que je fisse. Les revolvers et pistolets font naître tout de suite une association négative parce qu'ils tuent ou bien ils fascinent, comme ce fut le cas pour moi quand j'avais huit ans. J'étais fasciné en particulier par un pistolet du type « Mauser » que possédait mon père. Les pistolets sont extrêmement dangereux, parce qu'ils ne laissent pas voir de l'extérieur s'ils sont chargés ou non. Même si le magasin est vide, il se peut encore qu'une balle soit dans le canon.

En 1984, après m'être abstenu d'armes pendant trente ans, à la suite d'un cauchemar, je me suis acheté un revolver et un autre du type « Pumpex », et il y a deux ans, j'ai failli être tué d'un coup de pistolet, tiré par un étranger dans ma chambre à coucher. Ainsi, je donne foi à la statistique de L. A. qui dit que les propriétaires d'une arme contre les cambrioleurs sont à 80 % tués eux-mêmes par cette arme.

HR Giger au tir dans
la gravière à Kaiserstuhl, 1984
Photo : D. Margot

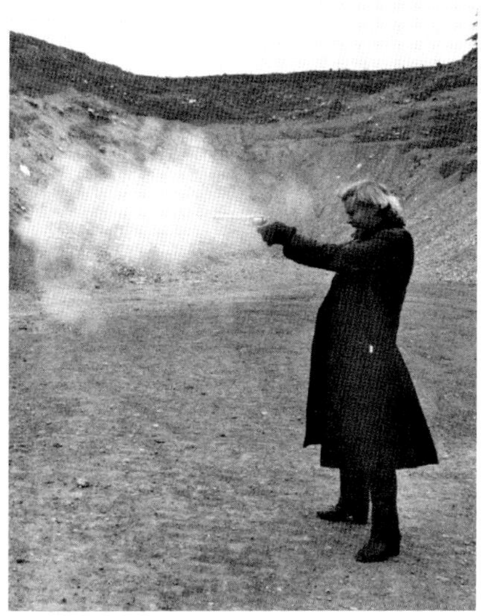

Train à fantômes II

Des liaisons dans le monde artistique ? Il y en a, c'est certain ! Sans celles-ci, les artistes de même qualité seraient tous considérés de la même façon, et cela serait, bien sûr, injuste. On devrait préférer ceux qui, de nature, sont beaux, intelligents et sexy, et c'est bel et bien ce que l'on fait. Comme c'est le cas dans chaque profession, les amitiés propices à la carrière ne sont pas à mépriser.

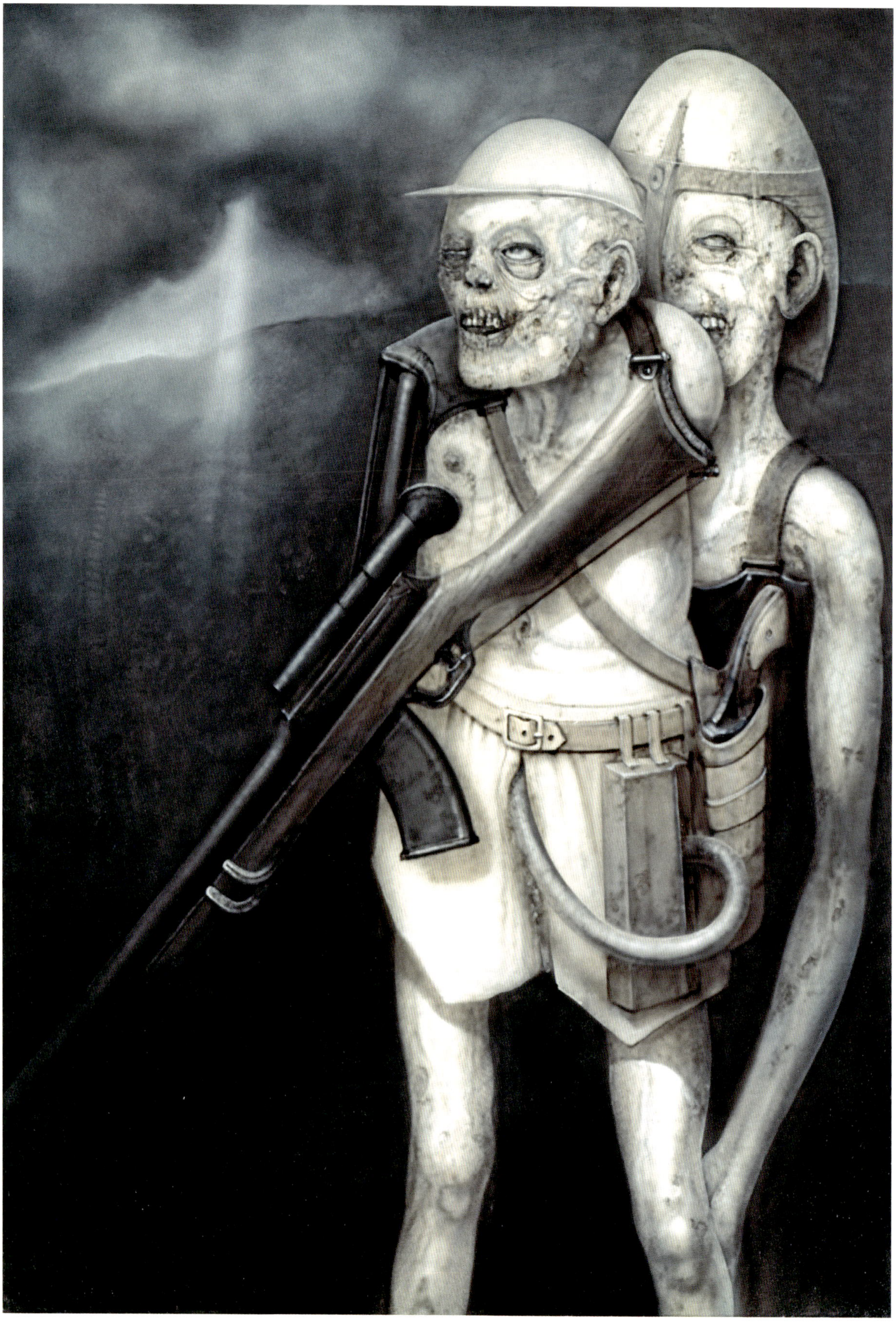

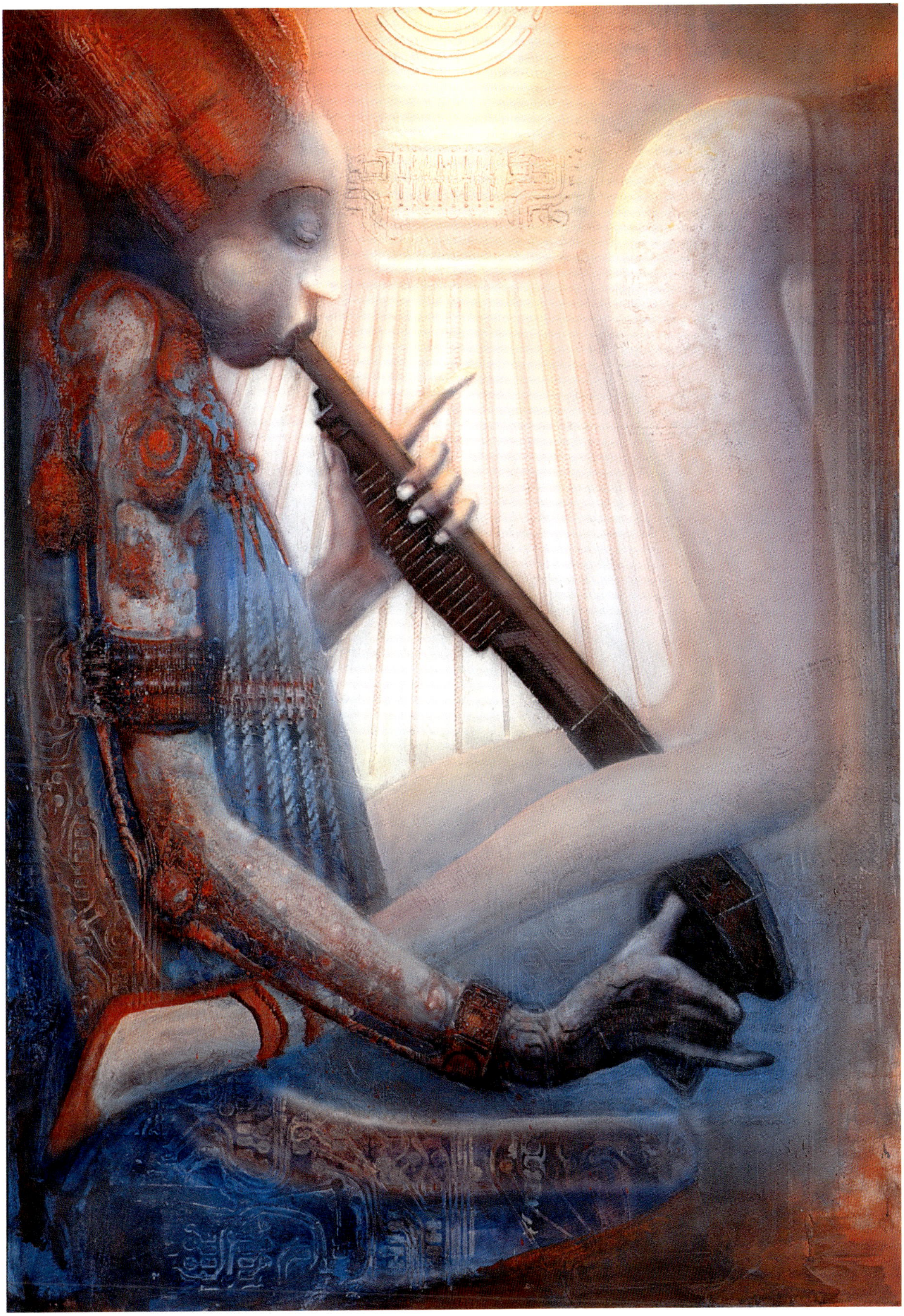

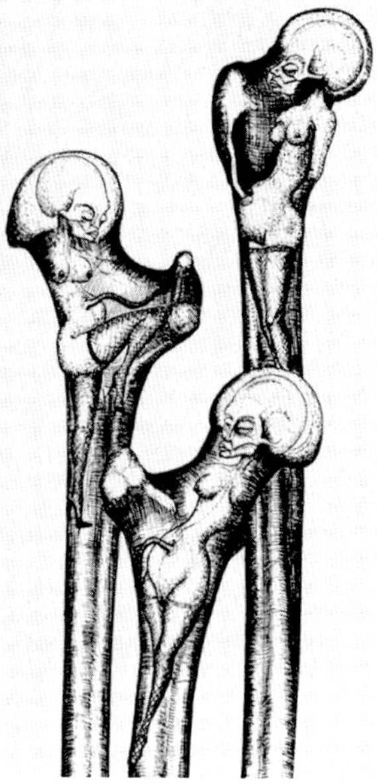

Ébauche à l'encre de Chine, 1959/60

PAGE 26
Safari, 1973–76
Acrylique sur papier sur bois, 100 x 70 cm

PAGE 27
Excursion à pompe III, 1989
Acrylique sur papier sur bois, 100 x 70 cm

Si l'on a un beau corps à présenter, une belle voiture et du savoir-vivre, il serait bête de se cacher chez soi. Les gens aiment voir des « beautiful people » qui sont le bijou de chaque personnage influent. Ils confèrent éclat et grandeur à tous les vernissages importants. Je trouve légitime de tirer avantage de ses qualités corporelles. Pourquoi attendre le succès pendant dix ans tout en perdant sa jeunesse et ses attraits, si l'on a la possibilité de raccourcir ce chemin en couchant avec quelqu'un. Les gens ayant de l'humour sont les bienvenus, eux aussi. Pour ma part, la nature ne m'avait doté d'aucune de ces qualités. Encore enfant, je voulais déjà impressionner le sexe faible, soit par un passe-temps particulier, soit par l'invention de pays merveilleux qui devaient piquer la curiosité de chaque jolie femme. Je me sentais attiré surtout par les femmes qui étaient plus âgées que moi.

Le train à fantômes installé chaque année sur la Quaderplatz à Coire, à l'occasion du « Chilbi », m'offrait la possibilité exceptionnelle de séduire les femmes. À l'âge de six ans déjà, j'aidais, dans la mesure du possible, à monter ce palais mystérieux et, quand il était mis en service, j'étais initié à beaucoup de secrets. Je découvris aussi que les employés tripotaient les femmes, glacées d'effroi, ou leur donnaient des baisers en sautant de derrière sur les chariots ou en les faisant s'arrêter. Ils simulaient un défaut dans le fusible de façon que leurs lampes de poche fussent les seules sources de lumière. Les femmes hurlaient et poussaient des cris perçants, de peur ou de… Je connaissais tous les coins de ce labyrinthe subdivisé par des toiles noires. Seul le personnel et moi connaissions les raccourcis secrets qui conduisaient aux endroits permettant de bloquer les chariots. Le souvenir du train à fantômes me revient chaque fois à l'esprit, quand je sens l'odeur d'électricité et de carbonyle. C'est alors que surgissent comme du cristal dans ma mémoire les images érotiques de ma prime jeunesse. Chaque année, quand les trois semaines de sensualité étaient passées et que la vie avait retrouvé le train-train de tous les jours, j'étais profondément triste. Mais bientôt déjà, je trouvai quelque chose qui m'intriga tout autant. Dans la maison, dans laquelle se trouvait la pharmacie de mon père, il y avait un merveilleux long couloir sombre, qui se prêtait bien à mon propre train à fantômes. Je l'ai exploité

Ébauches à l'encre de Chine, 1959/60

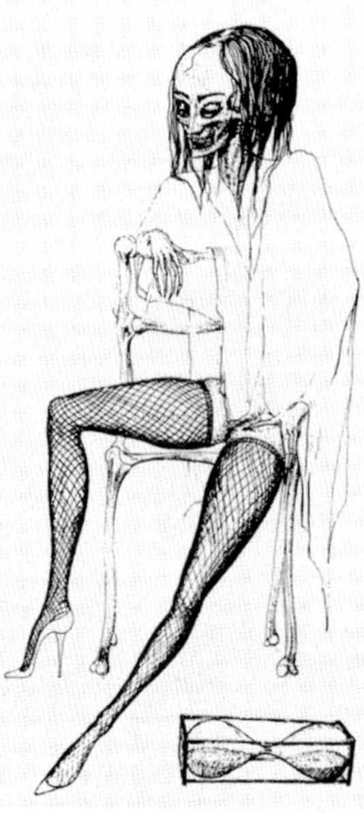

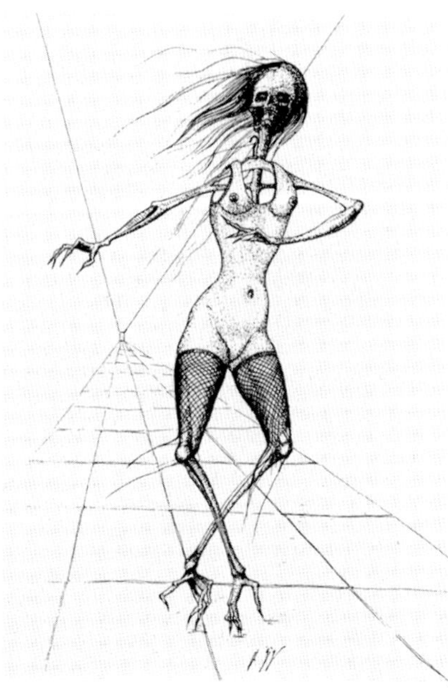

Biomécanoïde, 1976
Acrylique sur papier sur bois, 100 x 70 cm

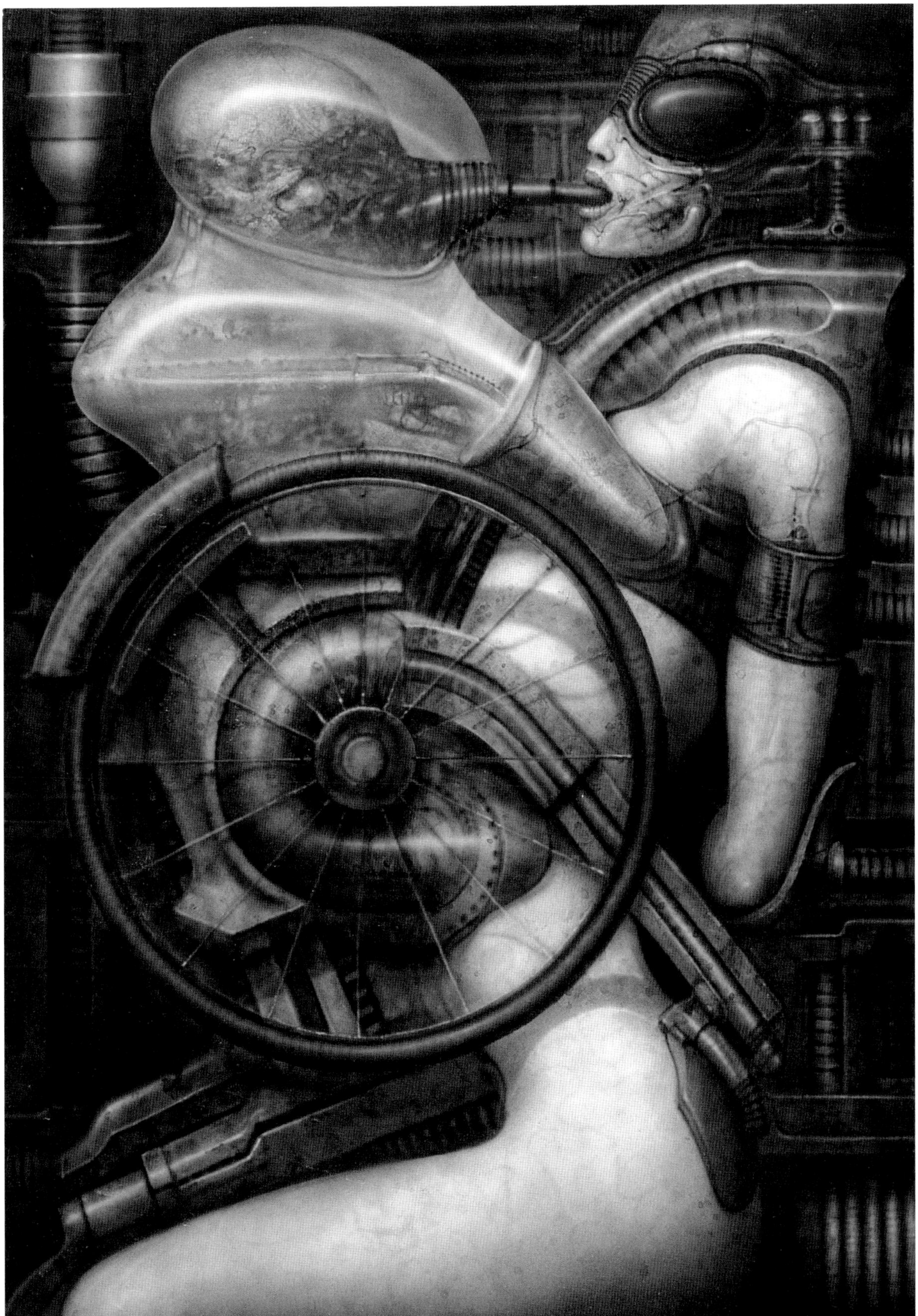

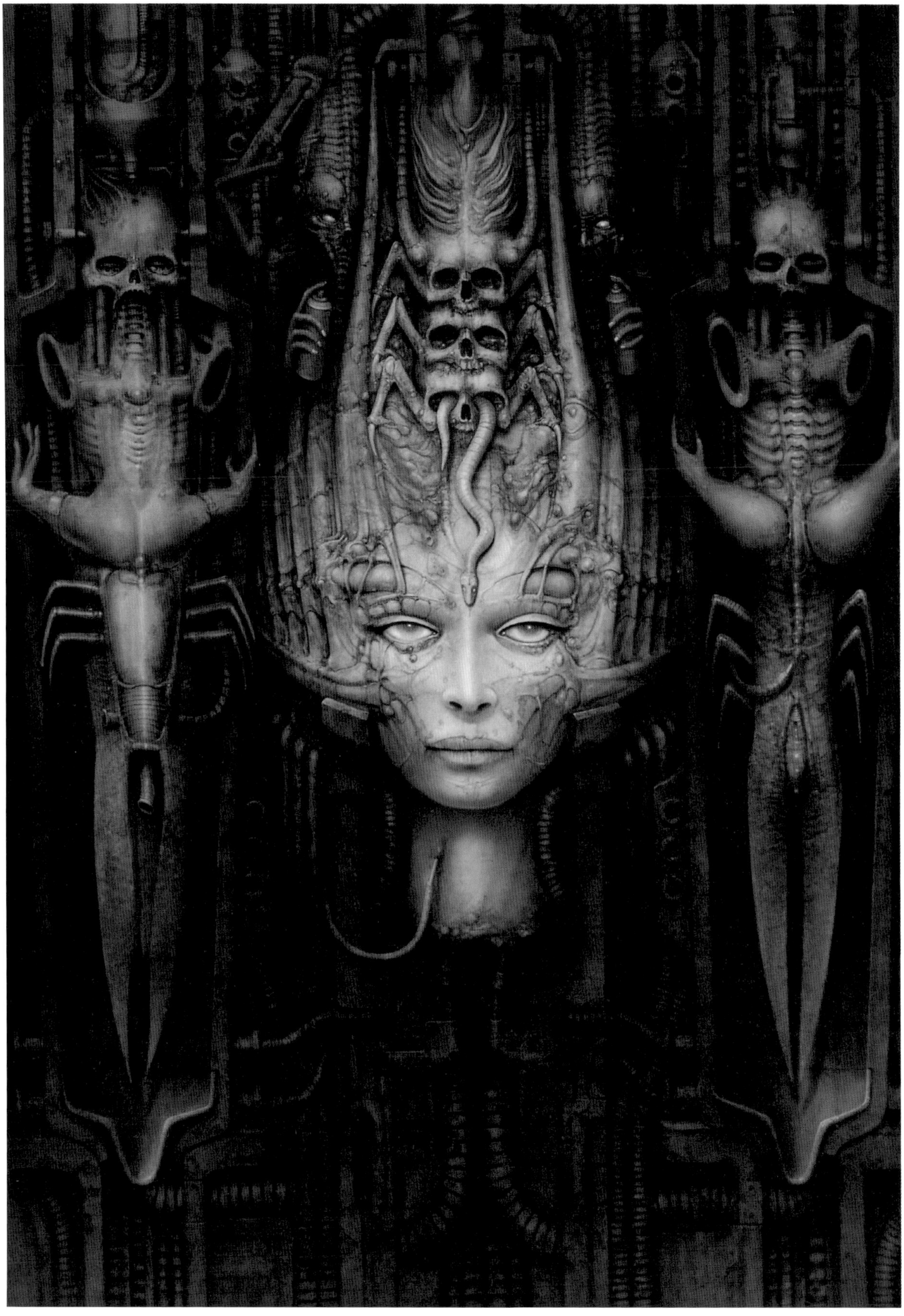

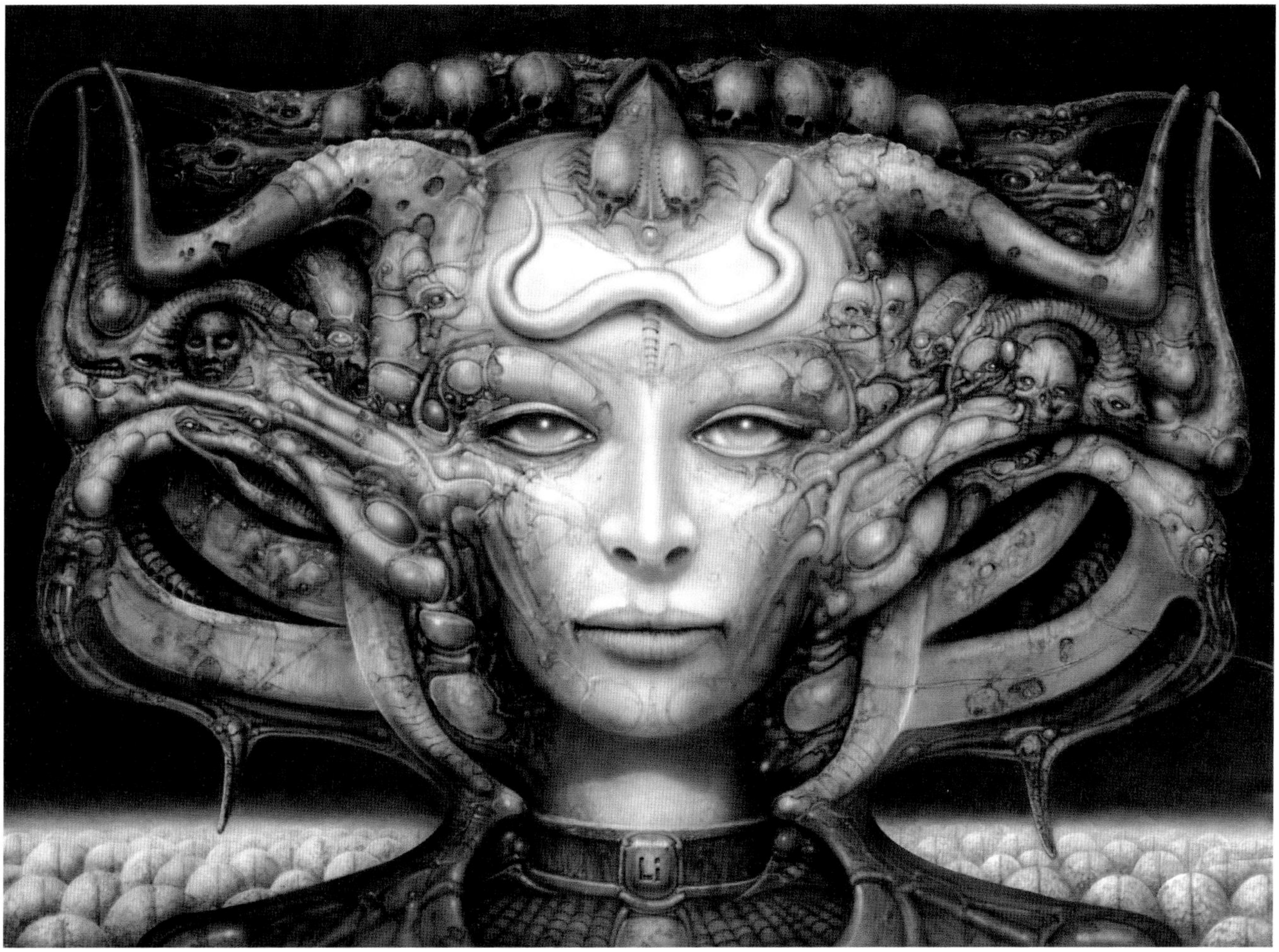

avec des camarades pendant des années. Les jolies femmes (de mon âge environ) s'en souviennent toutes – le plus souvent, mieux que moi – de mon train à fantômes. J'étais alors très timide et n'osais pas toucher les jeunes demoiselles assises sur un petit chariot monté sur billes que je poussais pour cinq Rappen à travers cet enfer. Mes petits assistants le faisaient pour moi, et, à chaque parcours, je sentais surgir en moi une douce volupté.

À ce train à fantômes succéda la « chambre noire » que m'avait inspiré la lecture du roman *Le Fantôme de l'Opéra* de Gaston Leroux. Mais j'étais un attardé, et pendant la puberté je fis la collection d'armes à feu. Dans la forêt, en plusieurs endroits, j'avais emmagasiné des armes. En jouant aux Indiens, j'étais presque toujours le chef et rêvais de sauver de belles femmes des mains de voyous. Mais si, en réalité, je rencontrais une jolie fille, j'étais si timide que je n'osais pas lui parler. Ainsi, je me bornais à l'impressionner quasiment de loin.

Li

Je fis la connaissance de Li en 1966 pendant ses études d'art dramatique au studio de K. Rellstab à Zurich. Elle était merveilleuse et fut ma compagne jusqu'à sa mort en 1975. Lorsqu'en 1974, elle en eut assez du théâtre, elle ouvrit, assistée de Jörg Stummer, sa propre galerie. Elle présenta des expositions individuelles de Manon, Pfeiffer et Klauke. L'exposition légendaire « Schuh-Werk » (Chaussures

Li I, 1974
Acrylique et encre de Chine
sur photo, 70 x 97 cm

PAGE 30
Li II, 1973/74
Acrylique et encre de Chine
sur papier sur bois, 200 x 140 cm

HR Giger et Li au Strauhof à Zurich, 1969

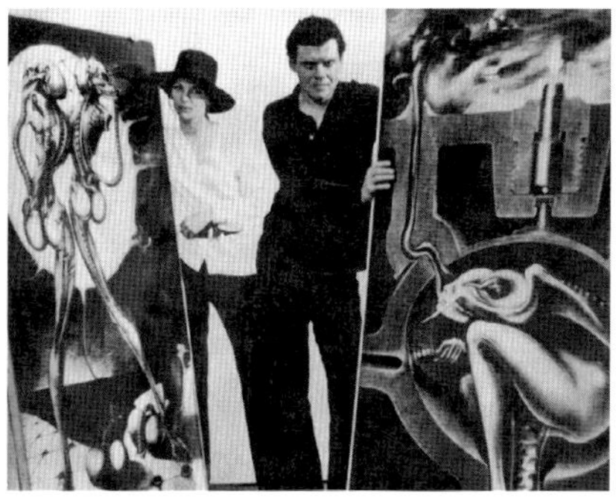

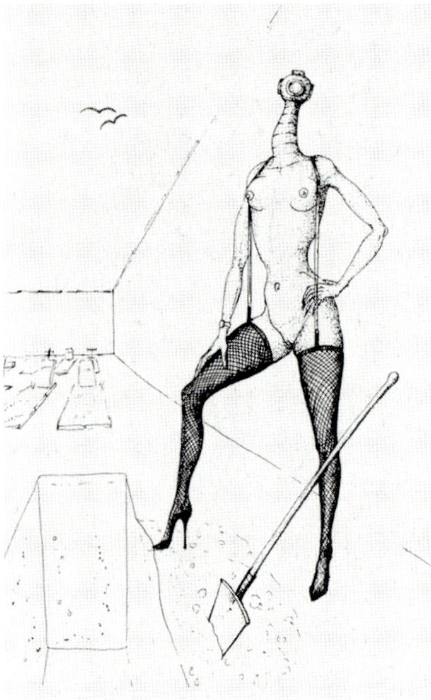

Ébauche à l'encre de Chine, 1960

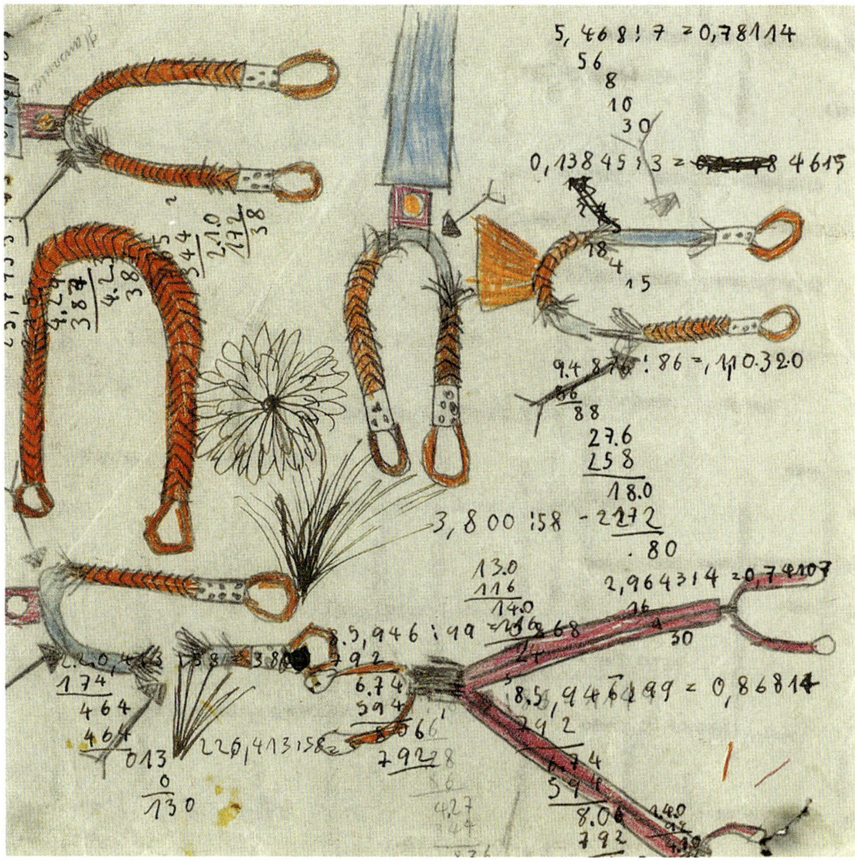

Dessins d'enfant (Bretelles)

PAGE 33
Chidher le Vert, 1975
Acrylique sur papier sur bois, 200 x 140 cm

d'art), au cours de laquelle, paré de deux pains creux sur les pieds, je filmai les invités du vernissage, eut également lieu dans sa galerie.

Collection de courroies de bretelles

Mon autre passion était ma collection de courroies de bretelles, qui inconsciemment était née de mon aversion pour les vers et les serpents. Les pantalons étaient retenus, derrière au milieu du dos, par deux boutons et, devant, à gauche et à droite du ventre, également par deux boutons, respectivement par quatre boutons. Les objets de ma passion étaient ces courroies rondes revêtues de soie qu'on pouvait acheter dans toutes les couleurs et toutes les tailles. Mais pour être à mon goût, elles devaient être endommagées. Les plus lubriques étaient celles dont la soie était usée par le frottement, si bien que les pantalons ne tenaient qu'à un ou deux fils élastiques sur le point de rompre. Les pantalons finissaient par descendre. Je devais, moi, porter des courroies en cuir, résistantes, qui, pour cette raison, ne produisaient aucun effet sur moi. Je troquais les courroies à demi usées avec mes camarades contre des nouvelles que je leur achetais. Ces objets de collection ressemblaient à des vers, des orvets ou des serpents écrasés qui, agonisant, essayent en vain de mettre leur corps broyé en sûreté.

J'avais eu une expérience d'épouvante de ce genre sur l'île Maurice. Les vers d'eau transparents, d'un mètre cinquante de longueur et de quatre centimètres de diamètre, que la mer faisait flotter vers la plage, furent un véritable cauchemar. Les tuyaux presque inanimés, pliés à plusieurs endroits comme des préservatifs usés, avaient à un bout des anneaux de vers qui se resserraient de plus en plus

Ébauche à l'encre de Chine, 1989

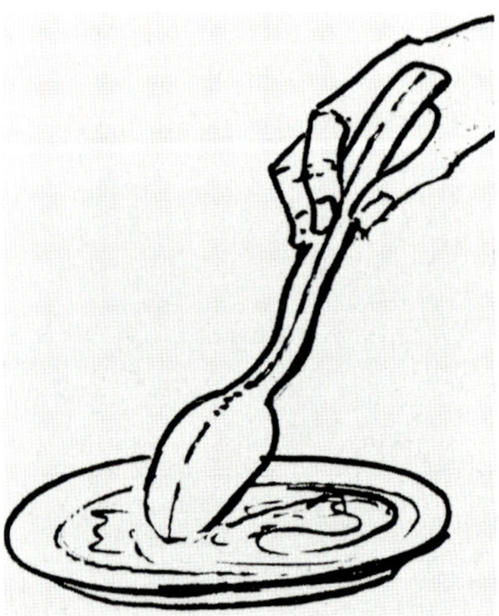

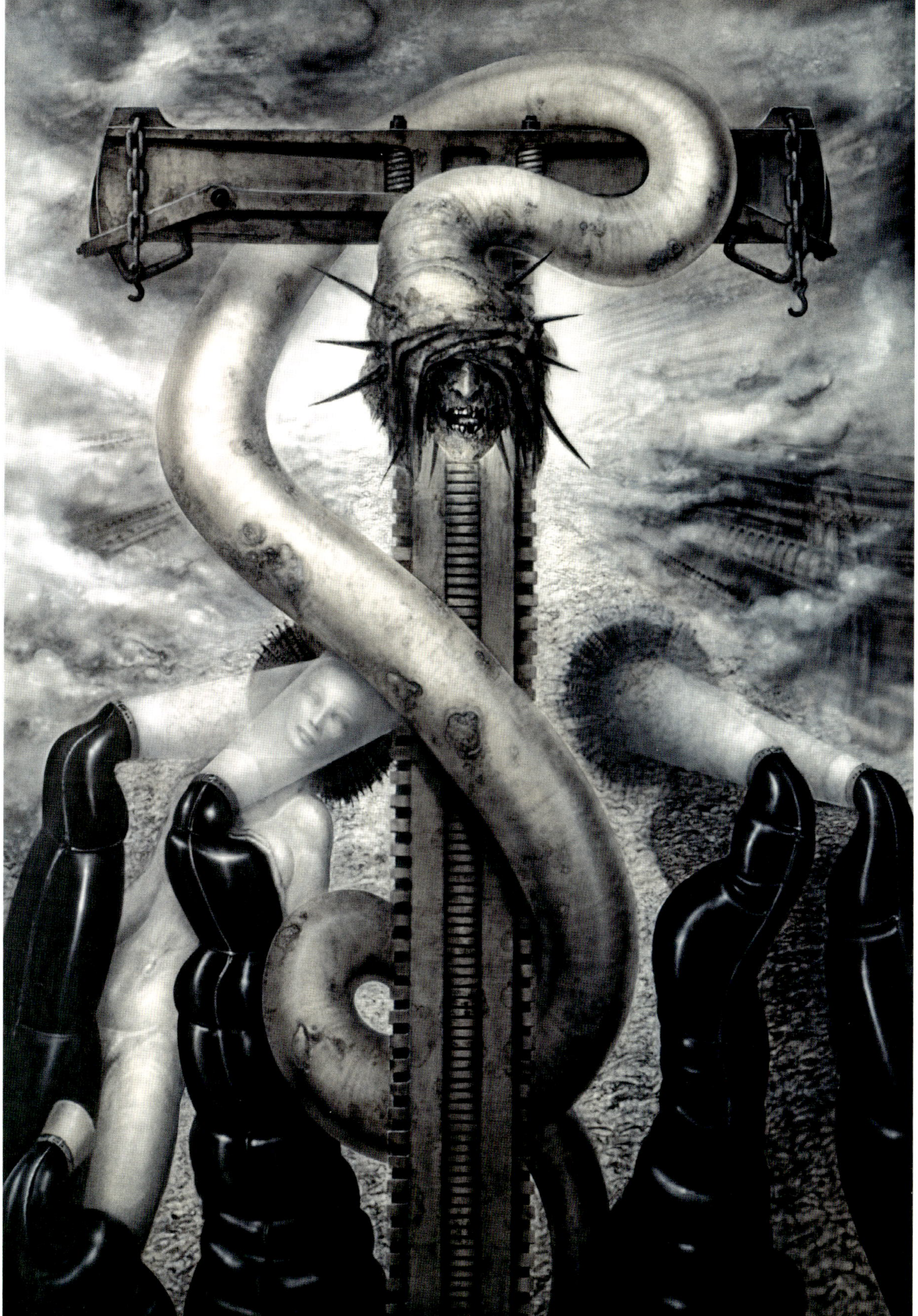

et une ouverture qui se dilatait de façon rythmique afin de retenir la nourriture contenue dans l'eau.

À peine arrivé sur l'île, je me baignai dans la mer, la nuit était tombée. Mes amis n'avaient pas envie de se baigner. Ainsi, je nageais sur le dos dans l'eau profonde parmi les algues – sans me douter de la présence de ces bestioles dégoûtantes. Ce n'est que le lendemain que je découvris avec horreur que ce que j'avais pris pour des algues étaient en réalité ces vers écœurants. Ils avaient cependant attiré également l'attention des autres baigneurs. En pataugeant dans l'eau peu profonde, ils piquaient avec des baguettes dans cette masse visqueuse et mi-morte d'un air écœuré. Moi, je ne voyais plus que des vers. Pour le déjeuner, on nous apporta une soupe au varech. Je remuai le bouillon avec la cuillère d'un air dégoûté. Mes voisins de table ne l'ont pas touché.

J'eus un franc succès. Personne ne toucha à la soupe non seulement dans cette salle, mais aussi dans tout le club. J'avais gâté l'appétit de tout le monde. On s'est pinté d'autant plus, et on ne se baigna plus que dans la piscine.

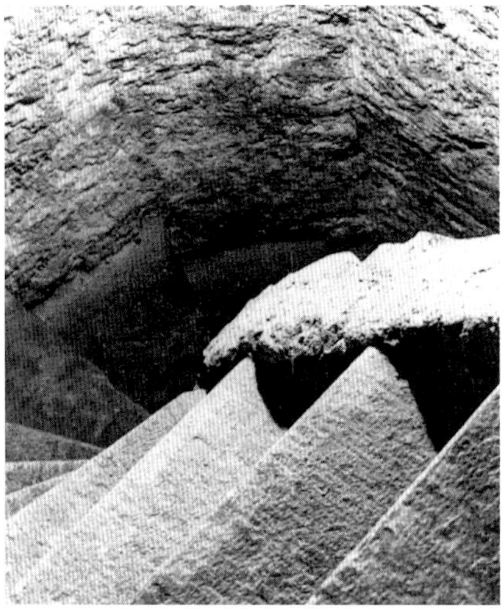

Escalier de la cave à la Storchengasse n° 17 à Coire

PAGE 35
Puits 7, 1966
Encre de Chine sur papier, 80 x 63 cm

Puits

Les tableaux représentant les *Puits*, peints vers 1966, trouvent leur origine dans mes rêves. J'étais alors légèrement somnambule et avais ainsi une série de rêves qui me poursuivaient.

Il y a dans la cage d'escalier de la maison de mes parents à Coire une fenêtre mystérieuse, menant aux chambres de l'hôtel « Trois rois » à côté de notre maison et qui, à l'époque, était cachée par un rideau marron foncé. Dans mes rêves et mes déambulations nocturnes, cette fenêtre était ouverte et irisée par une lumière jaune pâle, et je voyais des puits énormes, sans fond. Le long des murs, des escaliers sans rampe, périlleux et raides, menaient à ces abysses qui s'ouvraient devant moi.

Depuis que je dessine ces puits imaginaires, la fenêtre de mes rêves est définitivement restée fermée.

Notre cave était l'autre source de mes fantaisies. On y accédait par un vieil escalier en pierre pourrie, qui menait à un couloir voûté. Comme me l'a raconté

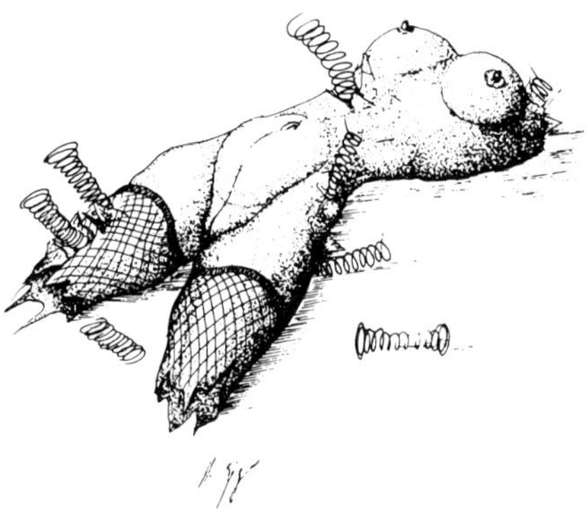

Ébauche, 1960

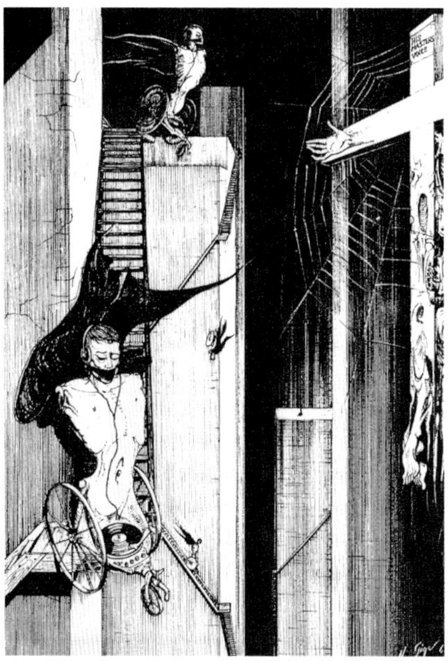

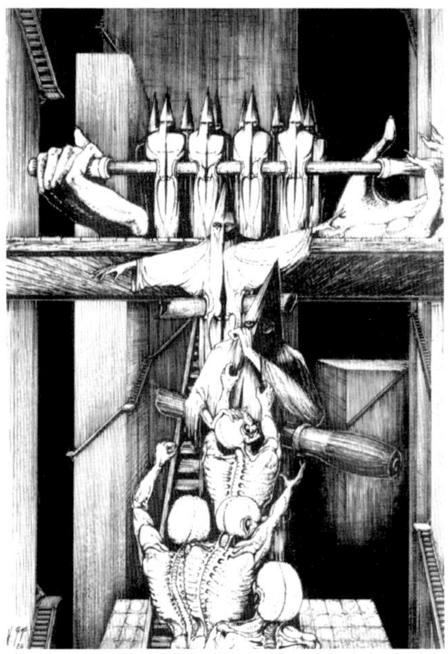

His Master's Voice, 1964
Encre de Chine sur papier, 30 x 21 cm

Puits 4, Pouvoir et faiblesse de l'organisation, 1964
Encre de Chine sur papier, 30 x 21 cm

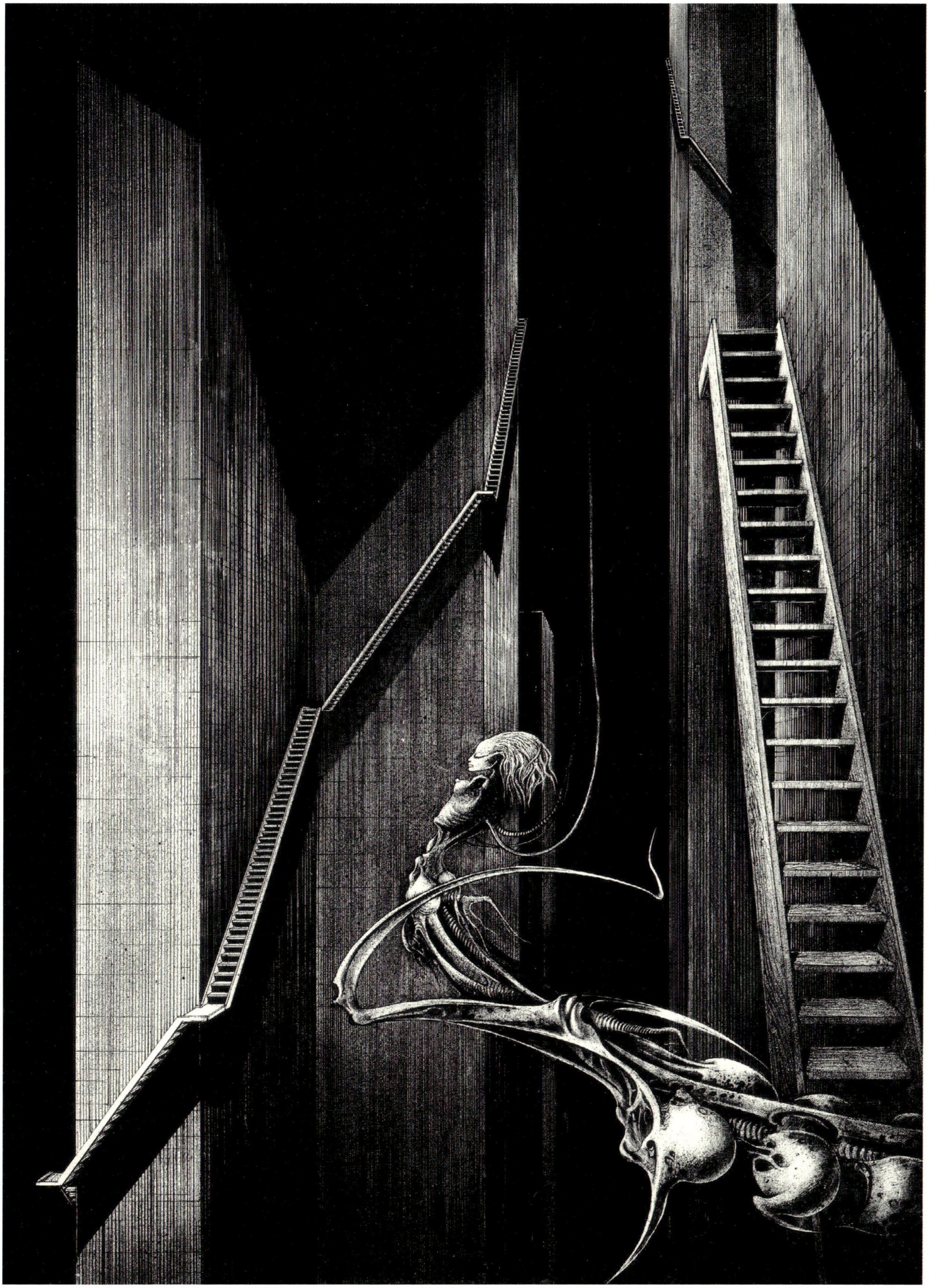

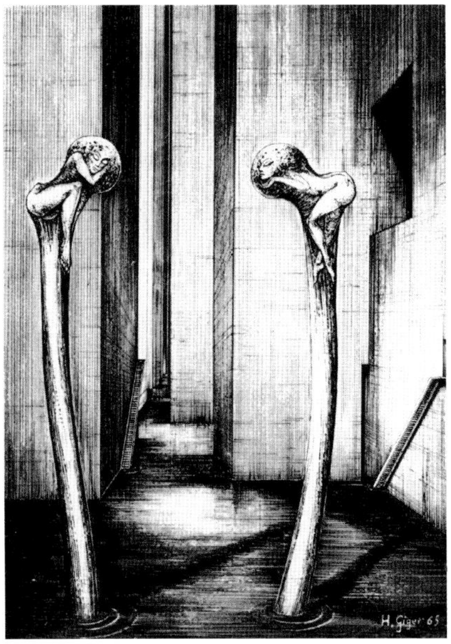

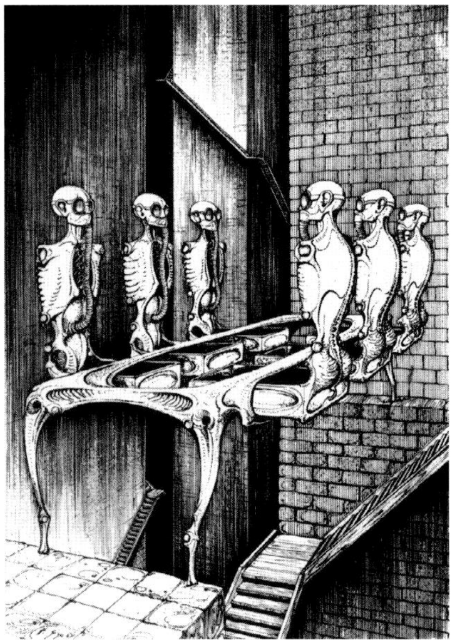

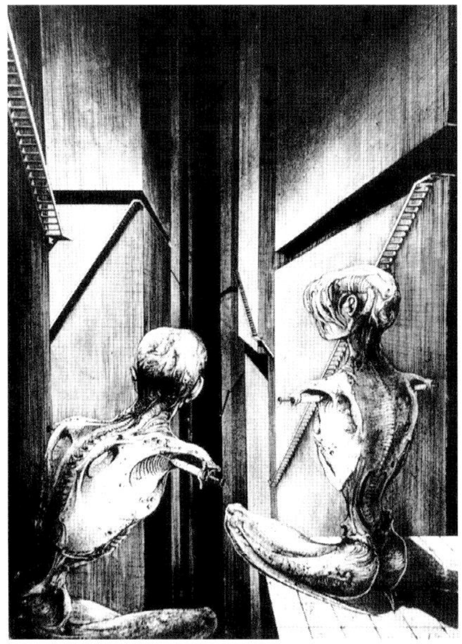

Puits 3, 1965
Encre de Chine sur papier, 30 x 21 cm

Puits 5, 1965
Encre de Chine sur papier, 30 x 21 cm

Puits 6, 1966
Encre de Chine sur papier, 80 x 63 cm

PAGE 37
Les Enfants nucléaires, 1967/68
Encre de Chine sur Transcop sur papier sur bois, 170 x 108 cm

le propriétaire de l'hôtel, Coire possédait deux couloirs souterrains qui, partant du palais épiscopal, se prolongeaient jusqu'à la ville en tranversant le Rebberg. Notre cave formait une partie du couloir. L'échappatoire de la cave de l'hôtel à la Reichsgasse était autrefois ouverte, et celui qui s'y hasardait pouvait traverser un bon bout de chemin. Cependant, en raison d'éboulements éventuels, le couloir fut emmuré, il y a quelques années. Quant à moi, je ne voyais que cette porte verrouillée qui attisait mon imagination inquiétante. Dans mes rêves par contre, ces couloirs étaient accessibles et menaient à un immense labyrinthe dans lequel toutes sortes de dangers me guettaient.

Ébauche à l'encre de Chine, 1961

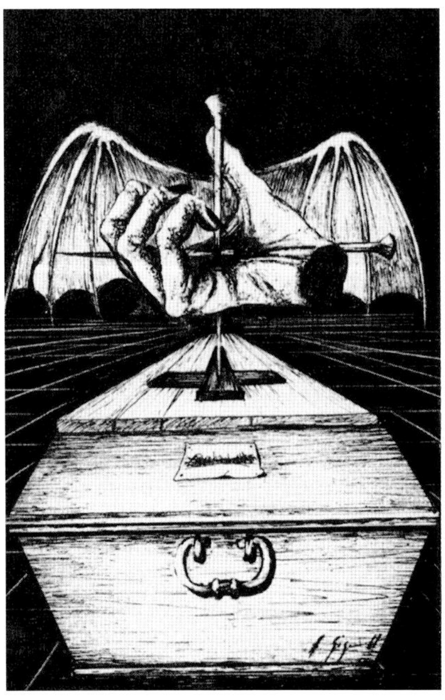

La torture chinoise

C'est au cours de mes études à l'École des Arts Décoratifs de Zurich que je fus le plus fortement impressionné. Là, un camarade attira mon attention sur les photos d'un livre que j'aimerais n'avoir jamais vues. Souvent, les gens qui regardent mes tableaux pensent que l'extrême cruauté me procure un certain plaisir.

Jusqu'ici, je n'avais vu que des films d'horreur où on avait transpercé le cœur d'un cadavre avec un pieu, mais cela c'était du cinéma. En revanche, ce que mon ami m'a montré, était d'un tout autre calibre. Il s'agissait d'une série de photos prises en 1904 montrant comment le meurtrier de l'empereur de Chine fut torturé à mort. La victime avait été empalée, et la populace, qui l'entourait, lui avait coupé lentement tous ses membres. Sa figure contractée par la douleur s'est gravée pour toujours dans ma mémoire. De surcroît le ricanement ignoble des spectateurs. Les photos, qui ont également captivé l'écrivain français Georges Bataille de telle façon qu'il ne parvint pas à s'en débarrasser, m'ont choquées comme rien ne l'avait fait jusqu'ici. Mon ami était content de m'avoir montré quelque chose qui m'ait tant impressionné. Affligé et ayant toujours présent à l'esprit le déroulement horrible de ces images, je me retirai dans ma chambre. Mon ami avait réellement réussi à m'effrayer à un tel point que j'avais peur d'être seul. Pendant une semaine, j'ai essayé de rester éveillé le plus longtemps possible. J'avais horreur de m'endormir de peur de rêver de tout cela. Peu après, je vis des films documentaires sur les

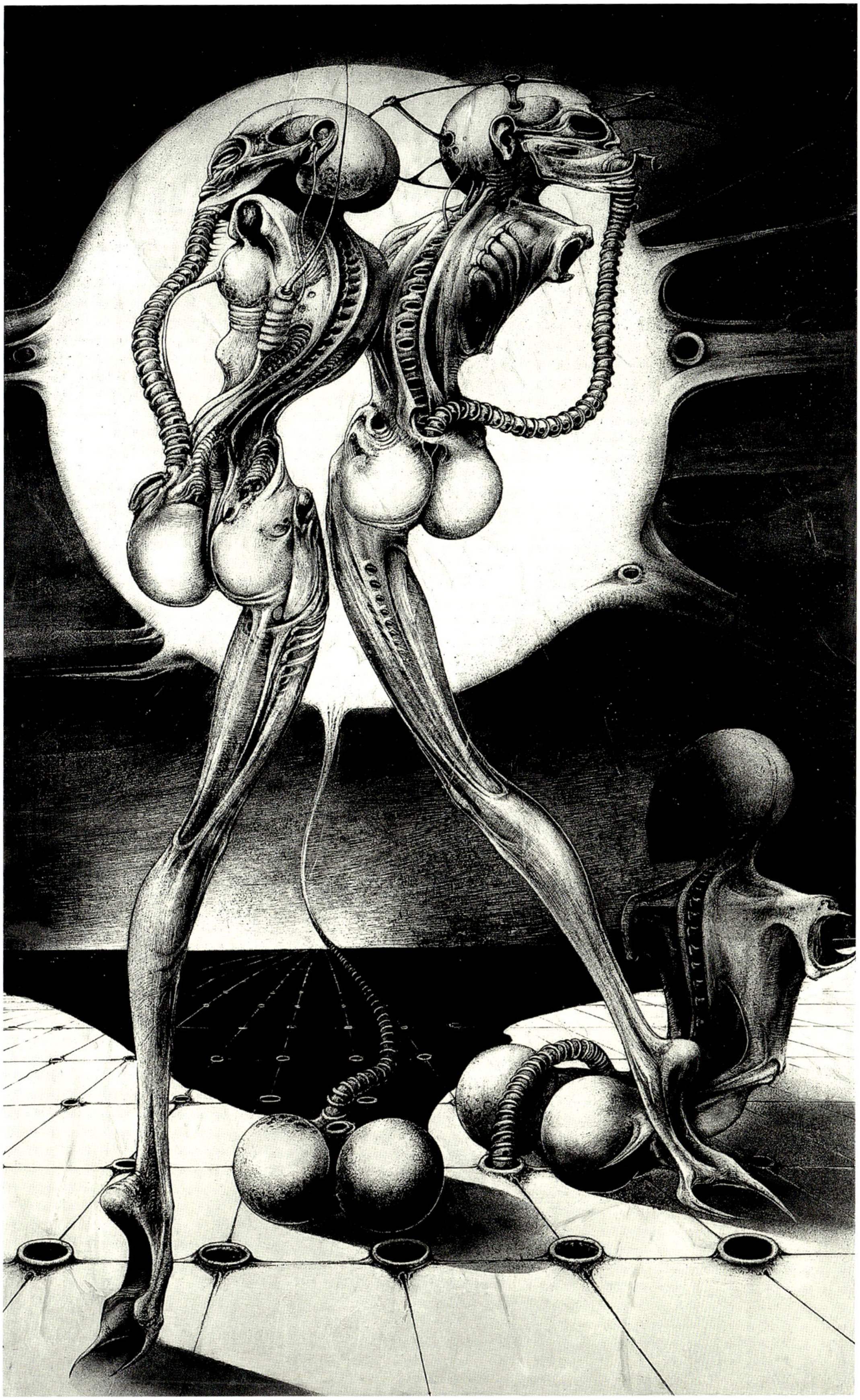

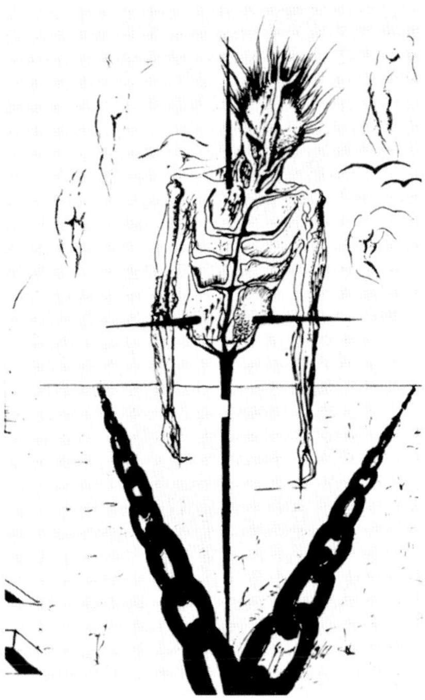

Ébauche, 1961

atrocités dans les camps de concentration. De cette manière, les photos furent reléguées un peu au second plan. Mon angoisse devant la vie avait considérablement augmenté. Le premier empalé qui m'ait captivé était un épouvantail vivant dans un conte en dialecte que ma mère devait me lire très souvent.

Je crois que cette vie fixée sur le pieu, dont la seule délivrance était une mort rapide, m'a clairement montré l'absurdité de l'existence humaine, existence qui n'aurait jamais dû commencer. Beaucoup de mes travaux reflètent le fait que l'homme est livré à la vie, sans que naisse aucun sentiment religieux.

Ce sujet exige que je parle aussi des souvenirs d'enfance au musée rhétique à Coire. Des momies égyptiennes y étaient exposées ainsi que des mains et des pieds séparés du corps.

Ces impressions s'intensifièrent encore, lorsque je vis le film *La belle et la bête* de Jean Cocteau dans lequel des bras tenant un bougeoir apparaissent à travers un mur.

Vlad Tepes – L'Empaleur

Vlad Tepes était un souverain cruel et particulièrement sanguinaire. Il vivait en Transylvanie et on le nommait aussi Comte Dracula. Il aimait prendre son petit déjeuner aux pieds des poteaux où il avait fait empaler ses ennemis. La légende le transforme en vampire, qui, la nuit, sous forme de chauve-souris, suce le sang du cou de ses victimes – de belles vierges le plus souvent – qui présentent leur cou affectueusement. Le meilleur film sur Dracula, mis à part *Nosferatu*, est de loin le *Dracula* d'Andy Warhol. Le comte est un drogué sanguinaire qui, à chaque fois qu'il est témoin d'un accident de la route, se précipite dans la rue pour tremper un bout de pain dans le sang.

Friedrich Kuhn

Né en 1926 à Gretzenbach, mort à Zurich en 1972. Un peintre pur sang, une provocation ambulante, décédé à notre grand regret bien trop jeune. Son immense signification pour le développement de l'art suisse n'a malheureusement

Grièvement blessé pendant la traite

Schöftland. – Le service de consultation pour la prévention des accidents dans le domaine agricole à Schöftland relate qu'un agriculteur se blessa grièvement pendant la traite. Le paysan était en train de traire ses vaches. Soudain, la jambe de soutien du tabouret se rompit et perça le siège. L'agriculteur subit une blessure d'empalement au séant. Selon le service de consultation, des blessures de ce genre peuvent avoir de fâcheuses conséquences. Comme l'a montré une enquête, la jambe de soutien s'était détachée avant l'accident et put ainsi, sous le poids de l'homme, presser sur le siège et le percer. La déchirure de la surface synthétique fut facilitée par l'usure. De tels accidents sont certes rares, néanmoins, le service de consultation a mis au point, en collaboration avec le fabricant, un dispositif pour éviter que le siège ne se rompe.

Article du journal quotidien *Blick*

Vlad Tepes, 1978
Acrylique sur papier sur bois, 200 x 140 cm

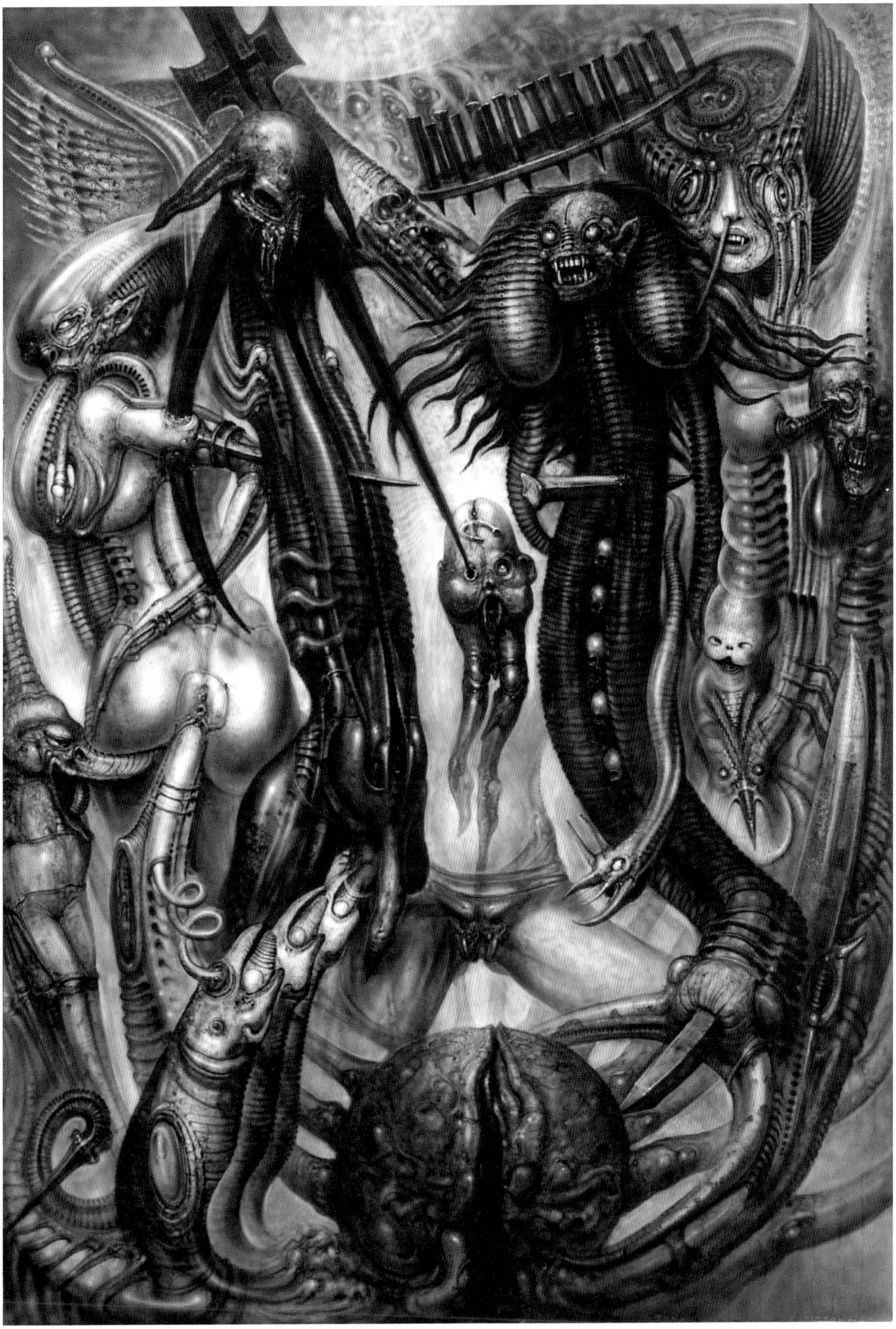

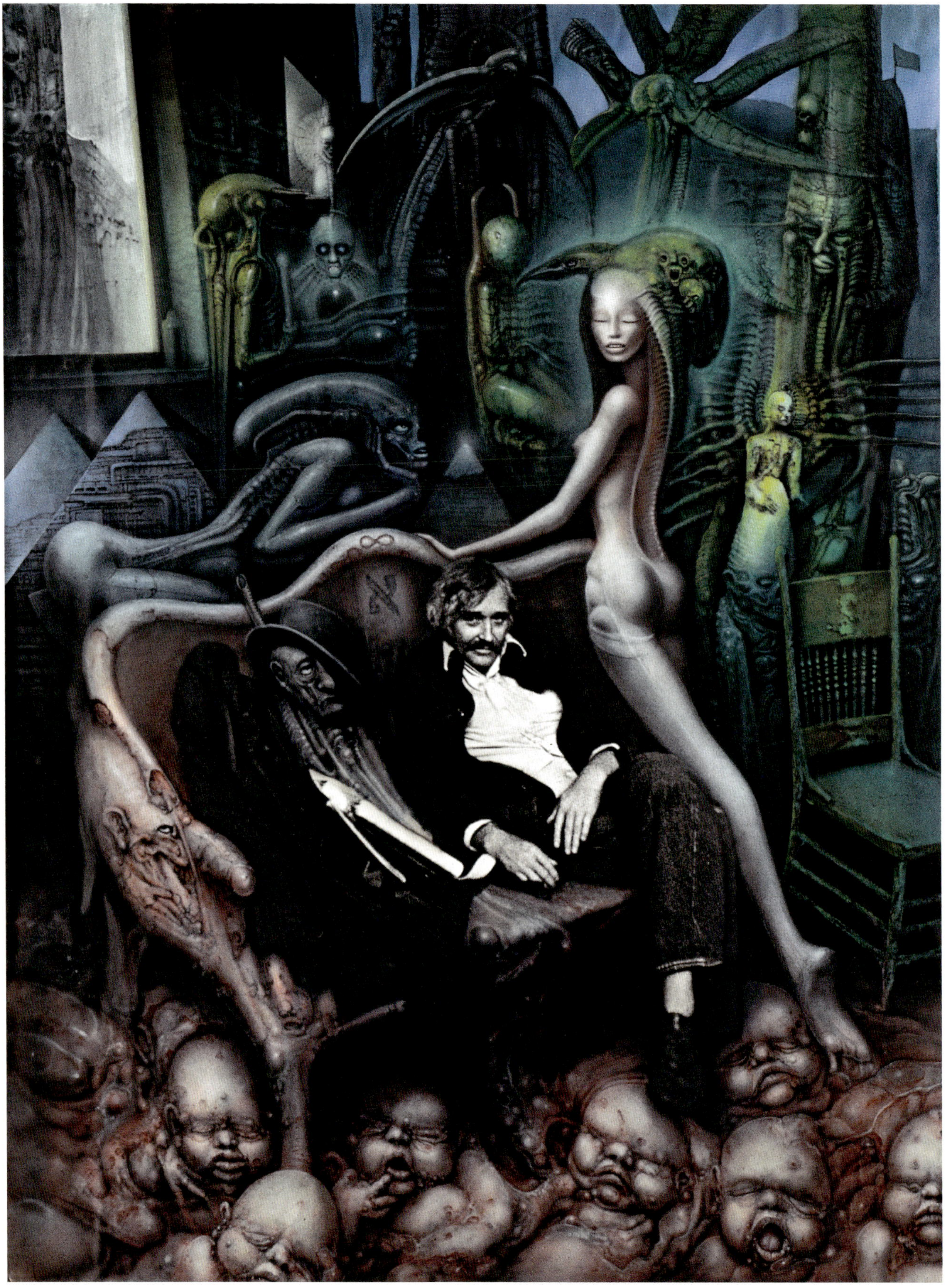

pas encore été reconnue. Je fis sa connaissance trois ans avant sa mort. À cette époque, je ne savais pas ce qu'était l'alcoolisme et je trouvais cela plutôt rigolo, sans comprendre la torture et l'impossibilité d'en sortir pour les personnes concernées. Kuhn était un peintre pur sang, un précurseur des Jeunes Sauvages. Au début, son œuvre rappelle le vieux Picasso. Tout ce qu'il prenait en main se transformait en art. Il était aussi un bon vivant et jouait le grand seigneur. En outre, il était perspicace. Parfois, il feignait d'être ivre pour dire crûment la vérité aux gens. Sur mon tableau *Hommage à Friedrich*, je l'ai représenté comme mage. Il n'avait que peu de collectionneurs, mais ils étaient de son côté. Les autres faisaient fi de ses gribouillages infantiles. Kuhn croyait en lui, et il était convaincu de la qualité de son travail; il désespérait de ce qu'on ne le prît pas au sérieux. Son concurrent était Alex Sadkowsky qui me saluait souvent en disant: « Eh bien, Giger, pourquoi tu ne te suicides pas ? » Cela ne m'a pas tellement convaincu de la qualité de cet homme. Kuhn était différent. Nous nous appréciions et nous respections mutuellement. Il était aussi le seul qui m'ait proposé d'échanger les ouvrages créés – et non pas de les payer. Parmi les artistes de Zurich, Friedrich Kuhn était unique en son genre. Je pourrais remplir tout un livre avec ses histoires dont je fus en partie témoin.

Comme la femme que j'aimais lui plaisait, il me proposait sans cesse de l'échanger contre des tableaux. Elle jouait souvent le « Driver » de sa Jaguar '55, parce qu'il n'avait pas le permis de conduire. Finalement, un an avant sa mort, il a épousé une autre femme. J'étais témoin du marié et du repas de noces le plus triste de ma vie, sans alcool, problablement une condition imposée par la mariée. Sa mère ne devait rien savoir du mariage. Il dut se glisser furtivement hors de la maison, et nous craignions qu'il n'arrive pas à temps au mariage. Dans le passé, il avait déjà fait tomber à l'eau deux mariages.

Au cours du repas, la part de vin dans son thé augmenta, et, peu à peu, il devint gai. À la fin, il laissa le thé entièrement de côté et se fit conduire par Eddie Meier en taxi londonien pour se livrer à des orgies qui durèrent trois jours.

Sa manie de la persécution éclata. La nuit, par des coups de téléphone confus, il me tenait au courant des rapports qu'avait établis la CIA sur sa personne. En public, il se comportait bruyamment et – pour ses accompagnateurs – péniblement. Il était la provocation en personne. Une équipe de pompiers du haut-pays de Zurich, dans le piège desquels il donna, le ligotèrent et le traînèrent derrière eux sur la place, devant un restaurant, en fustigeant celui qui était incapable de se défendre. Ils le croyaient certainement mort, car le matin, on le trouva couché à côté d'une fosse à moitié creusée.

Peu après, lors d'une petite excursion nocturne en cabriolet, il conduisit la voiture directement dans l'entrée d'un restaurant, qui se trouvait justement dans le virage. Là, il resta enfoncé, à moitié à l'intérieur du restaurant, à moitié dans le jardin. Une fissure au-dessus de l'entrée, qui s'étendait jusqu'au pignon, divisait la maison en deux. L'aubergiste encore tout endormi avait l'air hagard. Il croyait avoir échappé à un tremblement de terre; quand Kuhn, qui était toujours coincé dans la voiture avec sa femme, commanda deux cafés, il devint si furieux que Friedrich, tout poltron, s'enfuit à vélo en laissant son épouse dans la voiture. Ce matin-là, je crois que c'était le dimanche de Pentecôte, il m'a téléphoné et prié de l'aider à récupérer sa voiture. Le soir, nous avons entrepris des recherches. Nous nous sommes d'abord rendus sur les lieux. L'entrée avait été entre-temps clouée par des planches. Friedrich était assis, tout anxieux, dans ma voiture de couleur foncée et moi, je n'osais pas demander au patron où il avait laissé sa voiture. Ainsi, nous avons erré dans la nuit à travers le village et cherché la voiture. En

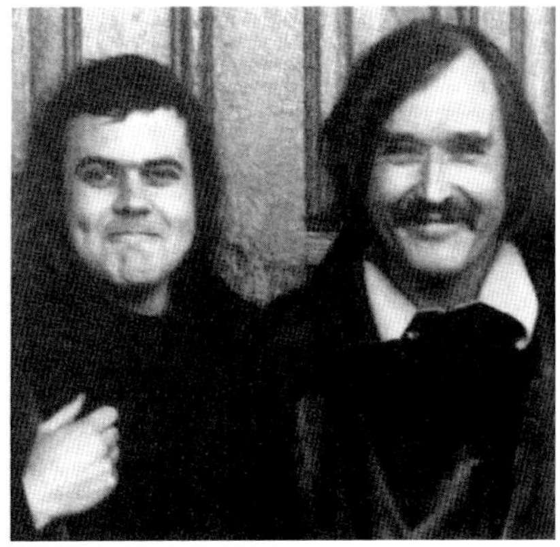

HR Giger et Friedrich Kuhn
Photo: B. Bühler

PAGE 40
Friedrich Kuhn II, 1973
Phototypie, 105 x 78 cm

Friedrich Kuhn, 1972, un mois avant sa mort
Photo: HR Giger

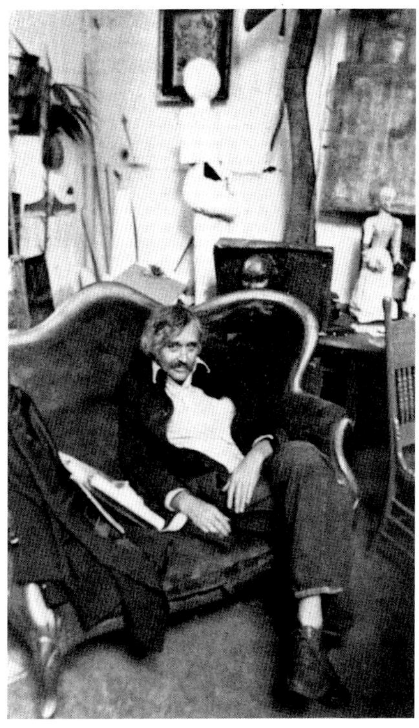

vain. Friedrich avait l'intention de manipuler les freins pour ne pas devoir avouer au tribunal qu'il avait perdu le contrôle de la voiture.

Il n'a pas vécu le procès. Le foie s'était atrophié. L'enterrement dégénéra en une fête populaire. Chacune de ses amies se montrait la plus triste possible et tous se soûlèrent dans la Flühgasse supérieure. Ensuite, mon amie me reconduisit chez moi et – quasiment pour le saluer une dernière fois, elle vomit par la vitre de la voiture qui roulait.

Lovecraft et le Nécronomicon

Autant que je m'en souvienne, la première fois que j'entendis parler du mythe Cthulhu et du *Nécronomicon*, c'était quand un écrivain de Zurich, Robert B. Fischer, publia le magazine intitulé *Cthulhu News*. Les illustrations des histoires du second numéro provenaient de sa plume. Les dessins sont reproduits intégralement dans le livre *Giger's Biomechanics* (Biomécaniques de Giger). Peu à peu, je m'intéressai à l'auteur du mythe, et je suis tombé sur un écrivain américain des débuts du roman de science-fiction. Grâce à son père qui était membre de la loge égyptienne, il possédait une bibliothèque ésotérique bien fondée. Selon toute apparence, il a possédé des fragments du *Nécronomicon*, ce qui signifie dans notre langue Noms ou Masques Mortuaires, car dans toutes ses histoires d'horreur, ce livre joue le rôle de livre de magie qui, tombant entre de fausses mains, serait funeste pour toute l'humanité. Le livre traite du mythe des grands dieux portant des noms presque imprononçables: Cthulhu et Yog-Sothoth qui sommeillent dans les profondeurs de la mer et de la terre et qui, à un moment précis – sous la bonne constellation des étoiles –, prennent le pouvoir sur l'univers. Tel est le récit que l'on trouve dans le *Nécronomicon* de l'Arabe dément Abdul Alhazred. Un livre plein de formules magiques et d'illustrations de dieux-monstres à l'apparence terrible et qui nous menaceront. Ces monstres sont décrits par H. P. Lovecraft dans des histoires telles que *L'Appel de Cthulhu* ou *L'Affaire Charles Dexter Ward*. L. Sprague de Camp a écrit la meilleure biographie sur Lovecraft.

À l'époque d'Elizabeth I, son astrologue John Dee et l'assistant de celui-ci Edward Kelly, doté de pouvoirs médiumniques, se rendirent à Prague, à la cour du roi Rudolf, pour essayer de changer du plomb en or. Pendant ce temps,

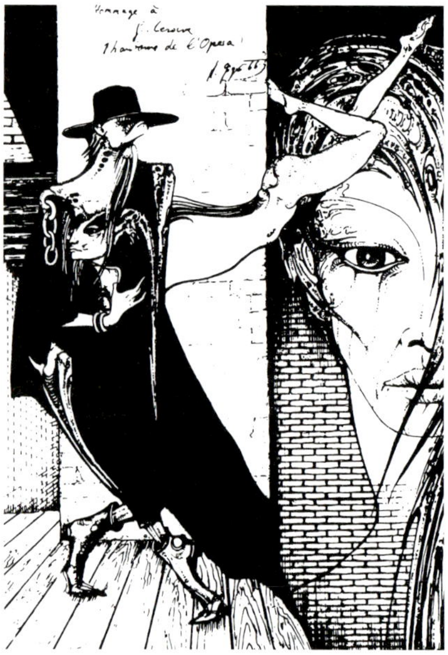

Phantom of the Opera, 1968
Transcop, 24 x 21 cm

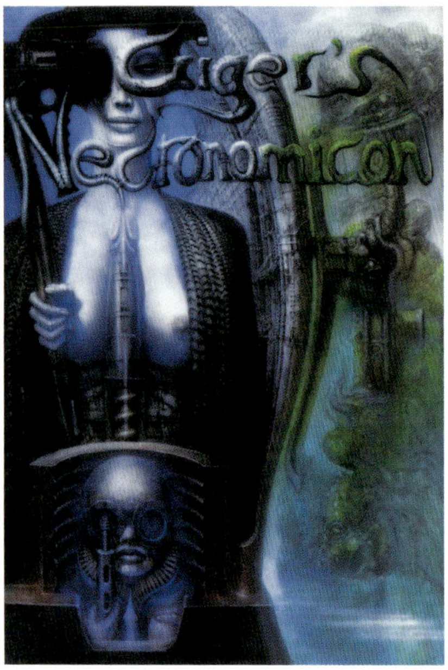

Titre du *Giger's Necronomicon*, 1976
Acrylique sur papier sur bois, 100 x 70 cm

PAGE 43
Necronom III (2e version), 1976
Acrylique sur papier sur bois, 100 x 70 cm

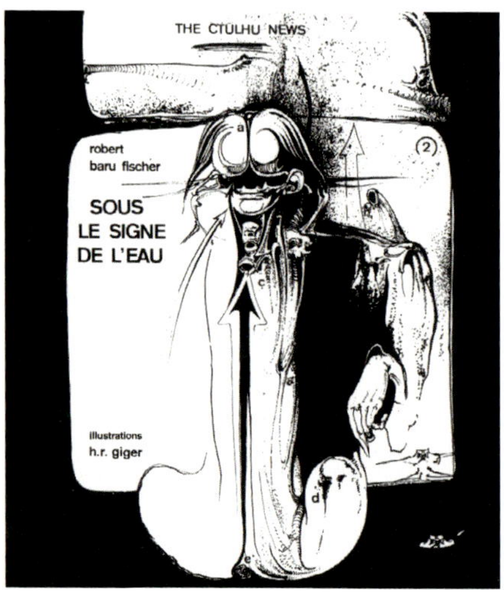

Sous le Signe de l'Eau, 1966
Couverture pour le magazine *Cthulhu News* 2
Encre de Chine sur Transcop, 24 x 21 cm

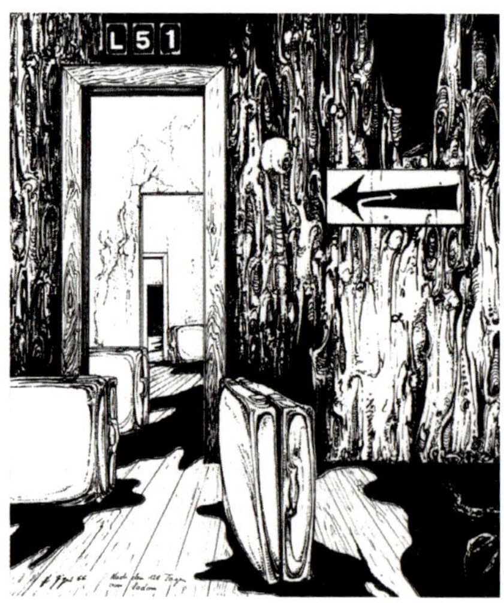

Les 120 jours de Sodome, 1966
Encre de Chine sur papier, 24 x 21 cm

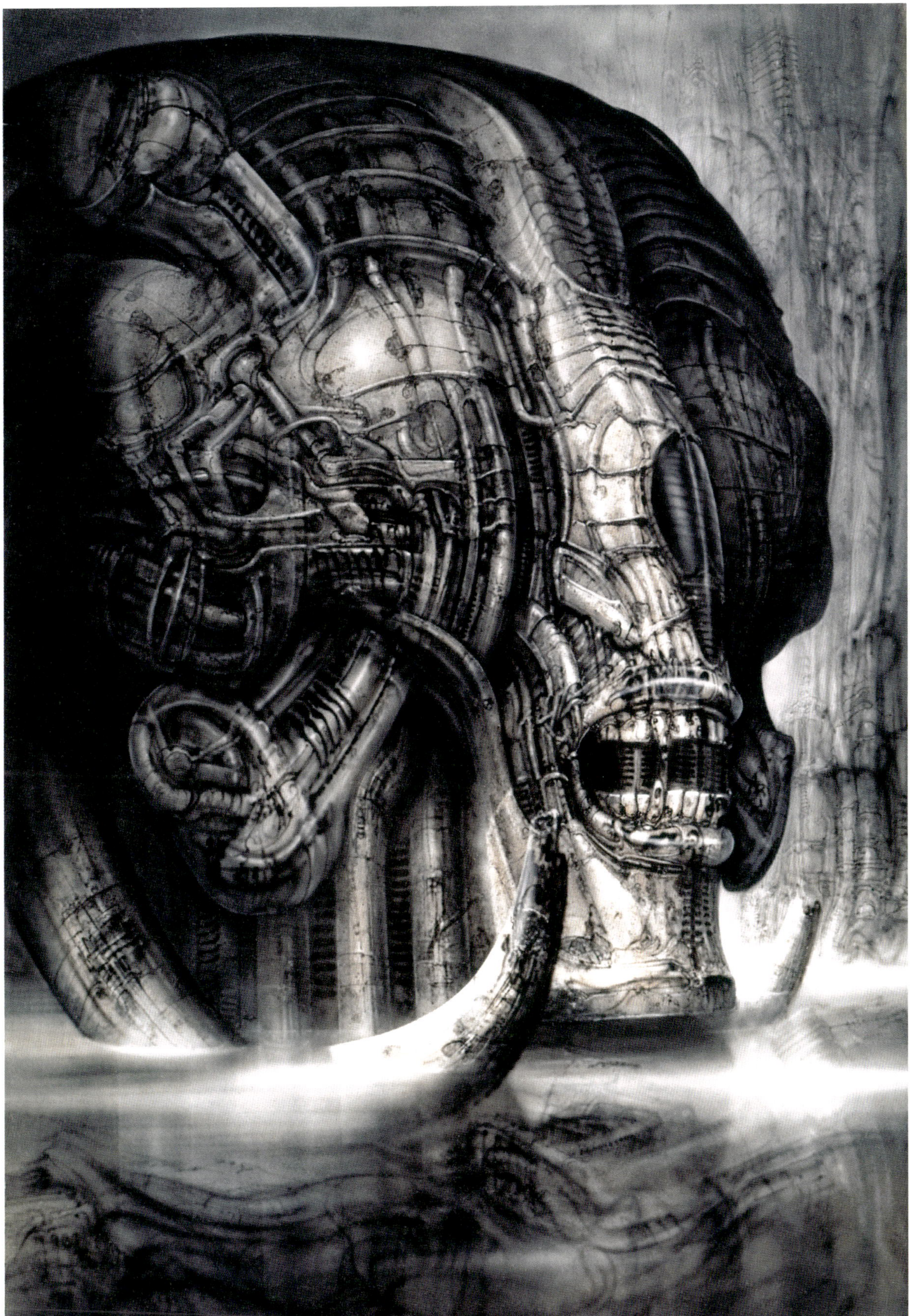

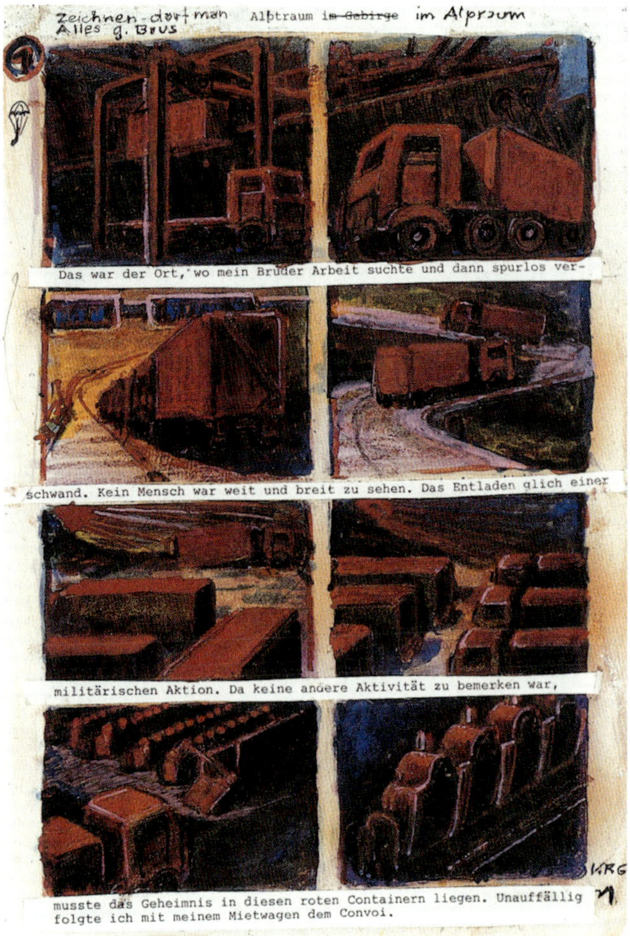

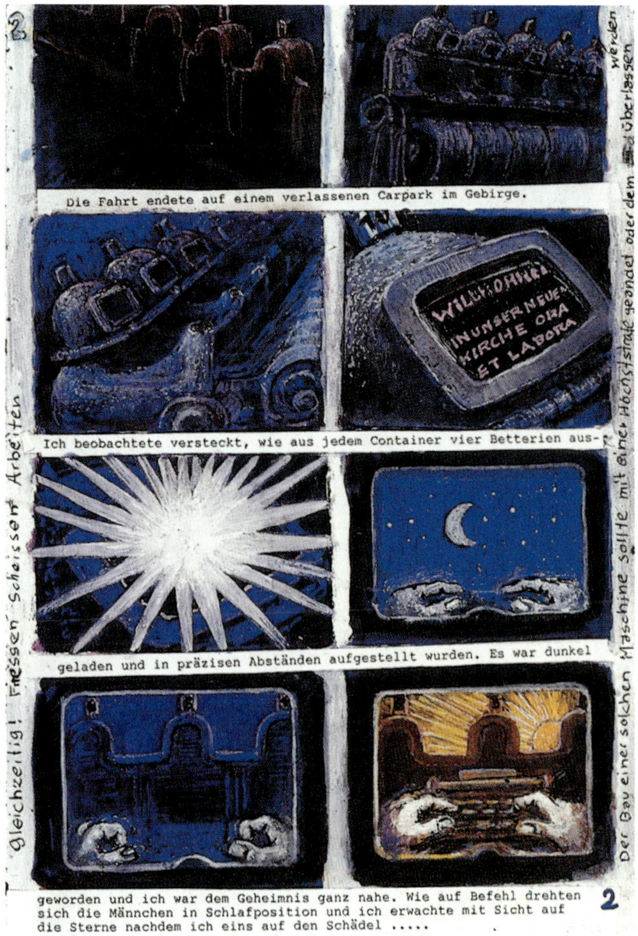

EN HAUT ET EN BAS
Couveuse artificielle, 1989

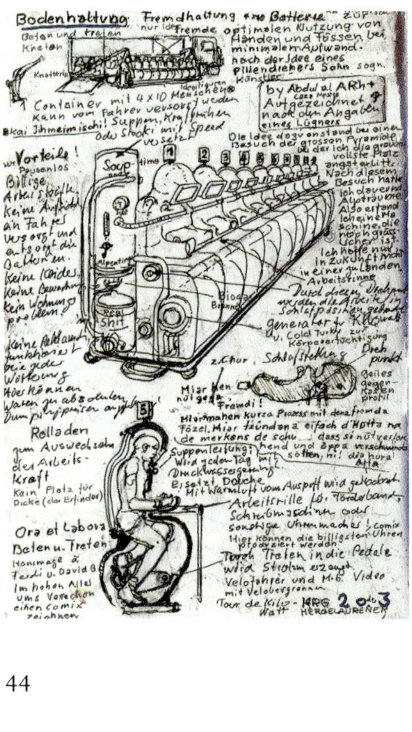

Kelly reçut de l'ange de la fenêtre d'ouest des informations en runes ou enochian (la langue des anges) sur le *Nécronomicon* originel.

On n'a pas trouvé d'illustrations des dieux-monstres. Nous possédons aujourd'hui encore des fragments du *Nécronomicon* (Al Azif). Ils sont conservés en partie au musée britannique à Londres.

Quand je cherchais un titre pour le livre sur mes tableaux sinistres, le chercheur de mythes connu, le Suisse Sergius Golowin, mon père spirituel, attira mon attention sur Lovecraft, et il dit: pourquoi ne pas l'intituler tout simplement *Giger's Necronomicon* si l'original n'existe que fragmentairement? Le titre prêtait à équivoque, car les partisans de Lovecraft avaient cru avoir finalement trouvé leur vrai Nécronomicon. Depuis, divers Nécronomicons ont vu le jour; ils décrivent fragmentairement des rituels magiques, mais sont sans illustrations de monstres extra-terrestres. Ainsi, les initiés découvrirent mes livres, et je fus admis à mon insu dans une loge, sous le nom de Frater Alien.

Art Magazin

En 1986, j'entrai pour la première fois dans la galerie Art Magazin, située entre deux petits bordels dans la Brauerstrasse, 4^{emème} arrondissement. À l'aide de brillantine, le propriétaire s'était monté une installation lumineuse dans les cheveux, et je le trouvai tout de suite sympathique. Tous les dingues et ceux qui

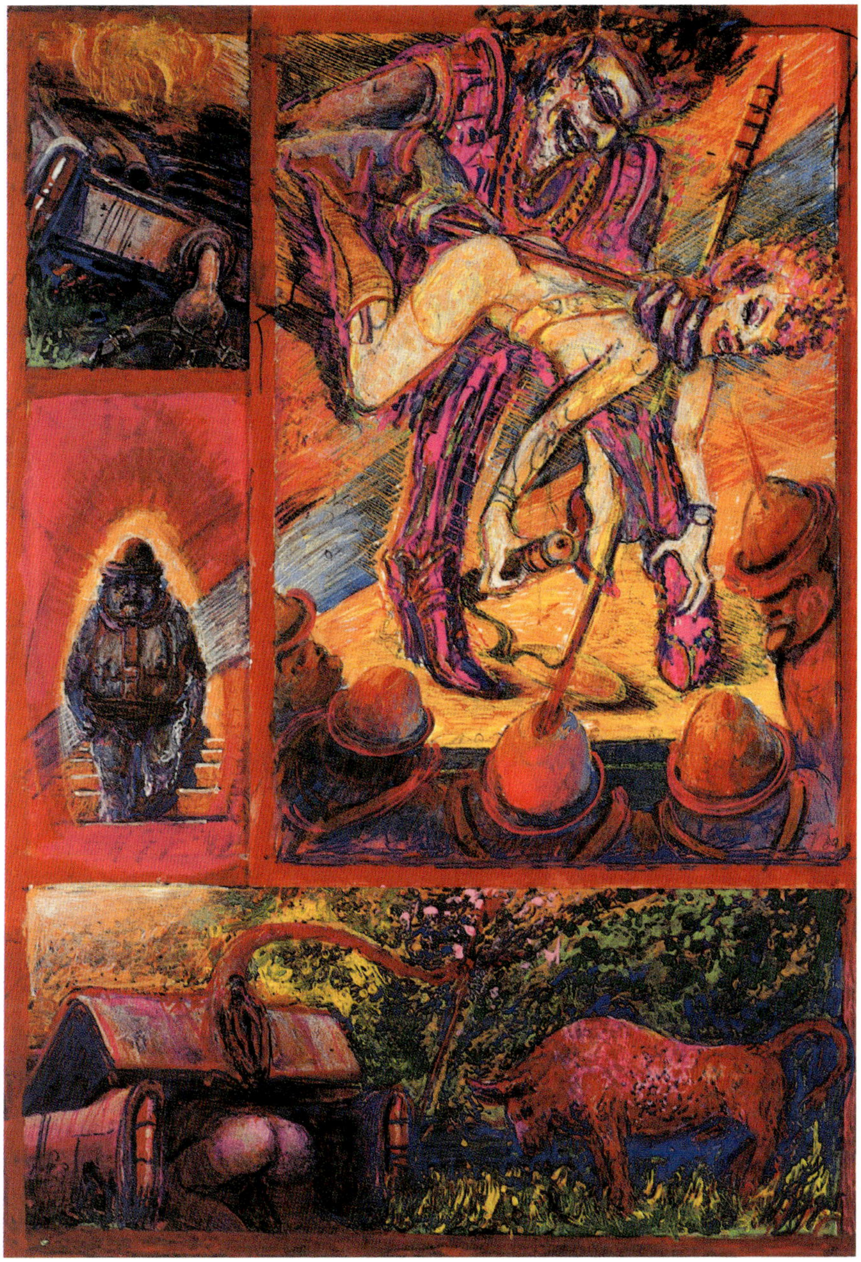

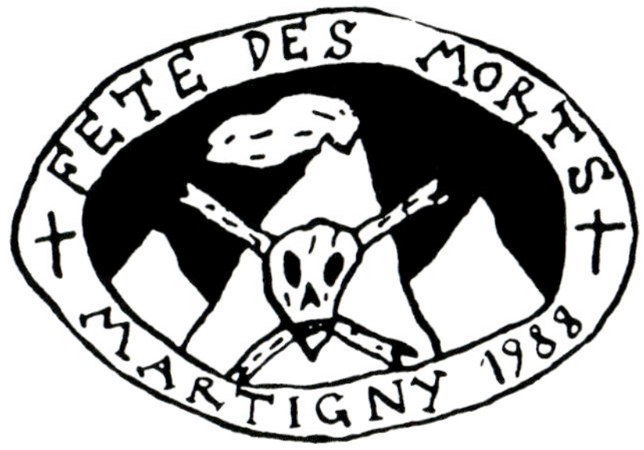

Signet *Fête des Morts*

Comic ROBOFOK (texte de Pier Geering), 1989

PAGE 46
Biomécanoïde III, 1974
Acrylique sur papier sur bois, 134 x 103 cm

PAGE 47
Paysage biomécanoïde, 1976
Acrylique sur papier sur bois, 200 x 140 cm

Signet : *Musée de l'âme*

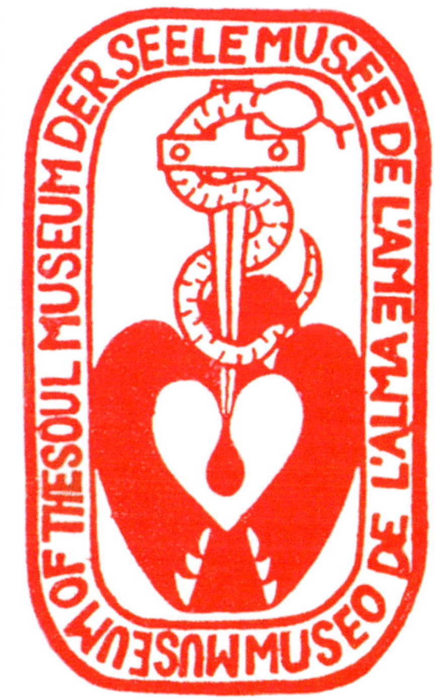

exposaient pour la première fois se rencontraient chez lui. Dans les pièces voisines se trouvaient « Le musée de l'âme », dirigé par Pier Geering, partenaire de Rolf Mueller. Je commençai à participer régulièrement à ses expositions thématiques, surtout à la Fête des Morts qui a lieu chaque année le 1er novembre. En 1988, j'élaborai avec un vif succès une exposition individuelle pour Art Magazin, intitulée *Expanded Drawings*. *Art Magazin 2* fit suite en octobre. Les manifestations devinrent de plus en plus variées, ce qui est dû à Pier Geering qui connaît de nombreux groupes de musique dont il est en même temps le manager. Lui-même a écrit un comic strip intitulé *Robofok* que j'ai illustré ; je souhaitais faire cela depuis des années. Maintenant, il y a enfin une galerie qui expose des comic strips.

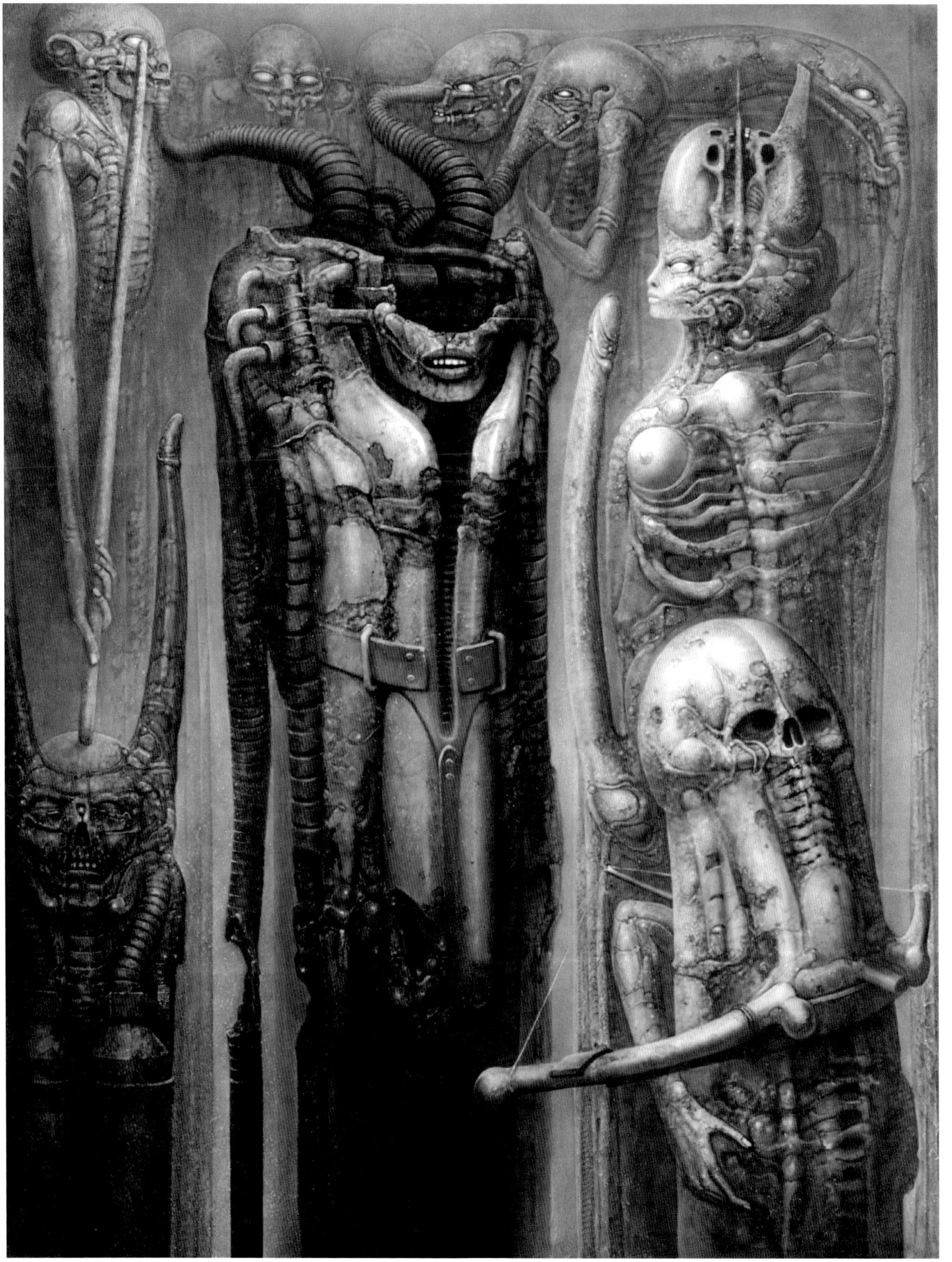

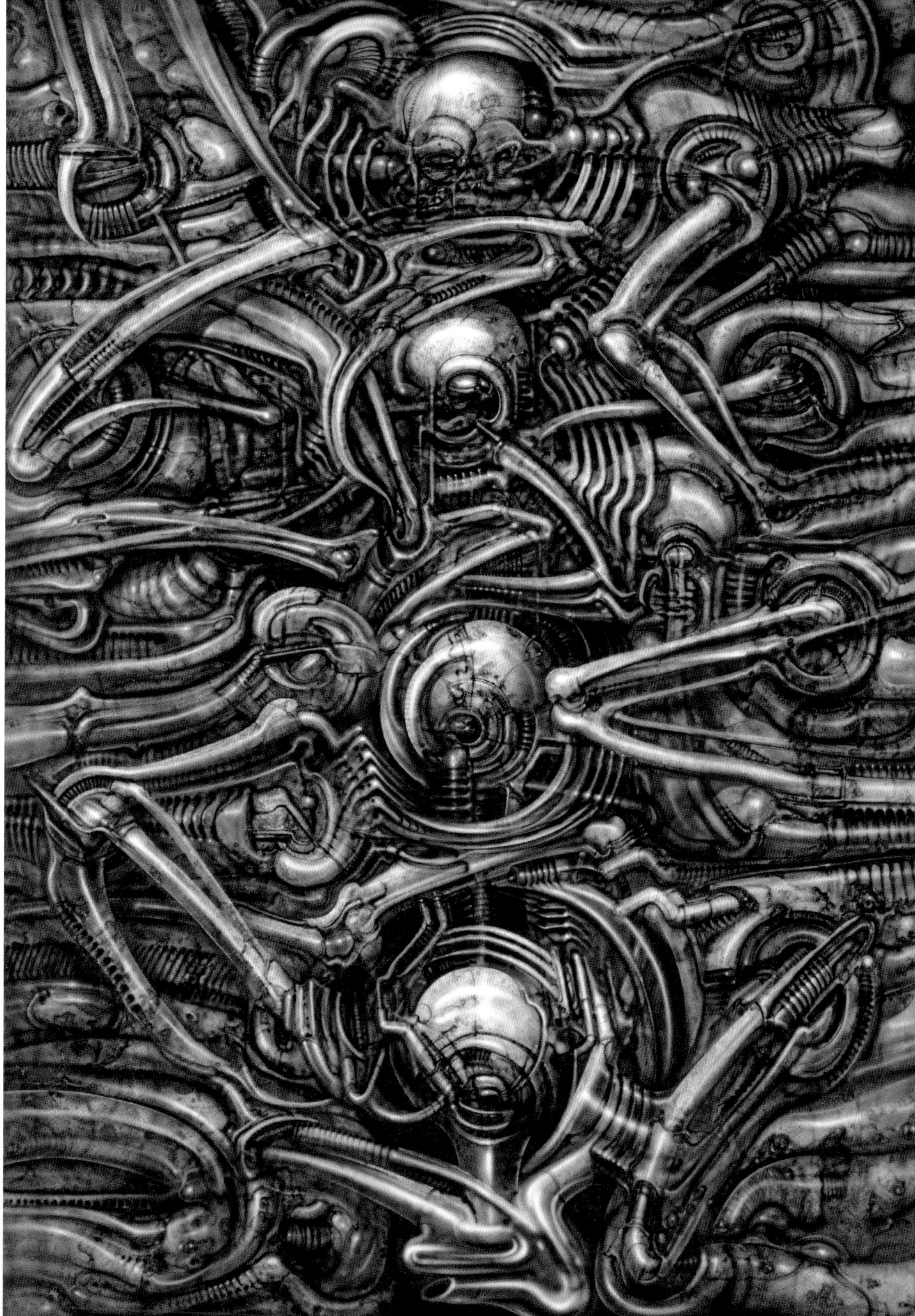

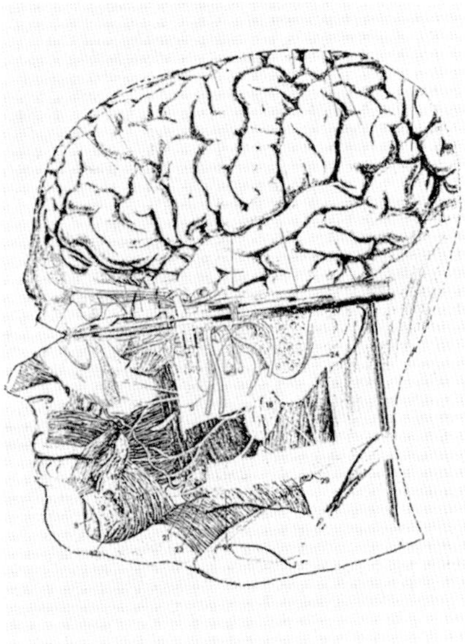

Collage, *Tête humaine avec pistolet à peinture comme œil*

À propos du pistolet à peinture ou du pinceau à air

De temps à autre, des peintres et autres spécialistes prétendent que la création artistique serait impossible avec le pistolet à peinture. Comme si l'utilisation d'un pinceau garantissait la qualité. Je trouve qu'on maîtrise le pistolet à peinture – à mon avis le médium le plus direct – dès le moment où l'application de cette technique n'est plus visible sur le tableau. Cette technique, qu'a appliquée Man Ray pour quelques-uns de ses tableaux, a souffert du mépris qu'on lui a montré depuis l'utilisation grossière des sprays à l'aide de pochoirs, depuis qu'on se sert de cette technique pour laquer les voitures et depuis qu'elle est appliquée à des fins publicitaires. Avec le temps, le travail avec cet appareil marche si bien que le processus devient un acte automatique pareil à celui de conduire un voiture. On se transforme soi-même en un automate qui fonctionne toujours, même si on est sur le point de dépasser certaines limites de la pensée lucide comme par exemple sous l'influence de stupéfiants. Les douaniers néerlandais croyaient avoir devant eux des photos. Où, selon eux, aurais-je dû photographier de tels sujets ? En enfer peut-être ? Il fallut la déclaration d'un expert qu'on avait appelé que je m'étais servi de la technique du pistolet à peinture pour exécuter mes tableaux, pour qu'on les laisse passer.

HG Giger dans son atelier, travaillant au *Temple des passages (vie)*, Zurich 1974

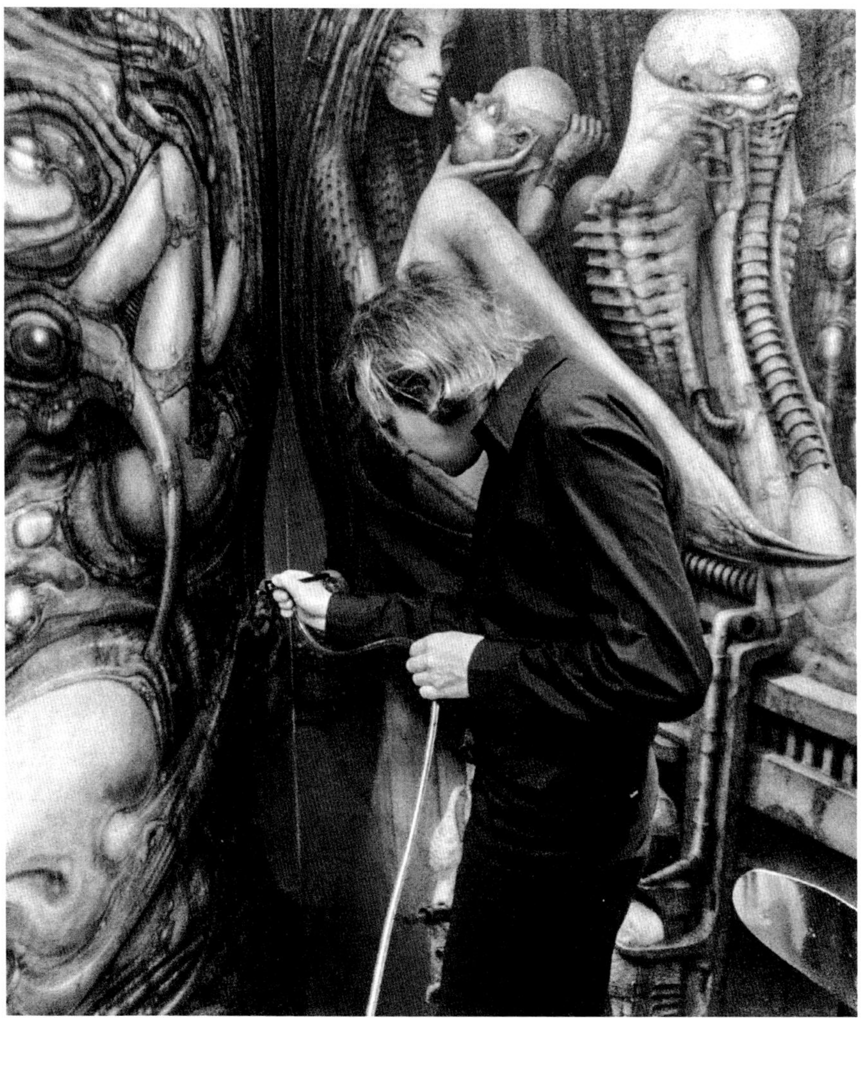

PAGE 49
Écoulement ***Illuminatus I***, 1978
Acrylique sur papier, 100 x 70 cm

Biomécanoïde, 1969
Polyester, bois, métal, 100 x 120 x 52 cm

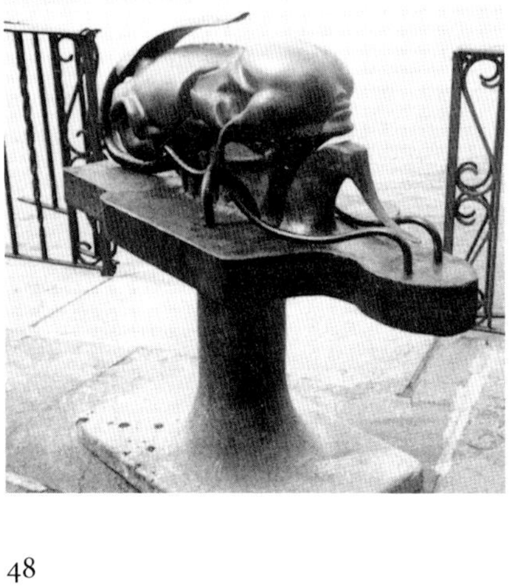

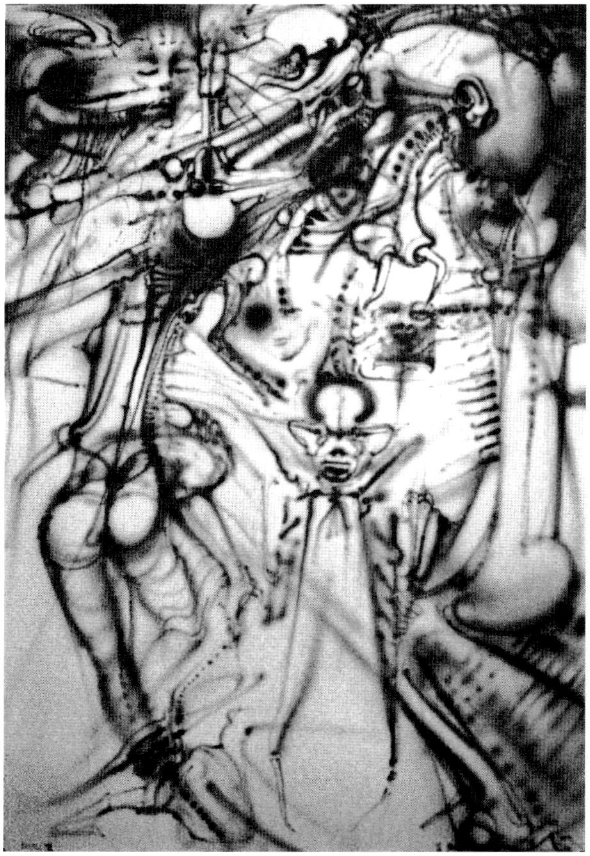

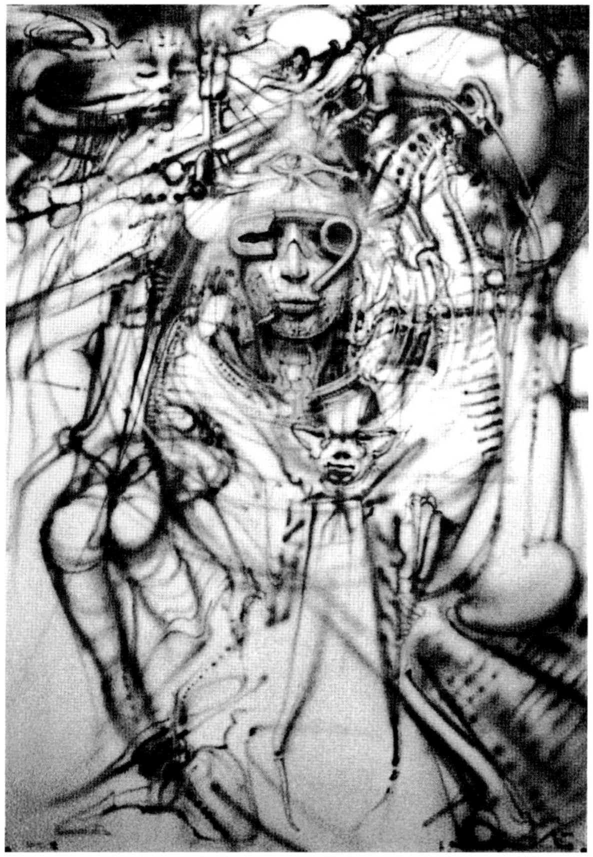

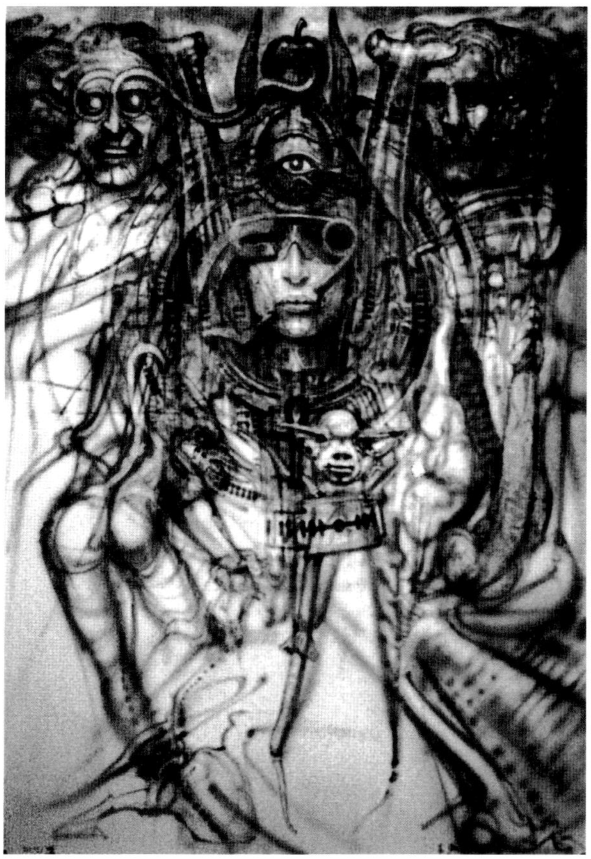

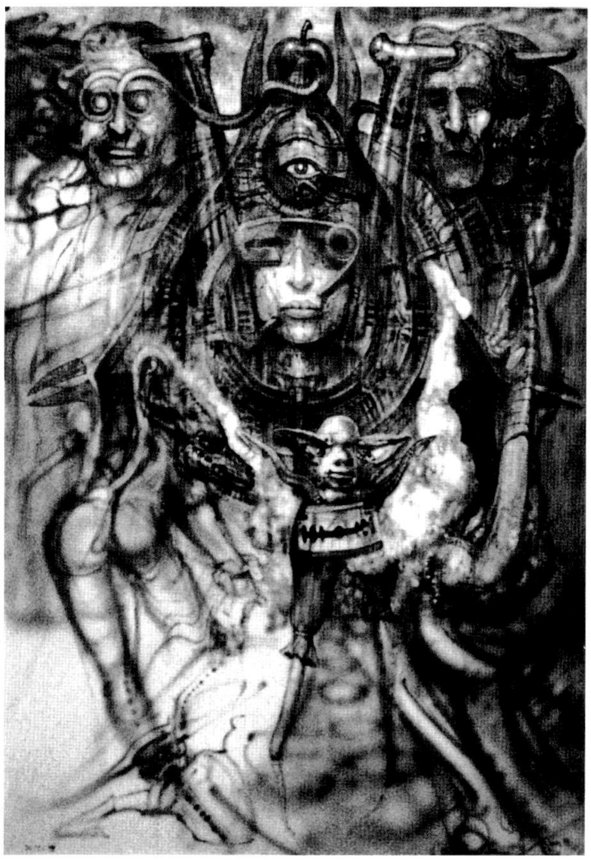

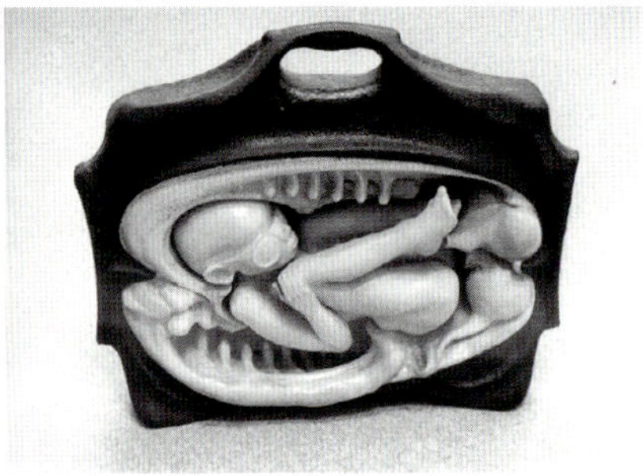

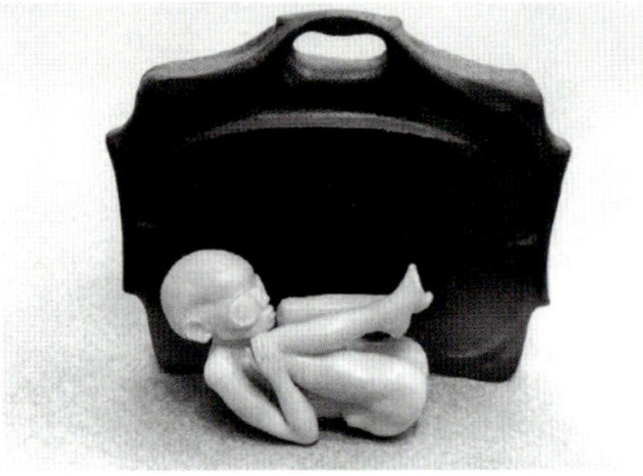

Bébé à la valise, 1967
Polyester, 20 x 50 x 75 cm

Les premières sculptures

À Pojana, dans le Tessin, au bord du lac de Lugano, sur la petite terrasse au-dessus de la cave à vin, où je passai l'été entre 1966 et 1969, virent le jour – à côté de mes aquarelles – des sculptures telles que *Mendiant*, *Maintenir la vie*, et aussi mon premier « E. T. » pour le film *Swiss Made* de F. M. Murer. Une banque lui avait offert un peu d'argent ; ainsi, il était capable de me payer une somme modeste pour ma cuirasse en polyester et pour celle d'un chien (ill. p. 51). L'humidité permanente régnant dans mon atelier m'a fait devenir rhumatisant chronique. La maison principale avec terrasse donnant sur le lac au-dessus de la route était à ce moment-là habitée par ma sœur et mon beau-frère. Je me suis souvent baigné dans le lac de Lugano pour me soulager de mes douleurs dorsales et pour faire partir la poussière du plexiglas.

Biomécanoïdes

À une époque où la phrase classique des surréalistes : « Beau comme la rencontre d'un parapluie et d'une machine à coudre sur une table de dissection » peut devenir réalité, et qui est absolument réalisable à l'aide de la bombe atomique, lesdits biomécanoïdes sont également en essor. En 1968, j'ai publié mon portfolio de sérigraphies à Zurich. J'entendais par là l'union harmonieuse de la technique, de la mécanique et de la créature. La recherche génétique nous apprendra encore à avoir peur. Déjà la production de clones (ensembles d'individus génétiquement semblables) est un cauchemar pour les hommes. Des frères siamois comme ouvriers : un torse, deux têtes, quatre bras. Les progrès faits ces derniers temps nous rendront bientôt capables de produire des clones de soldats et ceux d'agents de police sous forme de mon Mendiant, c'est-à-dire avec un bras qui, au niveau

Li Tobler avec la sculpture *Amerika*, 1968
Polyester, PVC, deux pièces,
85 x 75 x 20 cm chacune

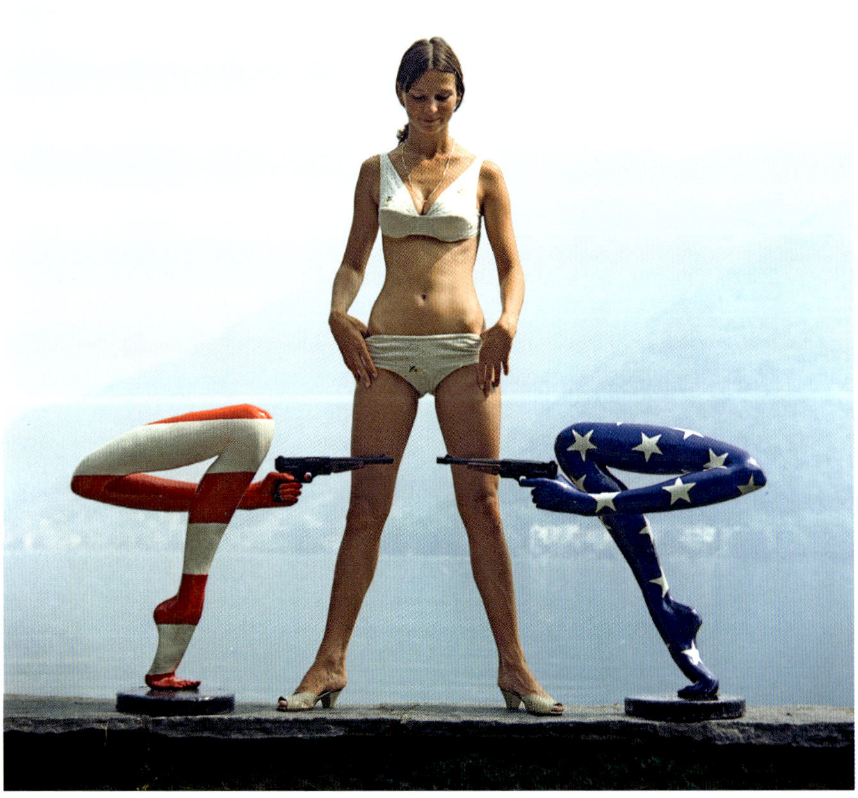

HR Giger au travail

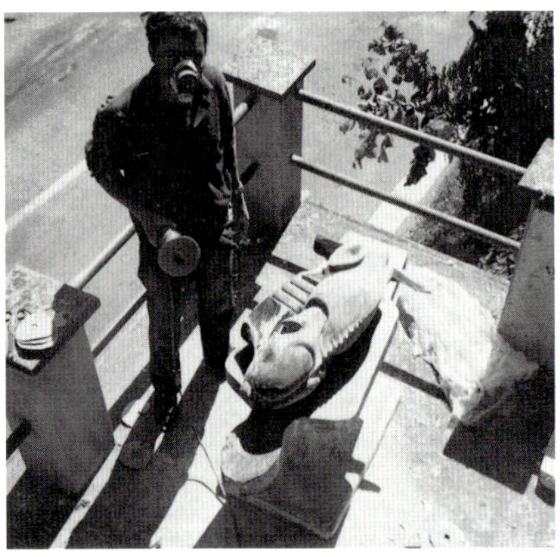

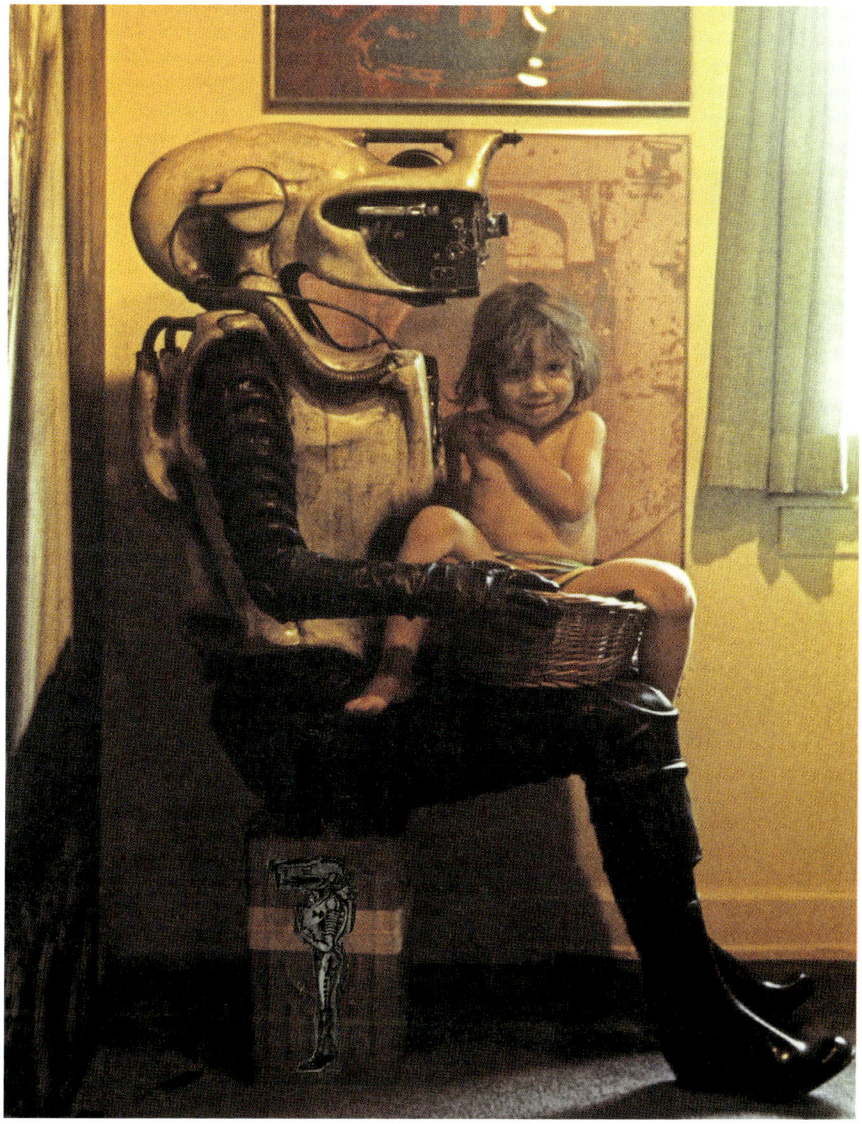

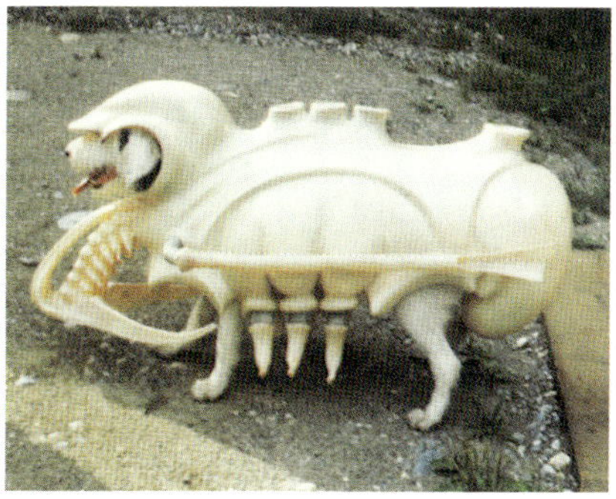

Cuirasse représentant un chien du film *Swiss Made* de F. M. Murer, 1967/68, polyester

Delphine (aujourd'hui actrice à Paris) et un *Biomécanoïde*, Zurich 1970 (Photographe inconnu)

Tournage de *Swiss Made*

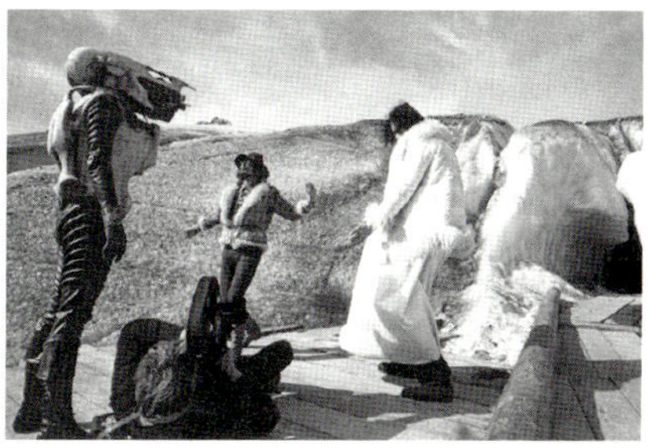

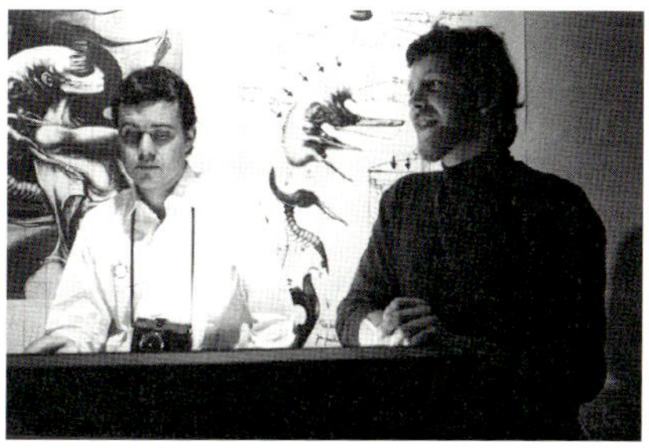

de la partie supérieure du bras, se transforme en cuisse-jambe avec le pied. La partie centrale de ces monstres primitifs, bras et jambes, dispose de récepteurs sensoriels et de toutes les entrailles techniques dont a besoin un robot téléguidé. J'ai développé cette construction tripartite en 1963 sous forme de dessin intitulé *Atomfreak*; en 1968, je l'ai transformée en sculpture de bronze intitulée *Le Mendiant* et finalement j'ai créé le *Couple américain* avec des bandages et des pistolets (ill. p. 50 en bas). Cela consiste en une simple construction tubulaire provenant d'une lampe de chevet. En 1989, j'ai utilisé ce thème pour l'illustration de *Robofok* de Pier Geering.

Dune

Bob Venosa, un peintre américain du réalisme fantastique qui habite avec sa famille à Cadaqués et qui séjournait souvent chez Salvador Dalí, me parla de Dune pour la première fois. Il s'agissait dans ce projet d'un film de science-fiction en 70 mm qui devait duré trois heures et dans lequel Dalí devait jouer

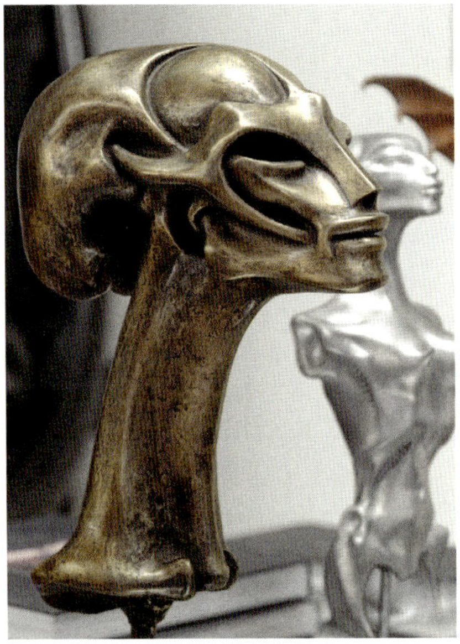

Petite tête, 1965/2014
Argentan, 30 x 12 x 21 cm

PAGE 53
Dune II, 1975
Acrylique sur papier, 70 x 100 cm

Dune V, 1976
Acrylique sur papier, 70 x 100 cm

EN BAS
Amanda Lear, Dalí, Michèle, 1975

HR Giger avec Salvador Dalí dans sa propriété de Cadaqués, 1975

EN BAS À DROITE
Dune I, 1975
Acrylique sur papier, 70 x 100 cm

le rôle principal contre un gage de 100 000 dollars. (Plus tard cependant, il fut décommandé en raison de sa symphatie pour Franco). Bob Venosa me téléphona pour me dire que le metteur en scène Alejandro Jodorowsky, à qui Dalí avait montré mes catalogues, s'intéressait à mes travaux. Je partis donc pour l'Espagne, mais Jodorowsky était malheureusement parti quand j'arrivai.

Dalí en revanche manifesta un intérêt courtois pour mes travaux et me présenta son épouse, Gala, comme le spécialiste de monstres et de « nightmares », chez lequel le monde intérieur ne s'accorde pas avec l'apparence extérieure. Sur quoi Gala enchaîna : je ne fais que porter un masque, et je m'accorde tout à fait avec mon monde pictural. Ensuite, elle se mit à raconter des épisodes de sa vie et s'indigna de la bassesse de notre monde. Certes, une des femmes les plus impressionnantes que j'aie jamais rencontrées.

Je rentrai en Suisse et fis la bêtise de laisser mon amie à Cadaqués. Dalí l'utilisa comme modèle et ensuite essaya de l'accoupler à un hippie. Dalí voulait célébrer la cérémonie lui-même et contrôler à sa manière les rituels liés à l'événement. Cela m'amusait en cachette, car je venais de lire *Le Mage* de John Fowles et trouvais amusantes les épreuves de force du vieux magicien.

En décembre 1975, je me rendis à Paris, au vernissage d'une exposition sur le diable, pour laquelle j'avais conçu l'affiche en couleur. À cette occasion, j'allai au studio de Jodorowsky et y laissai mon adresse à Paris. Sur quoi Jodorowsky me téléphona et me montra dans son studio les travaux préliminaires sur *Dune*. Quatre dessinateurs de science-fiction étaient occupés à concevoir des vaisseaux, des satellites et des planètes entières. Quelques photos de mes tableaux, que l'on pourrait éventuellement utiliser, traînaient dans la pièce par mesure de politesse. Jodorowsky me dit que cela lui ferait plaisir si je participais aux travaux. Je pourrais concevoir toute une planète et aurais les mains libres. D'après mes esquisses, on construirait alors les modèles tridimensionnels dans lesquels les acteurs seraient copiés. J'aurais aussi la possibilité de créer selon mes idées des costumes, masques etc.

Le Mal dominait ma planète, on y faisait de la magie noire, on donnait libre cours à ses agressions. L'orgie et autres perversions étaient à l'ordre du jour. Bref,

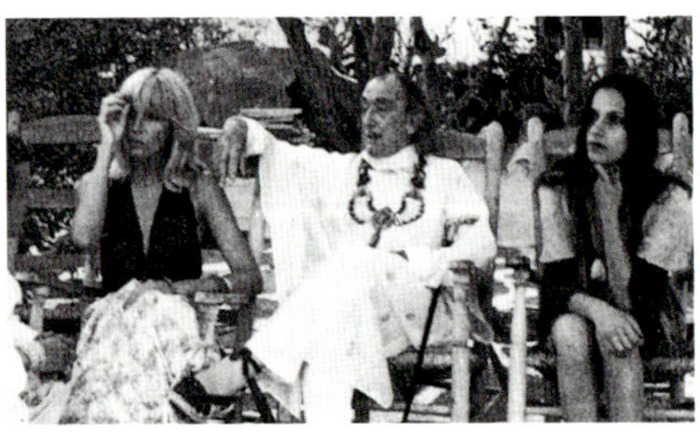

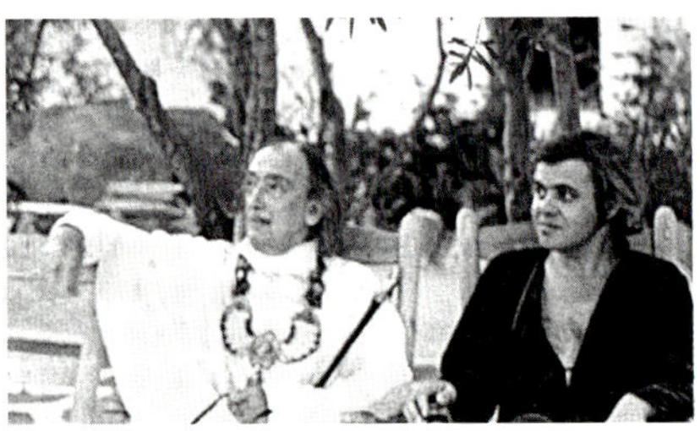

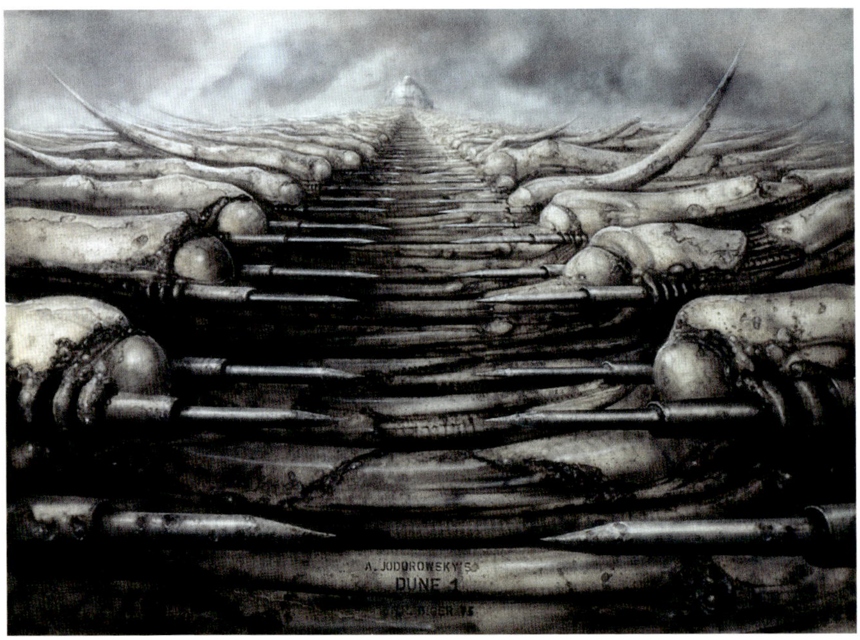

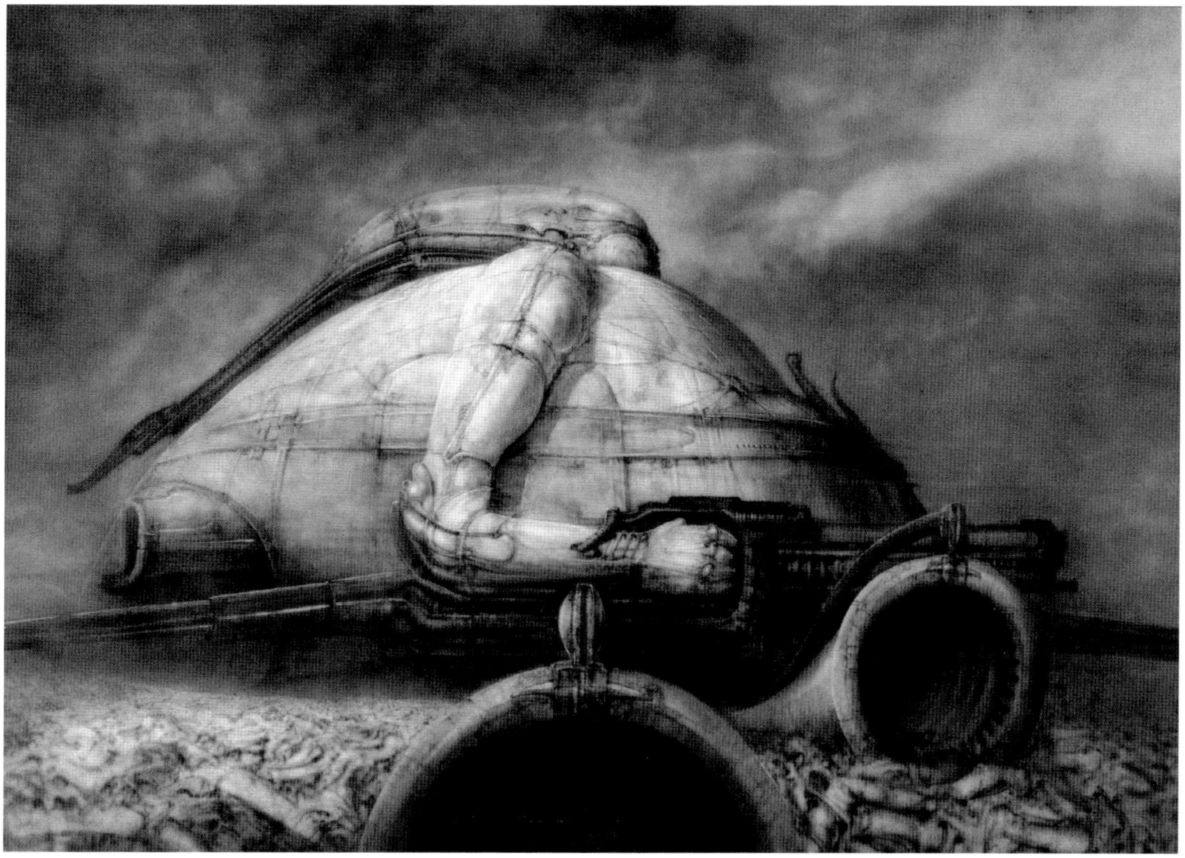

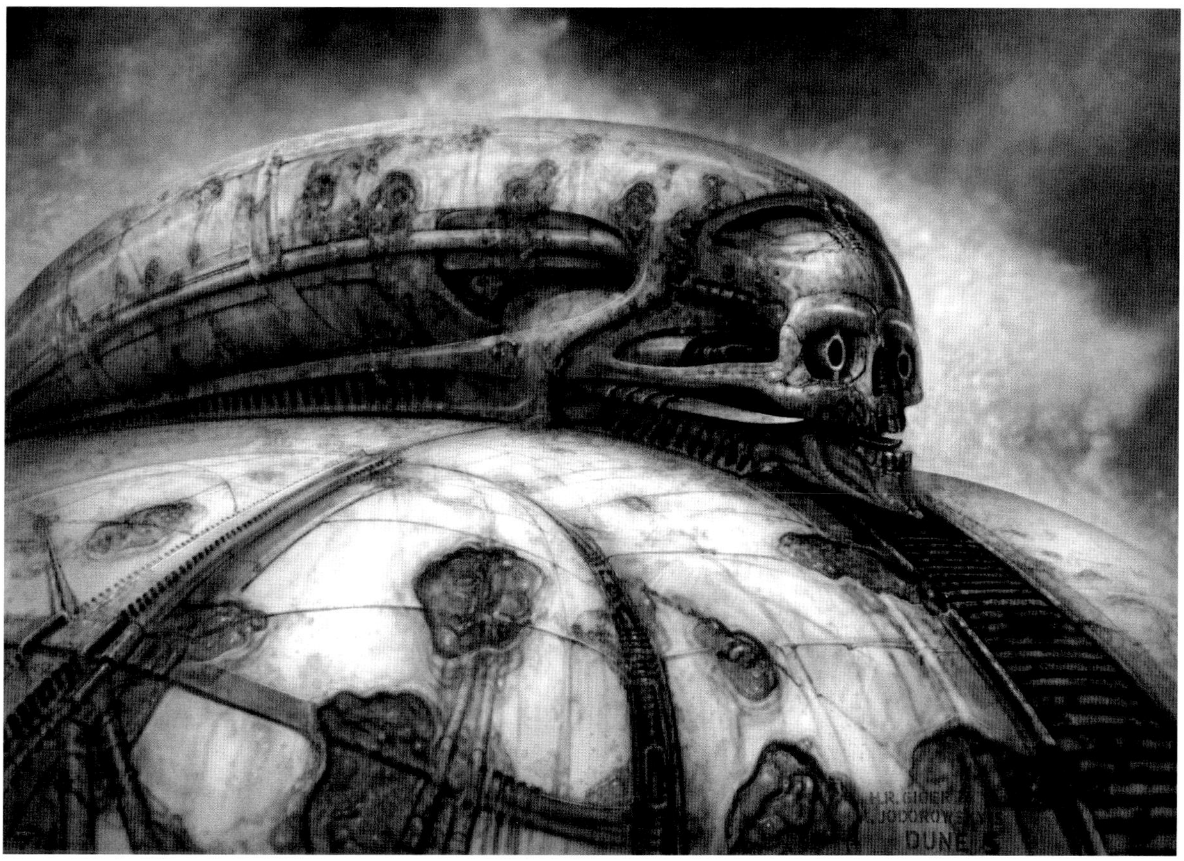
H.R. GIGER
DUNE

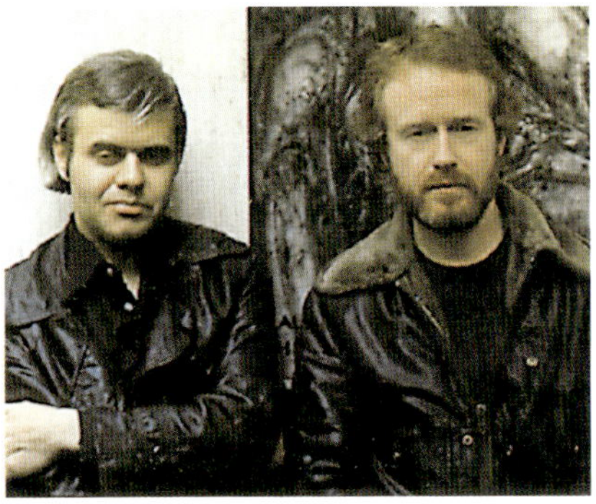

HR Giger et Ridley Scott

PAGE 55
Alien III, 1978
Acrylique sur papier, 70 x 100 cm

j'étais dans mon élément. Le sexe était prohibé, comme si le film était fait pour des enfants. Il en avait assez que ses films soient toujours censurés. Une équipe de trente spécialistes transposeraient mes idées dans le film. J'étais enthousiasmé.

Quand j'en vins à parler de l'honoraire, il me dit : « You might be a genius, but we can't pay you as a genius. » À ma question, combien gagnent les autres collaborateurs, il répondit : « Voss touche 4 000 francs par mois. » Certes, un honoraire modeste pour un fournisseur d'idées pour un projet coûtant 20 millions. Il m'expliqua des heures entières que cela me ferait une bonne publicité etc. Nous nous séparâmes après avoir convenu qu'il me téléphonerait pour reparler de l'honoraire. Il me donna le scénario afin que je puisse me mettre aussitôt au travail.

Rentré en Suisse, je fus très étonné d'apprendre au téléphone d'un représentant de Jodorowsky que je devais dessiner le château sur la planète dont on avait parlé, format 55 x 65 cm et l'apporter à Paris où l'on jugerait s'il s'appropriait au film.

C'est ainsi que l'on traite les Petits Suisses.

Alien

Après avoir achevé en l'espace de trois mois environ trente tableaux pour le projet *Alien* de Ridley Scott et la Twentieth Century Fox, on m'a invité à venir en Angleterre afin de surveiller et de réaliser le décor dans les studios Shepperton. Je venais de tomber amoureux. Mia, qui avait donné son congé à son patron, me

Paysage avec épave, 1978
Acrylique sur papier, 70 x 100 cm

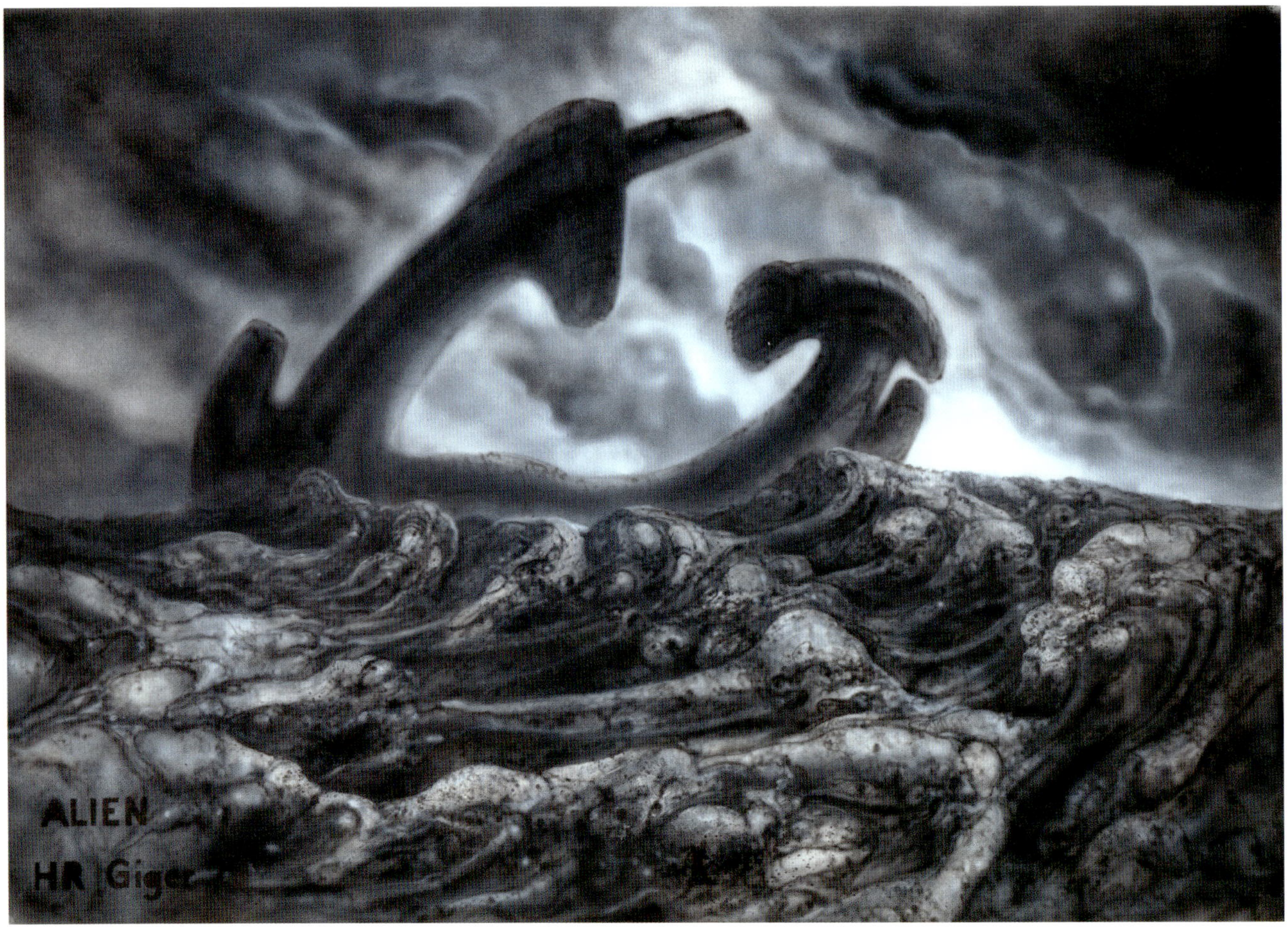

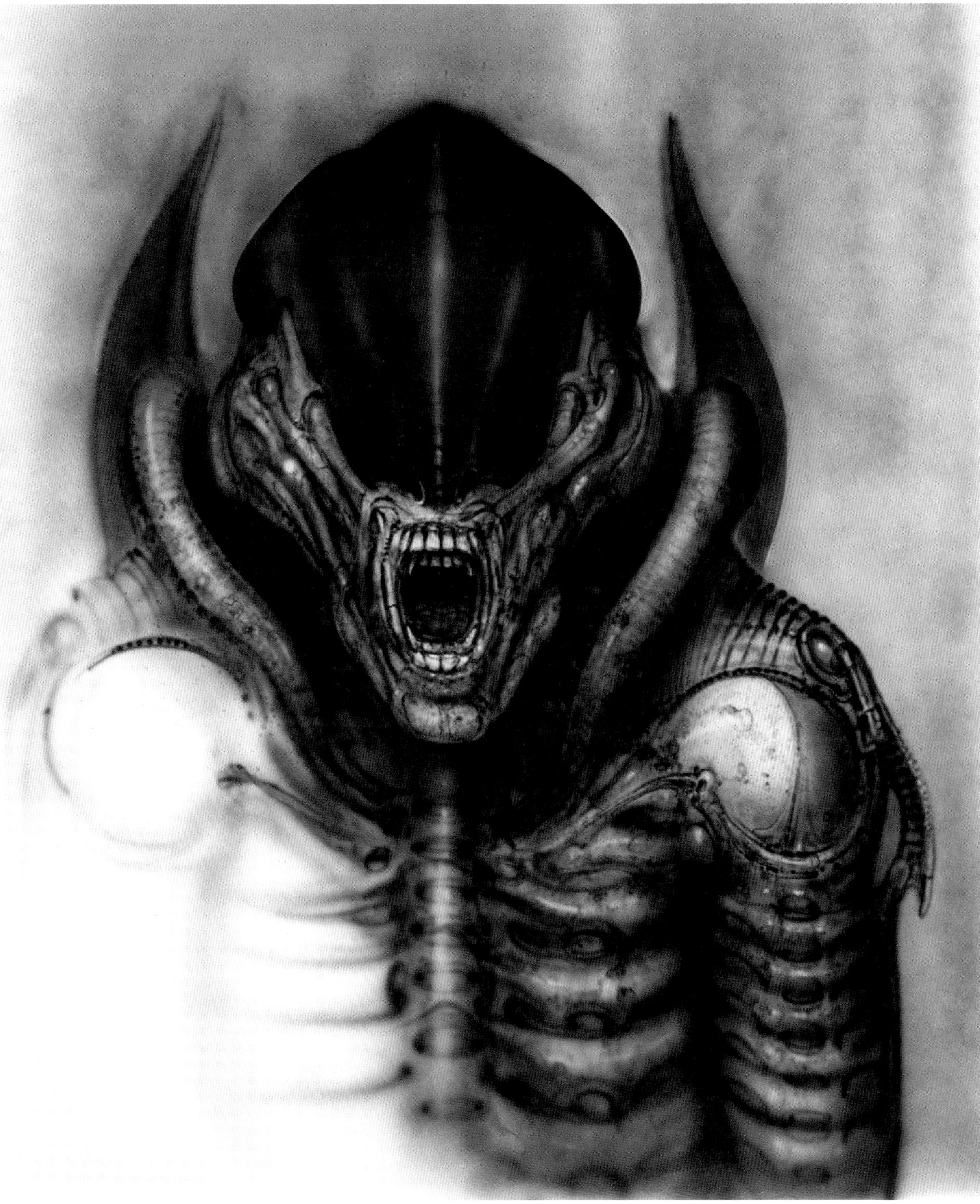

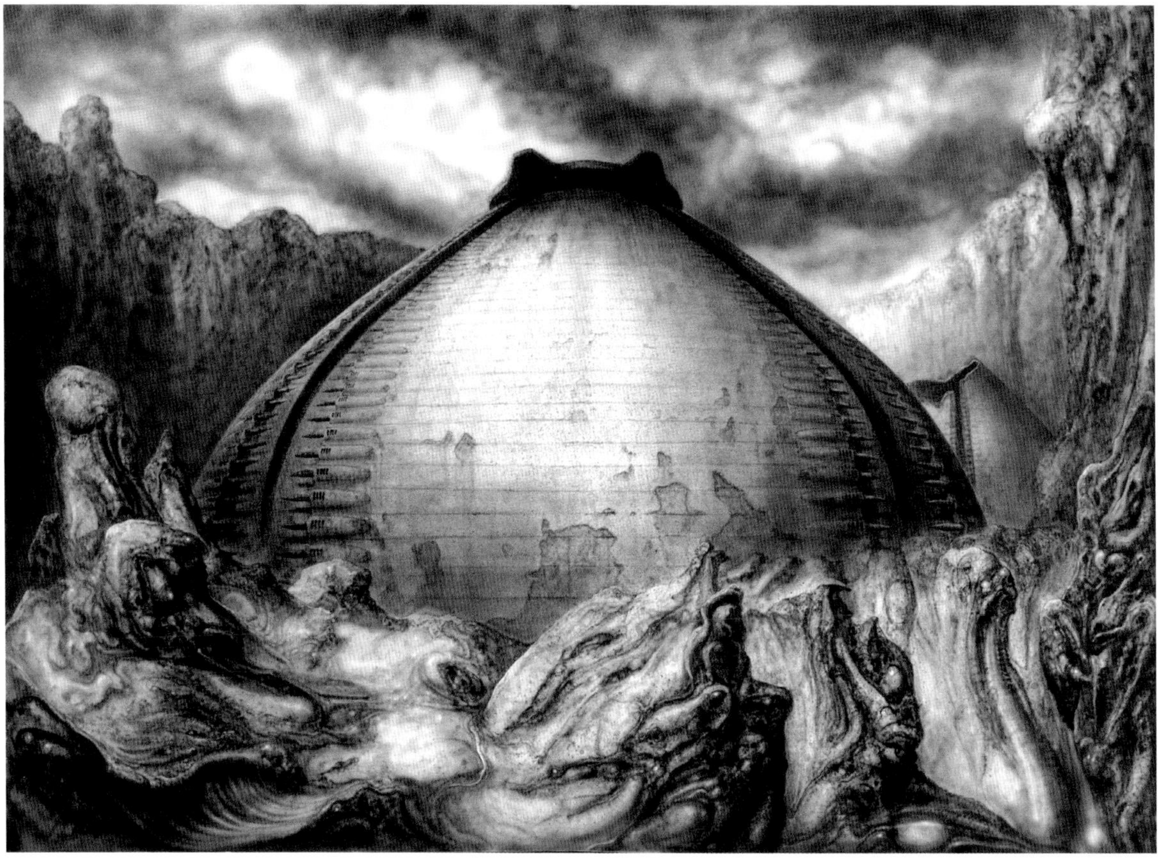

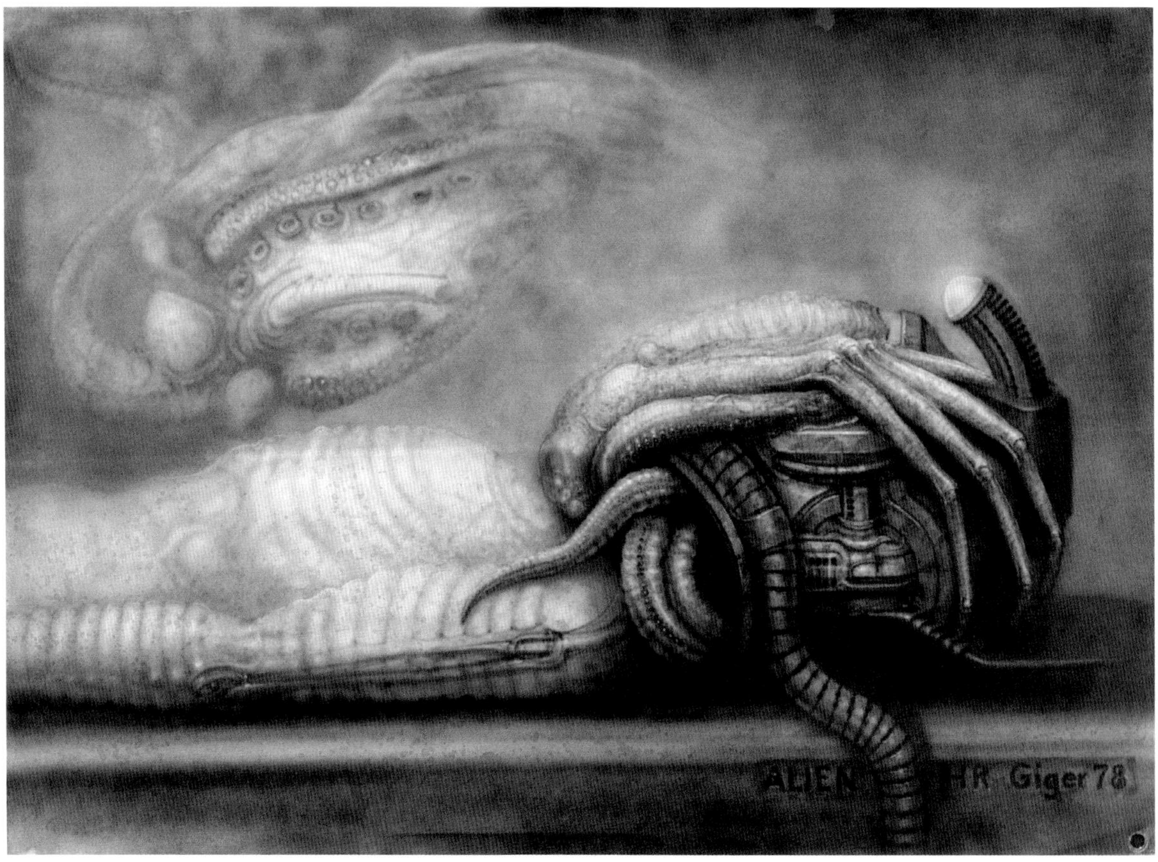
ALIEN
HR Giger 78

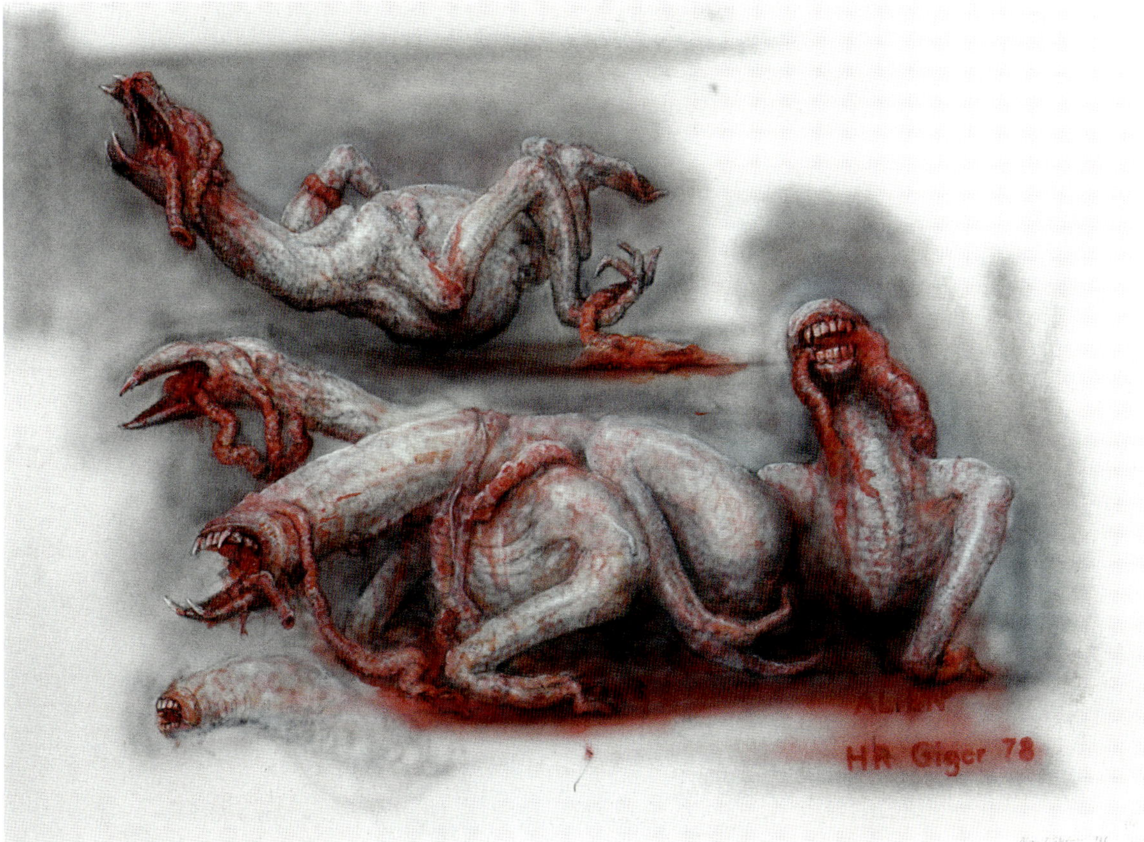
HR Giger 78

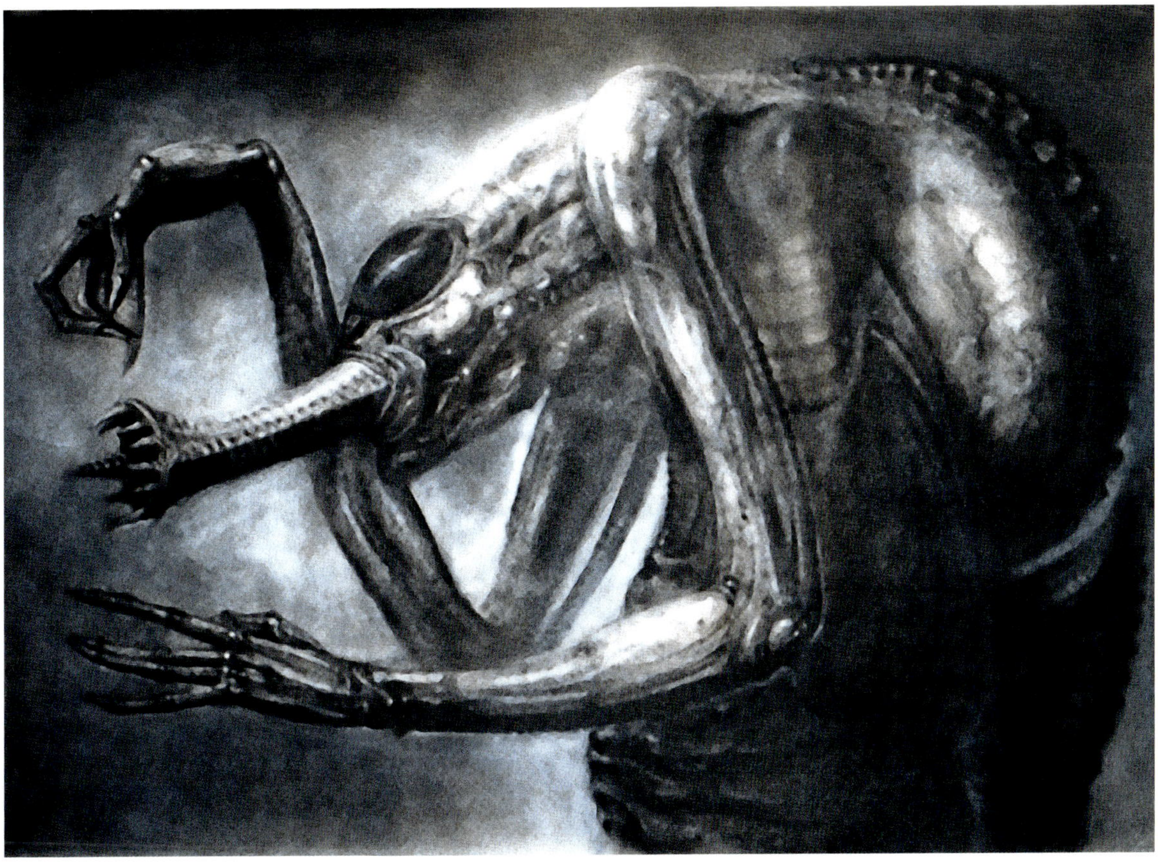

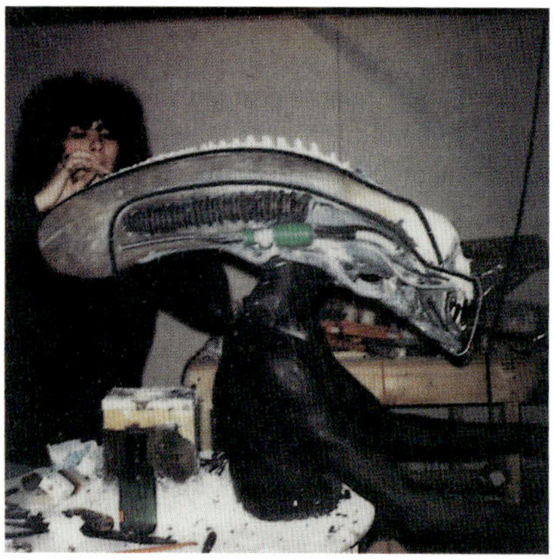
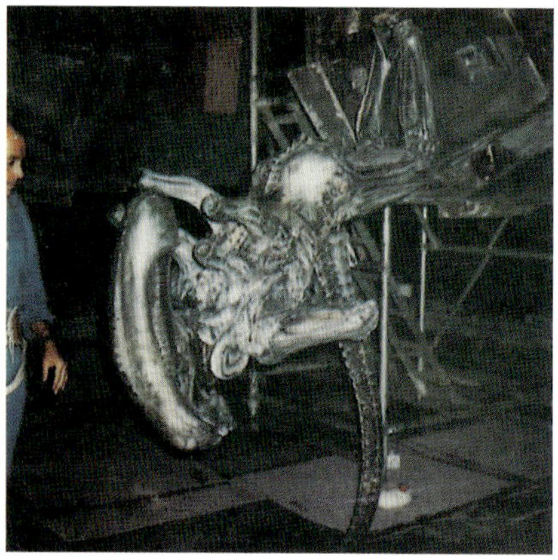
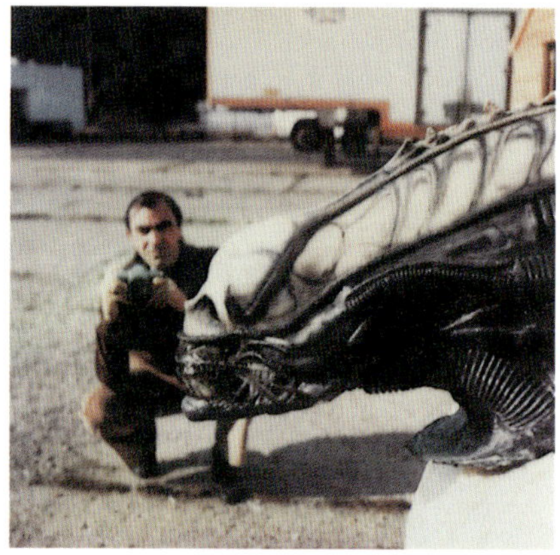
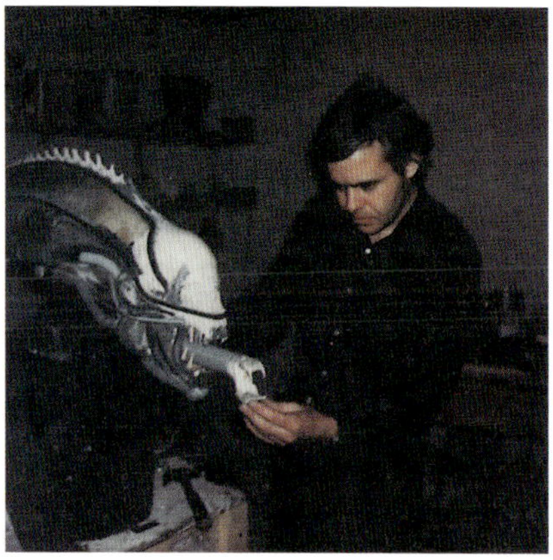
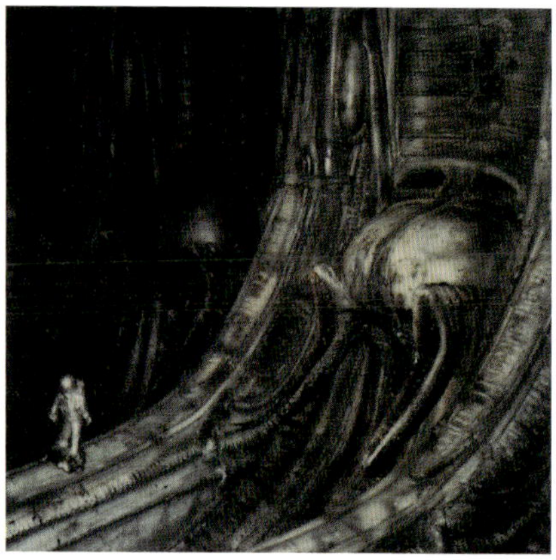
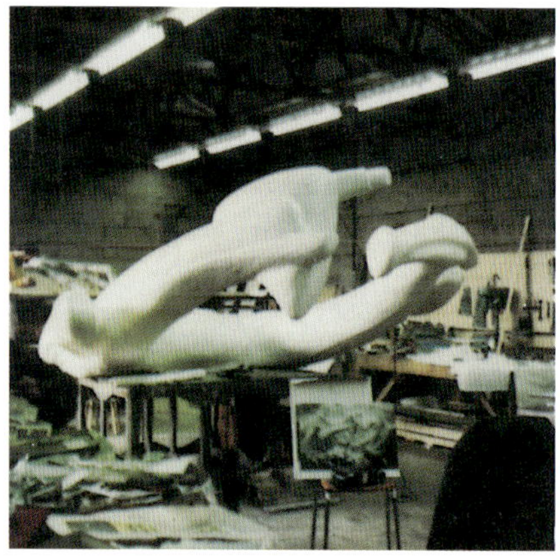
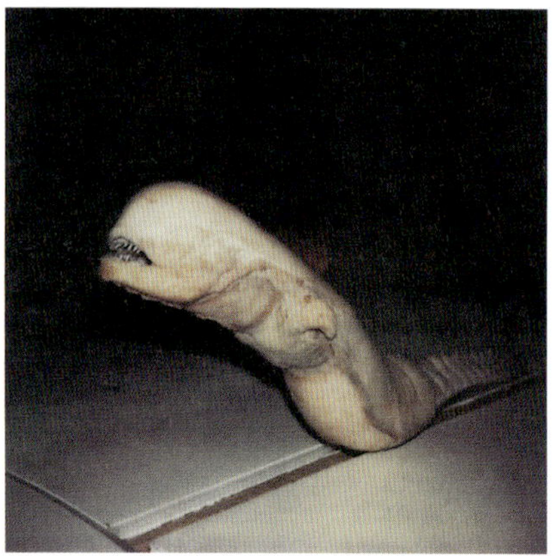
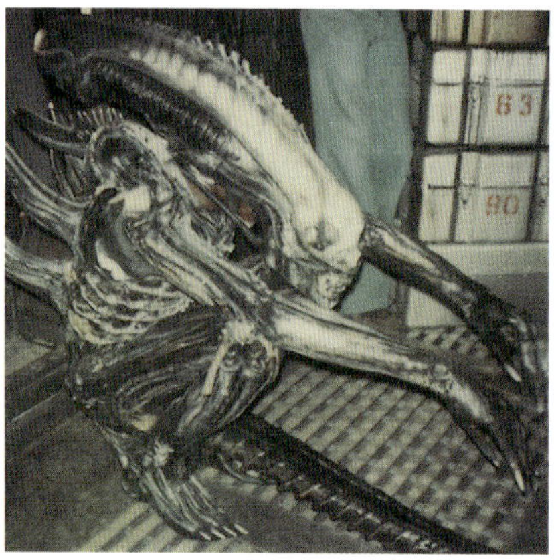
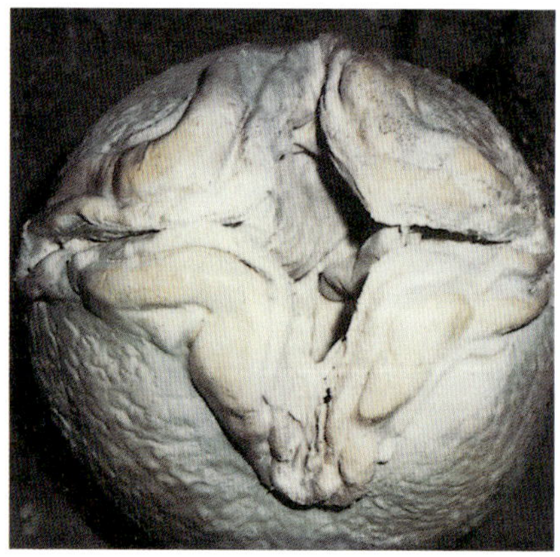

Mia travaillant à la tête d'Alien
HR Giger travaillant à la tête d'Alien
Chestburster

Alien à l'essai
Egg-Silo
Alien

Carlo Rambaldi avec la tête d'Alien
Maquette du vaisseau d'Alien, Bray Studios
Œuf (vu de dessus)

PAGE 56
Egg Silo (version extérieur), 1978
Acrylique sur papier, 100 x 140 cm

Homme avec casque et Facehugger, 1978
Acrylique sur papier, 70 x 100 cm

PAGE 57
Alien II (Chestburster), 1978
Acrylique sur papier, 70 x 100 cm

Alien III (vue de profil II, 1re état), 1978
Acrylique sur papier, 70 x 100 cm

PAGE 59
Épave (détail), 1978
Acrylique sur papier sur bois, 100 x 140 cm

Pilote dans le cockpit de l'épave d'Alien, 1978
Sérigraphie à quatre couleurs, 70 x 100 cm

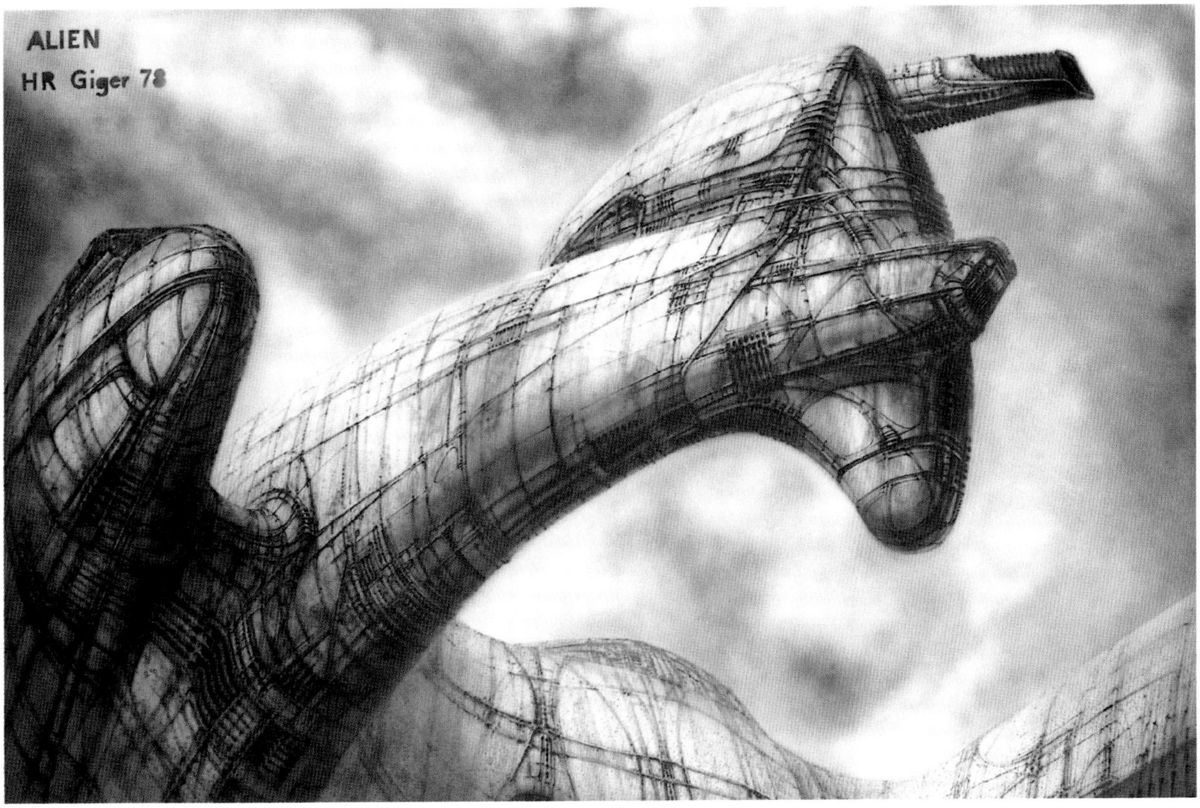
ALIEN
HR Giger 78

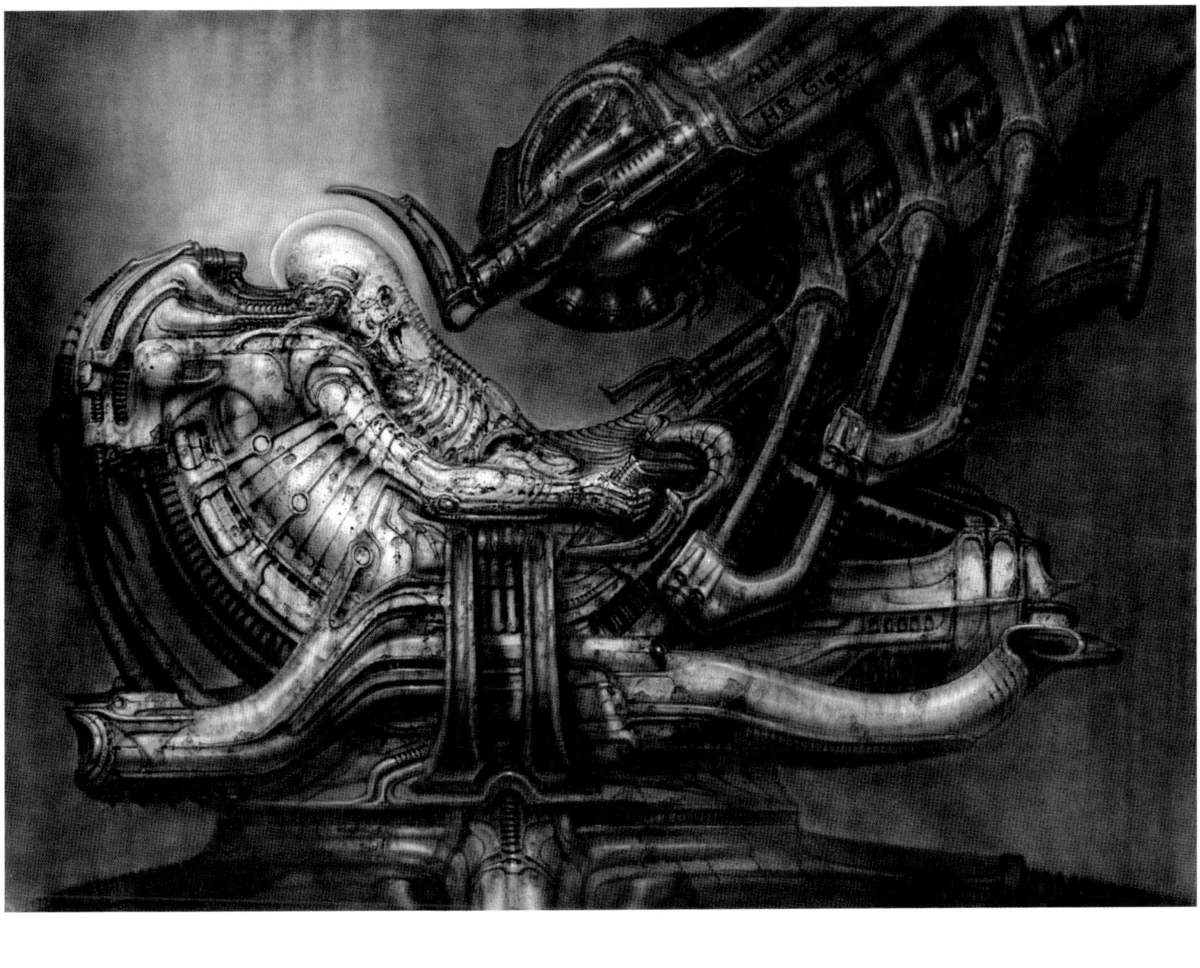

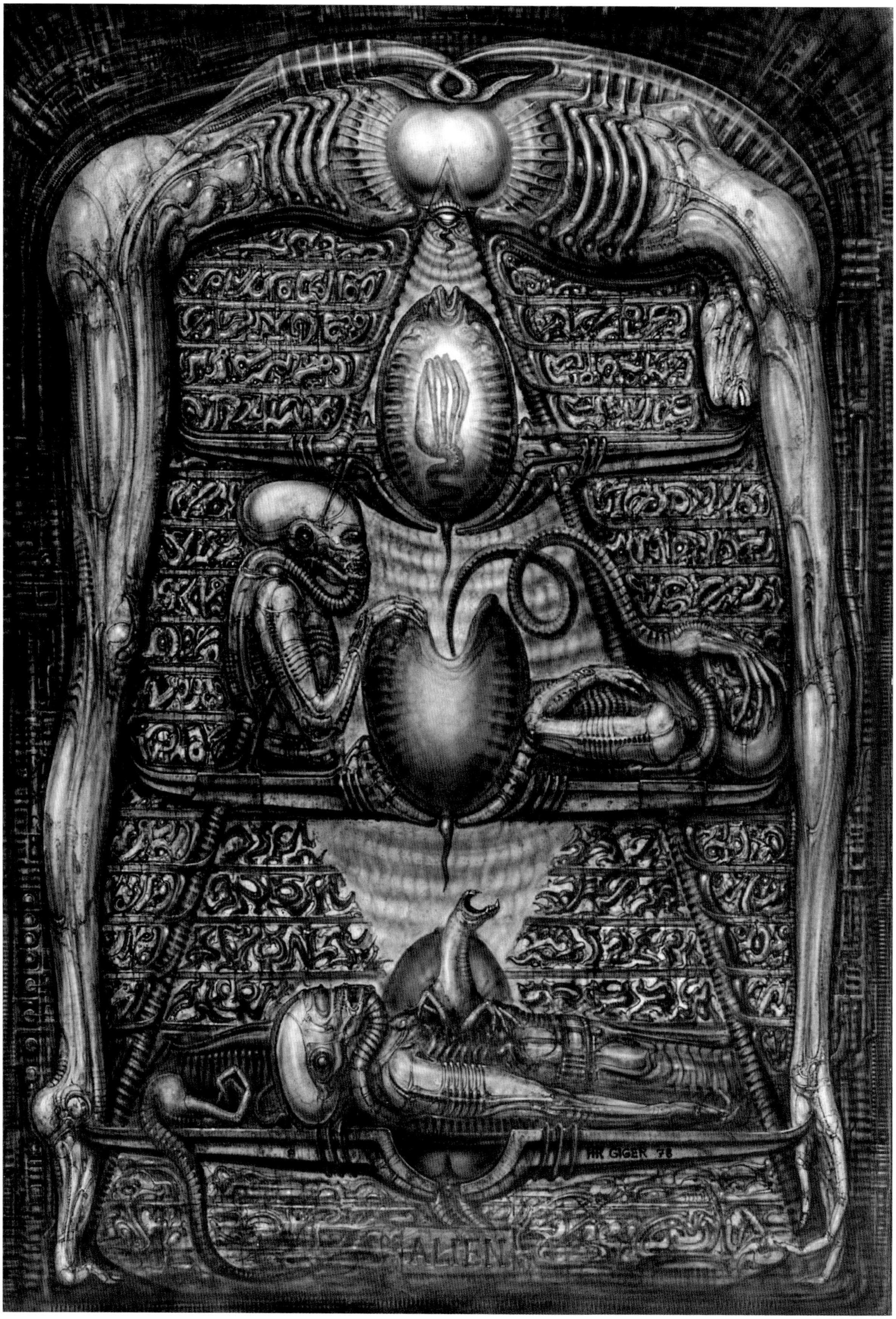
HR GIGER 78
ALIEN

rejoignit bientôt en Angleterre. À l'hôtel Warren Lodge, on nous donna la plus grande chambre avec une belle terrasse donnant directement sur la Tamise. Nous mangions à l'hôtel ou au pub King's Head géré par un couple ravissant. Penny, la patronne, était une Italienne aux cheveux blonds et savait merveilleusement faire la cuisine. Quand c'était possible, nous nous asseyions dans le petit jardin, et s'il n'y avait pas eu les ennuis de travail et si nous n'avions pas été si pressés, nous aurions cru vivre notre lune de miel. Mais le temps pressait tant que nous avons travaillé même les jours fériés et le soir. J'ai réalisé à quel point il faut être content qu'au moins une scène se réalise telle qu'elle avait été prévue. Je comprends un metteur en scène comme R. Scott qui ne perd pas de vue un film une fois commencé. Je comprends aussi que, quand le film est sorti, il aille de cinéma en cinéma pour contrôler la qualité des copies. J'ai appris aussi qu'un bon metteur en scène doit être si doué qu'il puisse se substituer à chaque rôle, comme s'il était la meilleure distribution. Condition sine qua non pour aspirer à la qualité. Je ne travaillerai plus qu'avec des metteurs en scène que j'admire. Combien cela rapporte ? Cette question ne joue aucun rôle. En revanche, quand on a consacré fanatiquement un an de sa vie à la réalisation d'un film et que le résultat est mauvais et qu'on doit le voir pendant des années à la télévision, c'est le comble. Malheureusement, on ne peut pas cacher un navet, et dans ce cas, on est secrètement content que le Screen credit n'ait pas dû prendre le film en considération.

L'Oscar

Les ébauches et les tableaux créés pour le film *Alien* étaient exposés d'abord à Zurich, à la galerie Baviera, et puis au musée cantonal des Beaux-Arts à Lausanne. J'ai été nominé pour l'Oscar. La Twentieth Century Fox se chargeait de payer les frais d'avion et du séjour à L. A. Accompagné de Mia, d'Ueli Steinle et de Bijan Aalam, je me rendais aux États-Unis. On avait prévu de faire une

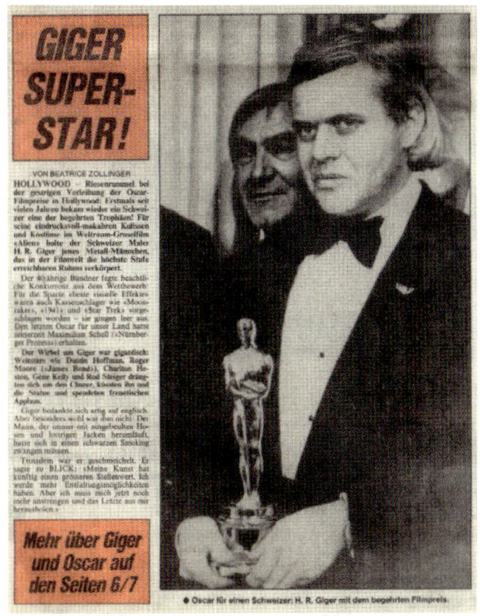

GIGER SUPER-STAR!

VON BEATRICE ZOLLINGER

HOLLYWOOD – Riesenrummel bei der gestrigen Verleihung der Oscar-Filmpreise in Hollywood: Erstmals seit vielen Jahren bekam wieder ein Schweizer eine der begehrten Trophäen! Für seine eindrucksvoll-makabren Kulissen und Kostüme im Weltraum-Gruselfilm «Alien» holte der Schweizer Maler H. R. Giger jenes Metall-Männchen, das in der Filmwelt die höchste Stufe erreichbaren Ruhms verkörpert.

Der 40jährige Bündner fegte beachtliche Konkurrenz aus dem Wettbewerb: Für die Sparte «beste visuelle Effekte» waren auch Kassenschlager wie «Moonraker», «1941» und «Star Trek» vorgeschlagen worden – sie gingen leer aus. Den letzten Oscar für unser Land hatte seinerzeit Maximilian Schell («Nürnberger Prozess») erhalten.

Der Wirbel um Giger war gigantisch: Weltstars wie Dustin Hoffman, Roger Moore («James Bond»), Charlton Heston, Gene Kelly und Rod Steiger drängten sich um den Churer, küssten ihn und die Statue und spendeten frenetischen Applaus.

Giger bedankte sich artig auf englisch. Aber besonders wohl war ihm nicht: Der Mann, der immer mit ausgebeulten Hosen und lotterigen Jacken herumläuft, hatte sich in einen schwarzen Smoking zwängen müssen.

Trotzdem war er geschmeichelt. Er sagte zu BLICK: «Meine Kunst hat künftig einen grösseren Stellenwert. Ich werde mehr Entfaltungsmöglichkeiten haben. Aber ich muss mich jetzt noch mehr anstrengen und das Letzte aus mir herausholen.»

Mehr über Giger und Oscar auf den Seiten 6/7

● Oscar für einen Schweizer: H. R. Giger mit dem begehrten Filmpreis.

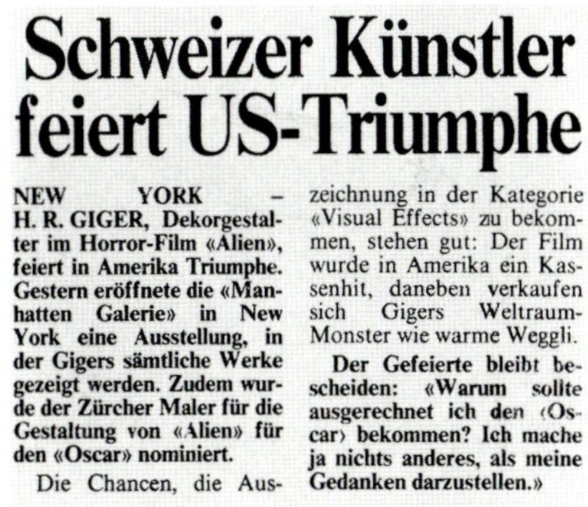

Schweizer Künstler feiert US-Triumphe

NEW YORK – H. R. GIGER, Dekorgestalter im Horror-Film «Alien», feiert in Amerika Triumphe. Gestern eröffnete die «Manhatten Galerie» in New York eine Ausstellung, in der Gigers sämtliche Werke gezeigt werden. Zudem wurde der Zürcher Maler für die Gestaltung von «Alien» für den «Oscar» nominiert.

Die Chancen, die Auszeichnung in der Kategorie «Visual Effects» zu bekommen, stehen gut: Der Film wurde in Amerika ein Kassenhit, daneben verkaufen sich Gigers Weltraum-Monster wie warme Weggli.

Der Gefeierte bleibt bescheiden: «Warum sollte ausgerechnet ich den ‹Oscar› bekommen? Ich mache ja nichts anderes, als meine Gedanken darzustellen.»

Article dans le journal suisse *Blick* sur la nomination de HR Giger pour l'oscar des meilleurs effets spéciaux, 1980

PAGE 60
Hiéroglyphes (2e version), 1978
Acrylique sur papier, 200 x 140 cm

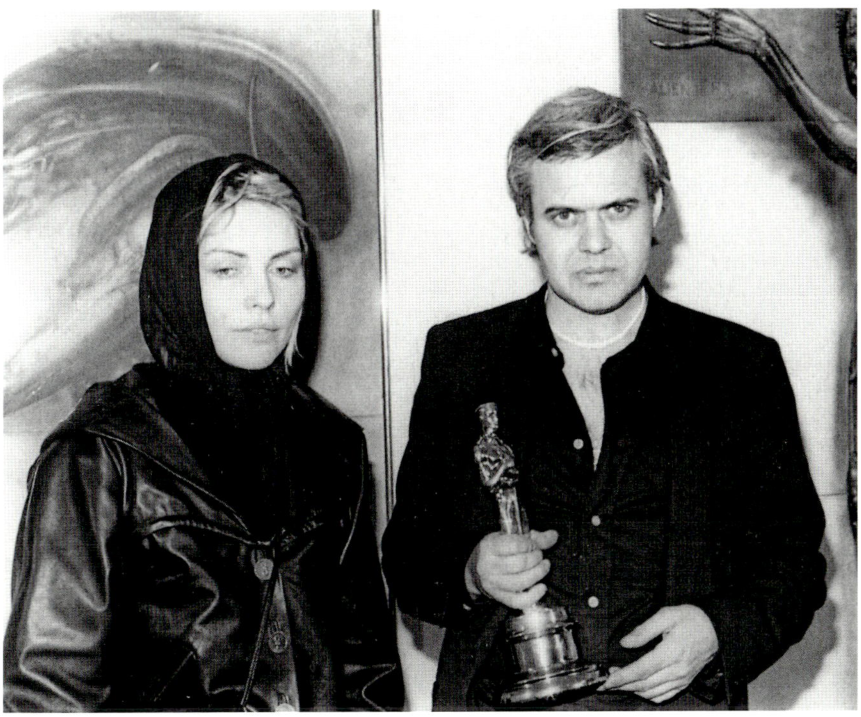

Debbie Harry et HR Giger aux Hansen Galleries, New York
Photo : Bill Stone, New York

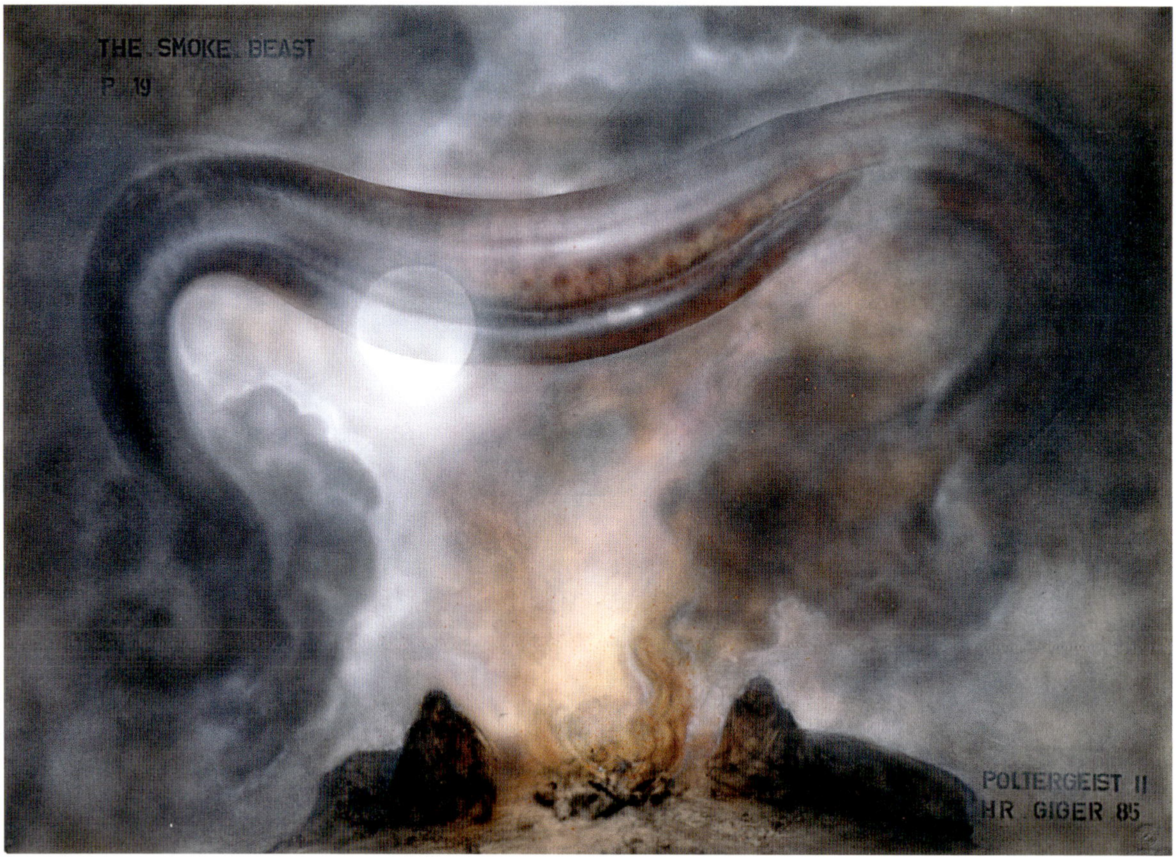
THE SMOKE BEAST
P 19
POLTERGEIST II
HR GIGER 85

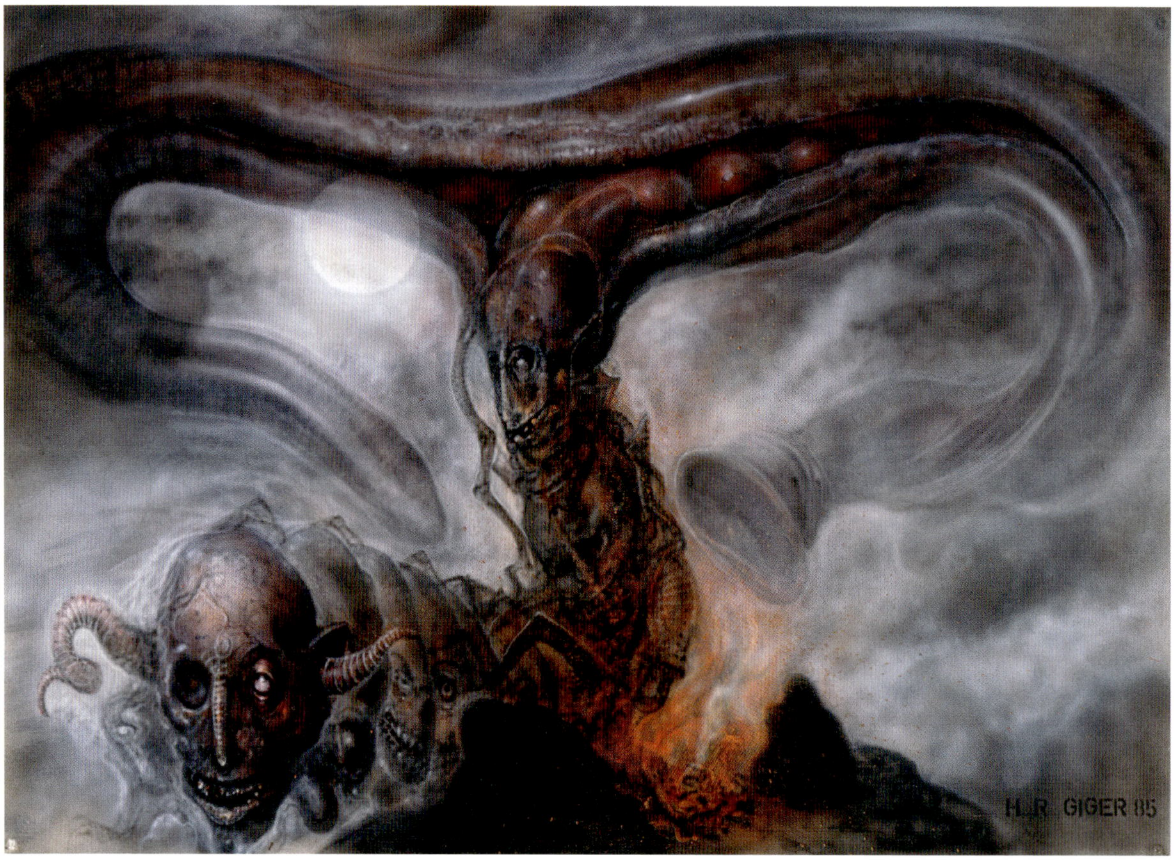
H.R GIGER 85

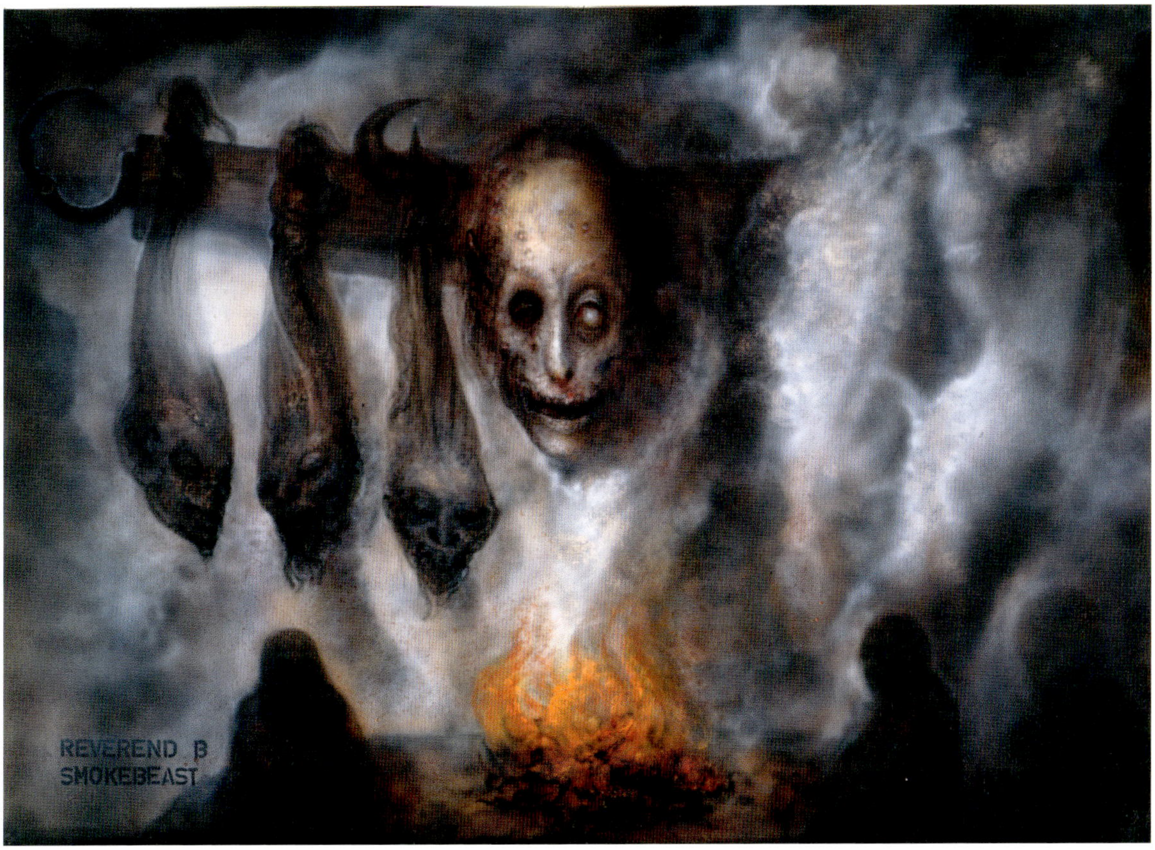
REVEREND B
SMOKEBEAST

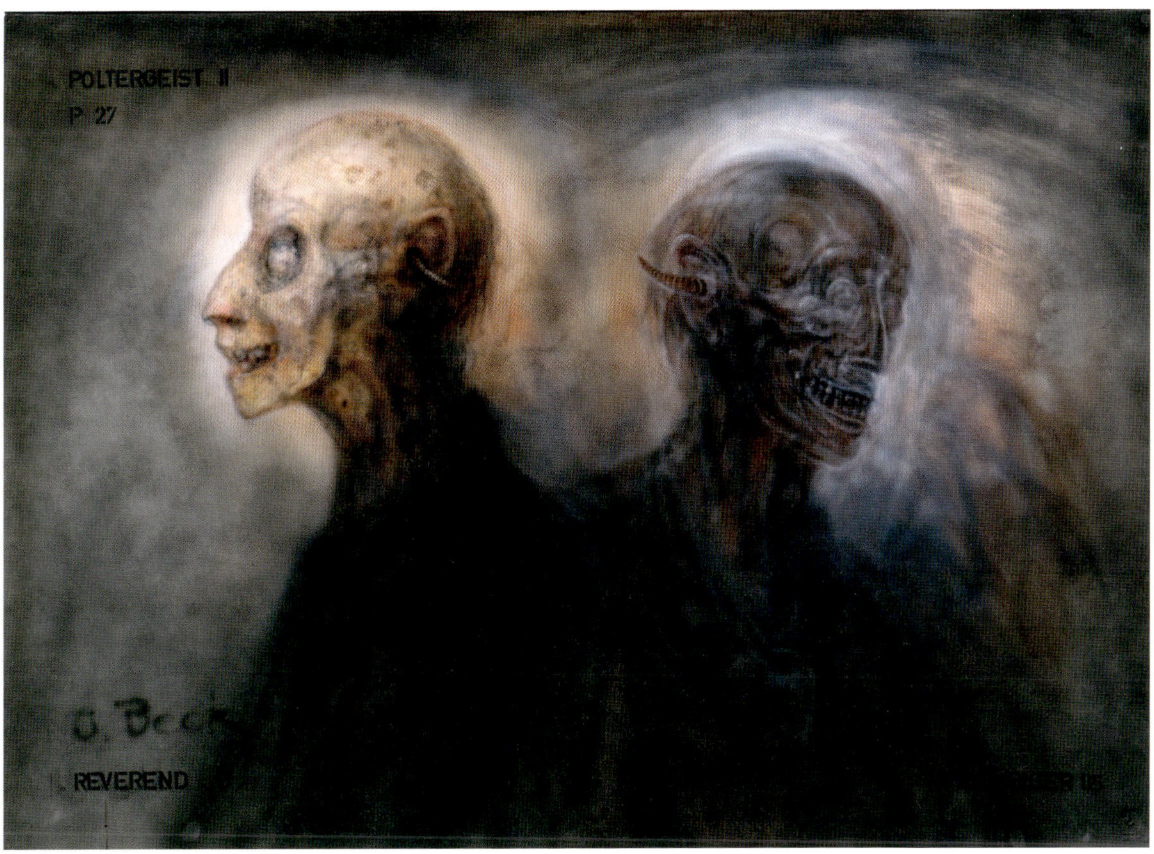
POLTERGEIST II
P 27
REVEREND

courte halte à New York pour fêter mon vernissage aux Hansen Galleries. Dans le magazine américain *Penthouse*, Bob Guccione avait consacré un reportage en couleur de quatorze pages à mes tableaux érotiques. Le 14 avril, au Dorothy-Chandler-Pavillon, je recevais l'Oscar pour le « Best Achievement in Visual Effects » dans le film *Alien*. La même nuit encore, le remue-ménage de la presse autour de *Alien* recommençait. Après trois jours remplis d'interviews, nous retournions en Suisse pour être exploités par les mass-médias helvétiques. Je commençais à produire une série de tableaux à l'aide de pistolets à peinture et de pochoirs en métal, intitulé Images de *N. Y. City*. Divers cinéastes, surtout américains, essayaient de me convaincre de collaborer à des projets cinématographiques quelconques. Ridley Scott, le metteur en scène d'*Alien*, demanda si je voulais de nouveau collaborer au film *Dune* dont Dino di Laurentiis détenait tous les droits. Après de courtes négociations, le projet était remis à plus tard pour des raisons financières. J'achetais la maison d'à côté pour pouvoir agrandir mon atelier. (La même année, je devenais membre de l'Academy of Motion Picture, Arts and Sciences).

Debbie Harry, Blondie

La première fois que j'entendis la musique de Blondie, ce fut en 1978, quand nous étions aux Shepperton Studios, en train de travailler sur *Alien*. Je découvris aussi la musique punk. J'inventai des lunettes de soleil en forme de gigantesque épingle de sûreté qu'il fallait passer par le nez. Quand Debbie m'a téléphoné et demandé si je voulais dessiner la couverture de son disque, je la considérais

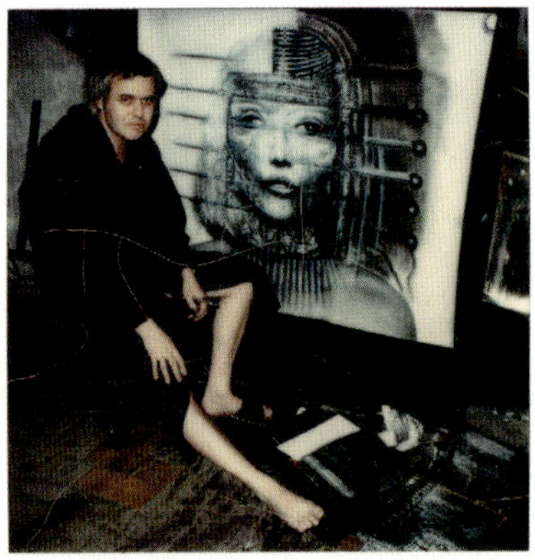

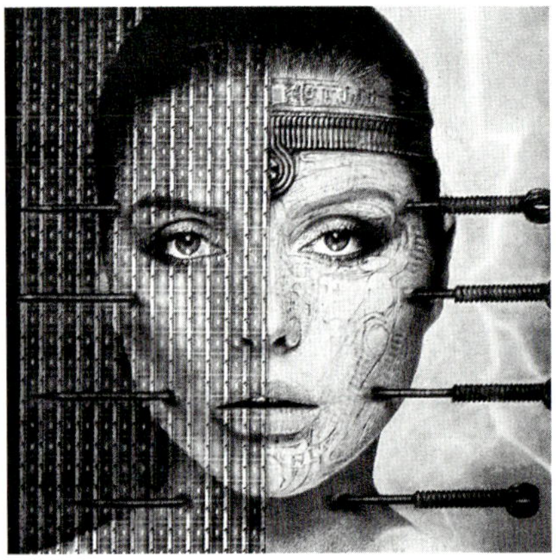

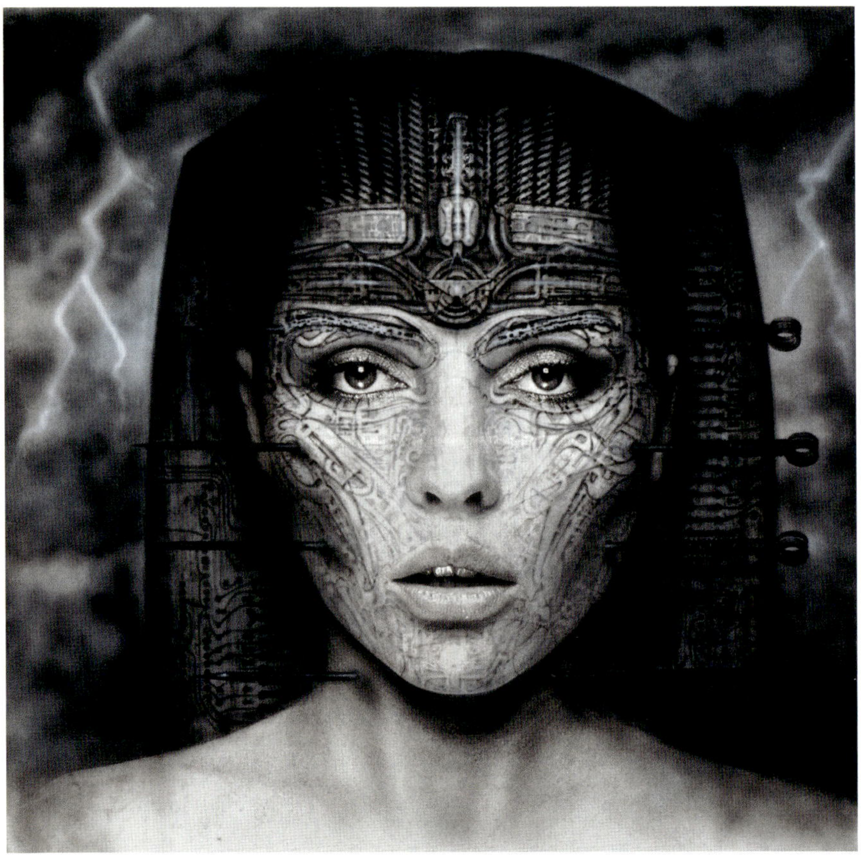

HR Giger dans son atelier

Debbie I, 1981
Acrylique sur photo, 100 x 100 cm

PAGE 62
Poltergeist II (The Smoke Beast), 1985
Acrylique sur papier, 70 x 100 cm

Poltergeist II (The Smoke Beast), 1985
Acrylique sur papier, 70 x 100 cm

PAGE 63
Reverend B/The Smoke Beast, 1985
Acrylique sur papier, 70 x 100 cm

Reverend B, 1985
Acrylique sur papier, 70 x 100 cm

PAGE 65
Debbie II, 1981
Acrylique sur photo, 100 x 100 cm

Debbie III, 1981
Acrylique sur photo, 100 x 100 cm

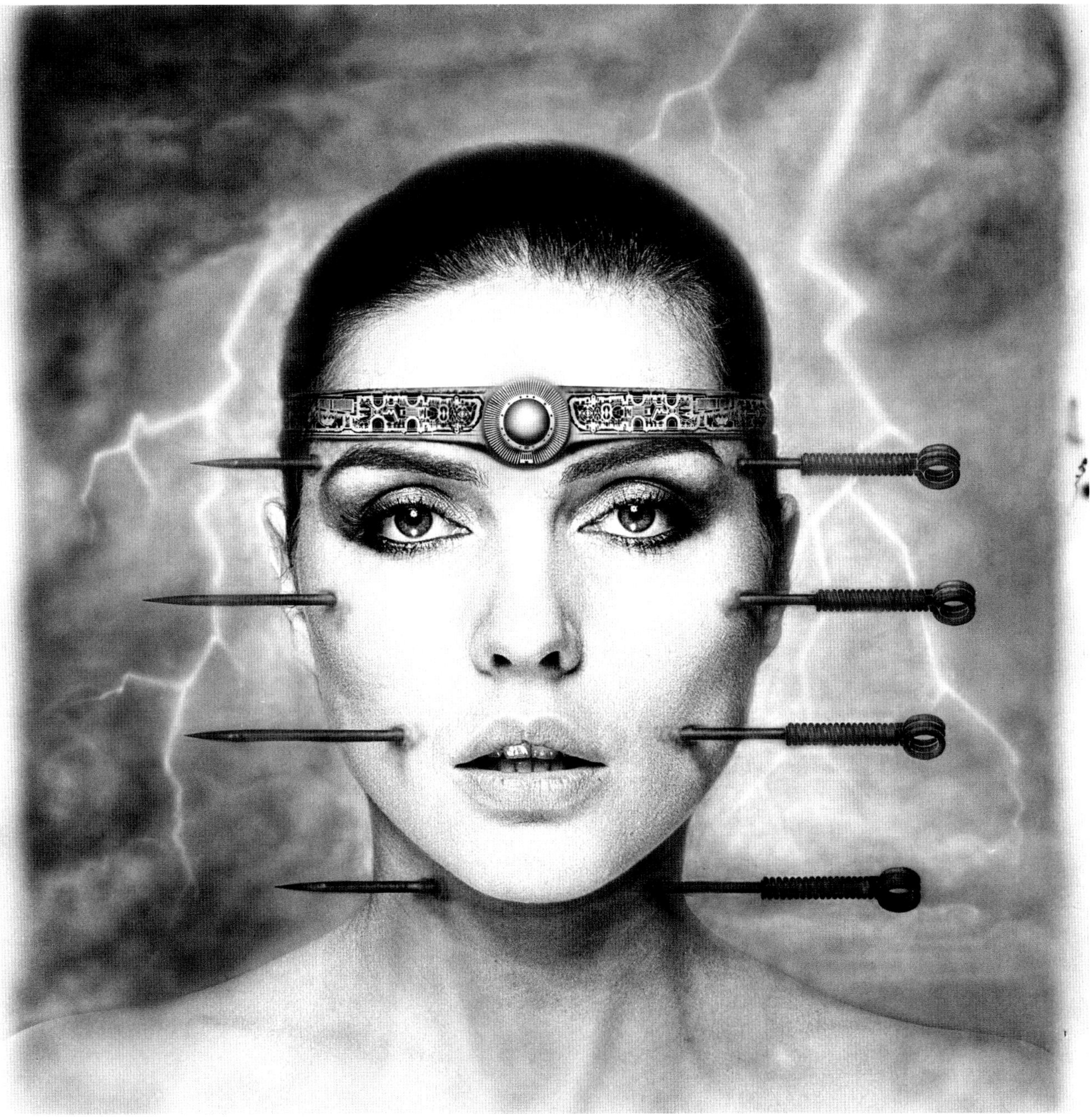

comme la reine des punks. Sur la couverture de *KooKoo*, les épingles de sûreté ont été transformées en aiguilles d'acupuncture symbolisant la stimulation, l'électricité et la puissance venant de l'atmosphère. La tête de Debbie fut donc transpercée d'aiguilles et ce ne fut que plus tard que l'idée me vint que l'aiguille au niveau des yeux signifiait le feu, celle au niveau du nez l'air, celle de la bouche, l'eau et celle qui passait par le cou, la terre. La cinquième aiguille sur la vidéo incarne l'esprit. J'ai travaillé de manière surréaliste sans le savoir. Ce n'est qu'après avoir réalisé quelque chose que l'on se rend compte de sa signification et que l'on est capable de l'expliquer.

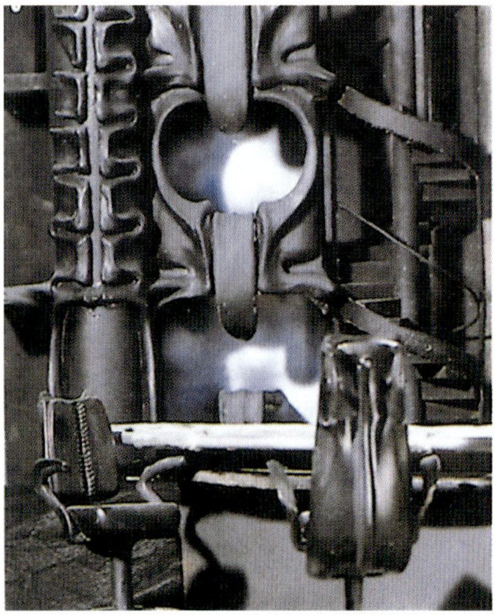

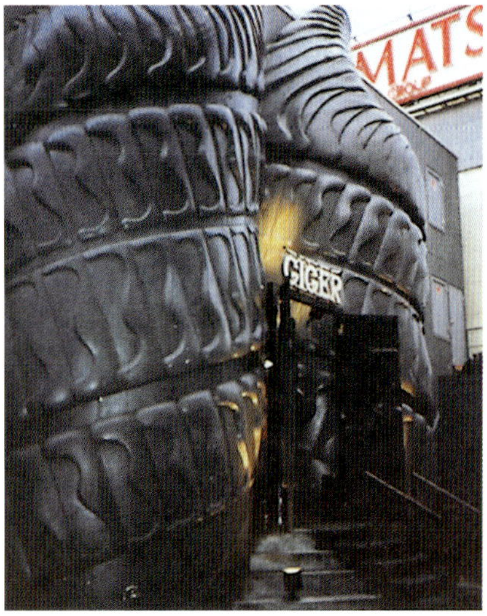

Modèle du Giger Bar de Conny de Fries, Tokyo

L'entrée du bar Giger, Tokyo
Photos : S. Ouvehand

Giger à la Japonaise

Début février 1987 on expédiait au Japon deux tonnes d'objets au total pour une exposition à Tokyo. Cette exposition présenta entre autres le monstre original du film *Alien* et une des chaises des Harkonnen. L'exposition des tableaux comprenait quelques sujets tirés du film *Giger's Alien* et *Poltergeist II* ainsi que d'autres originaux, au total cinquante tableaux. Je peignis quelques tableaux intitulés *Japanese Excursion* pour cette exposition. Le 26 février, les objets exposés étaient définitivement installés au musée à Tokyo sous ma surveillance et mes instruc-

PAGE 67
Goho Dohji, 1987
Acrylique sur papier, 140 x 100 cm

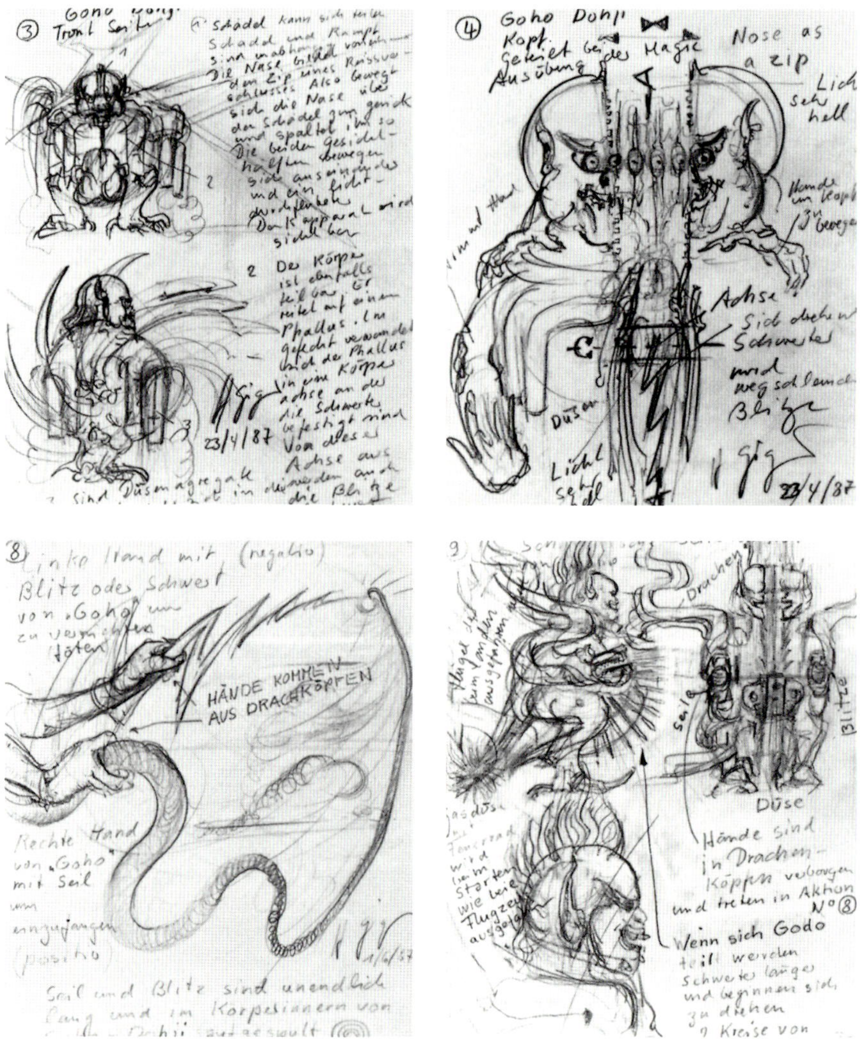

De l'album à croquis

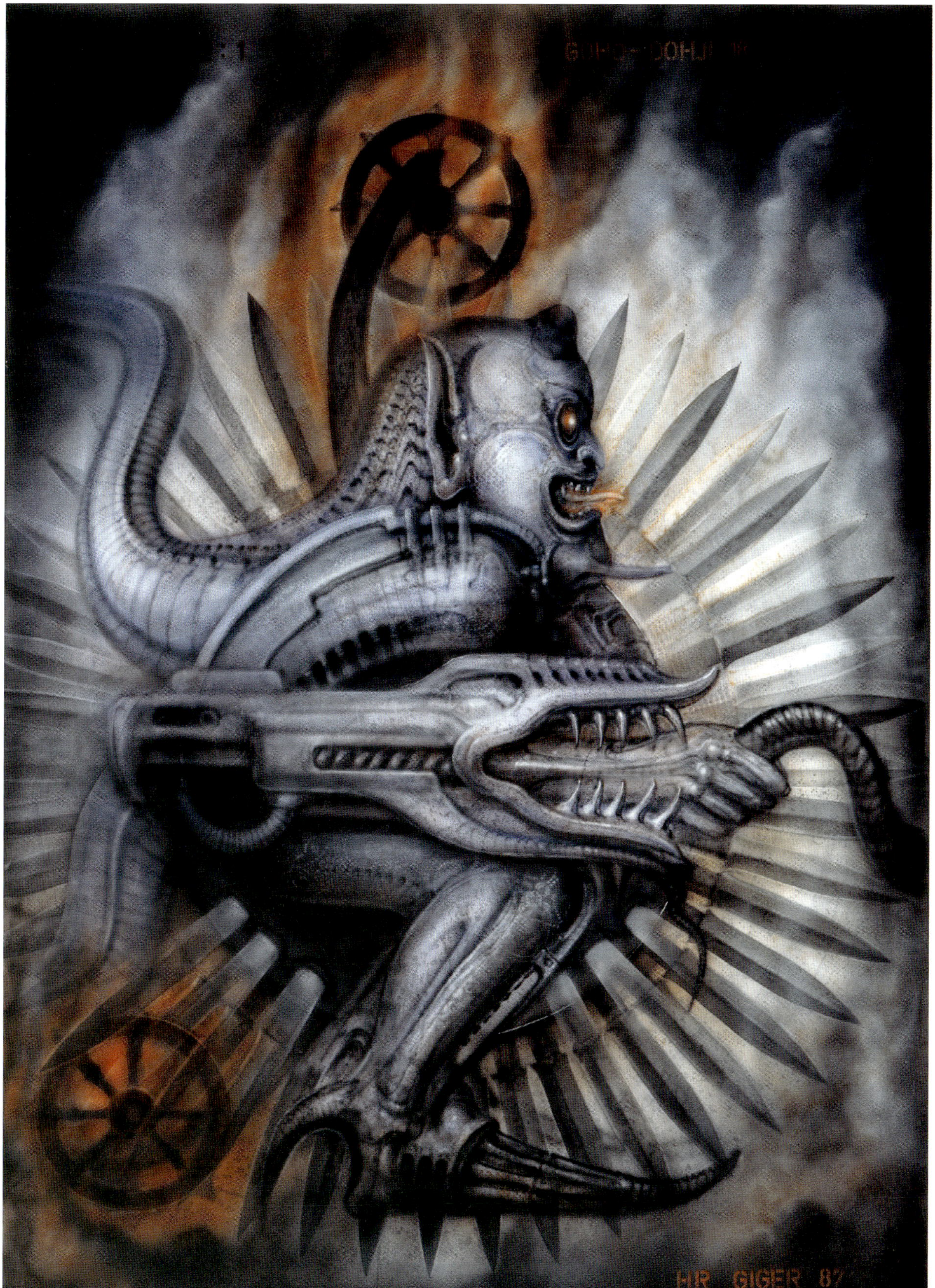
HR GIGER 87

Dessins à l'encre de Chine et au crayon, 1985
Papier, 30 x 21 cm

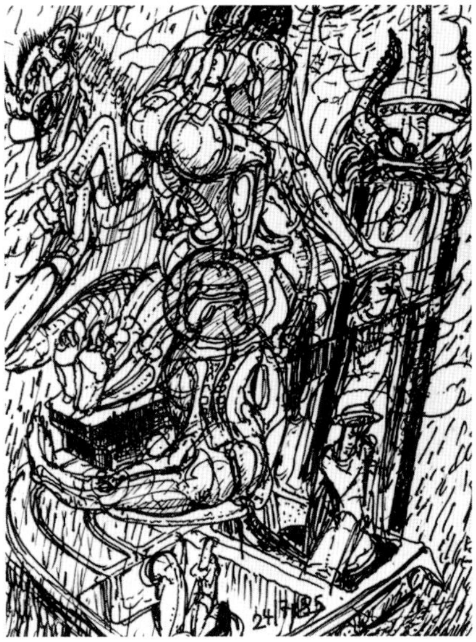

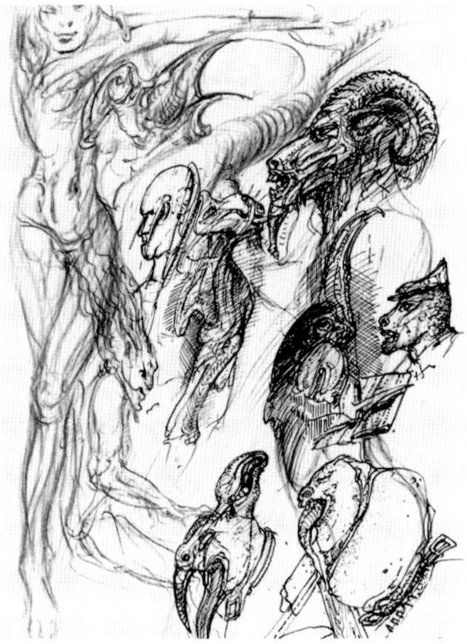

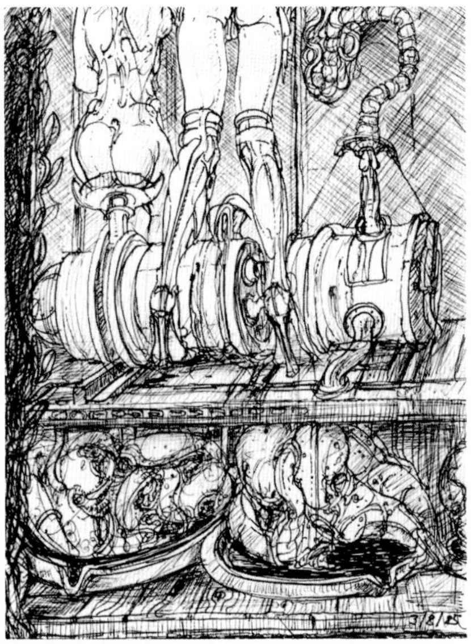

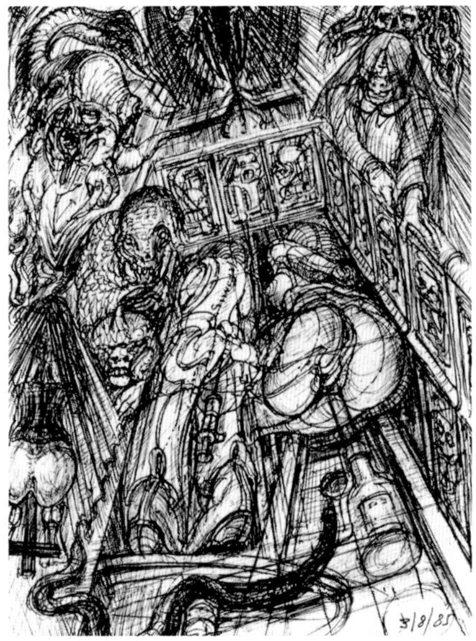

tions. Le Seed Hall du musée d'Art à Seibu a des dimensions énormes et tous les objets y étaient bien mis en valeur. Au Japon, l'exposition déclencha un énorme boom Giger. Environ 2 000 personnes par jour venaient la voir à Tokyo, et on fondait même un club des fans de Giger (Adresse voir Biographie). Steinle et moi, nous profitions du séjour au Japon pour discuter de divers projets, mais le fait le plus important ressortant des discussions était que j'ai été chargé de créer le monstre Goho Dohji pour le film du metteur en scène japonais Akio Jissoji. En outre, il était question de la construction d'un bar Giger à Tokyo.

Melly Giger-Meier

Ma mère est une femme tout à fait merveilleuse et aimable. Nombreux sont ceux qui m'ont souvent envié d'avoir une telle mère. Elle a depuis toujours de grands talents pratiques. Quand elle était à l'hôpital avec moi, le nouveau-né – mon père faisait son service militaire –, et qu'elle cherchait un prénom pour son enfant, elle avait peut-être songé à la plaque noire en verre portant l'inscription en or qui

Back to Mother, 1986
Lithographie originale, monochrome
(3e version), 57 x 46 cm

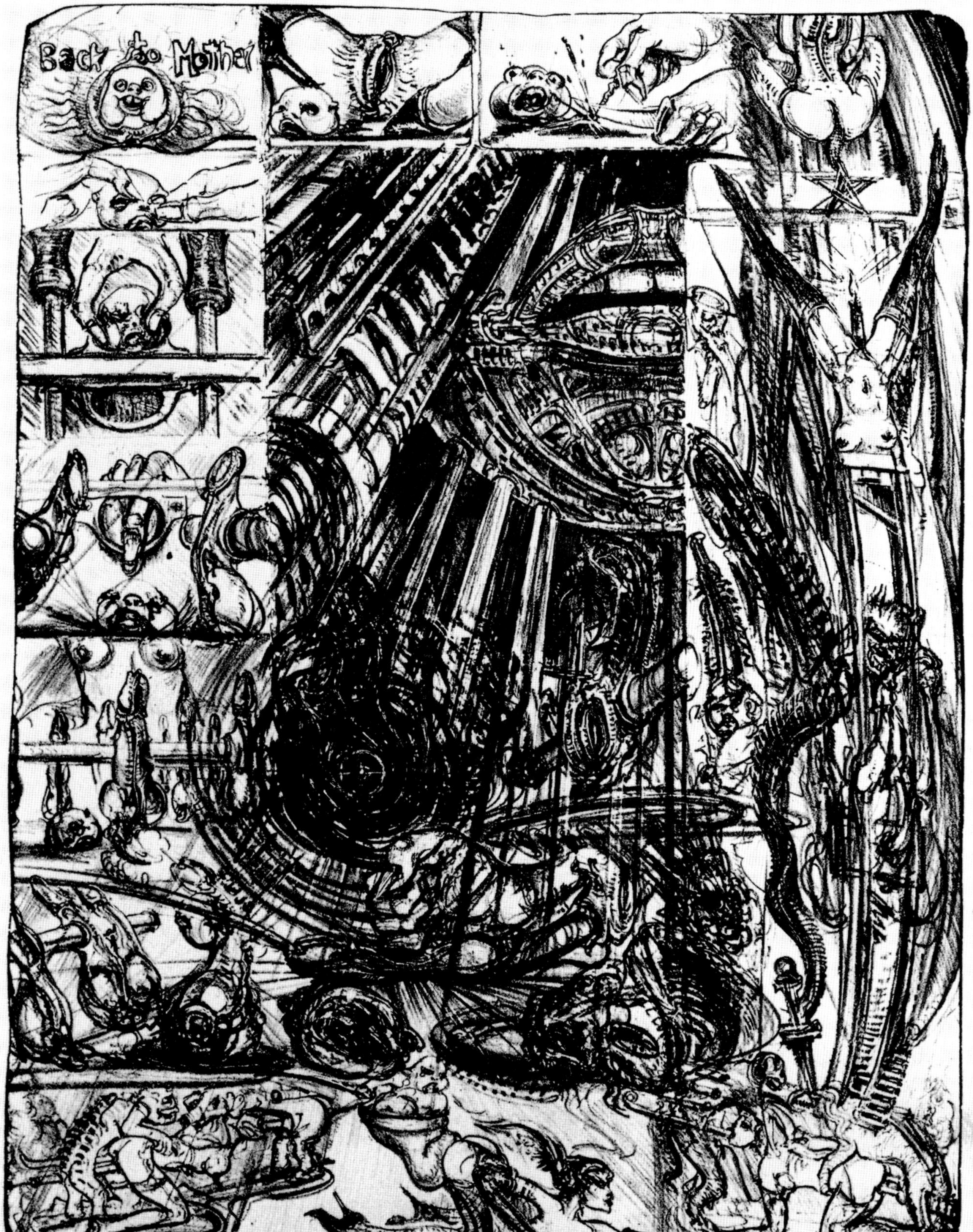
Back to Mother

Melly Giger, 1989
Photo : Panja Jürgens

PAGE 71
Passage I, 1969
Huile sur carton, 54 x 46 cm

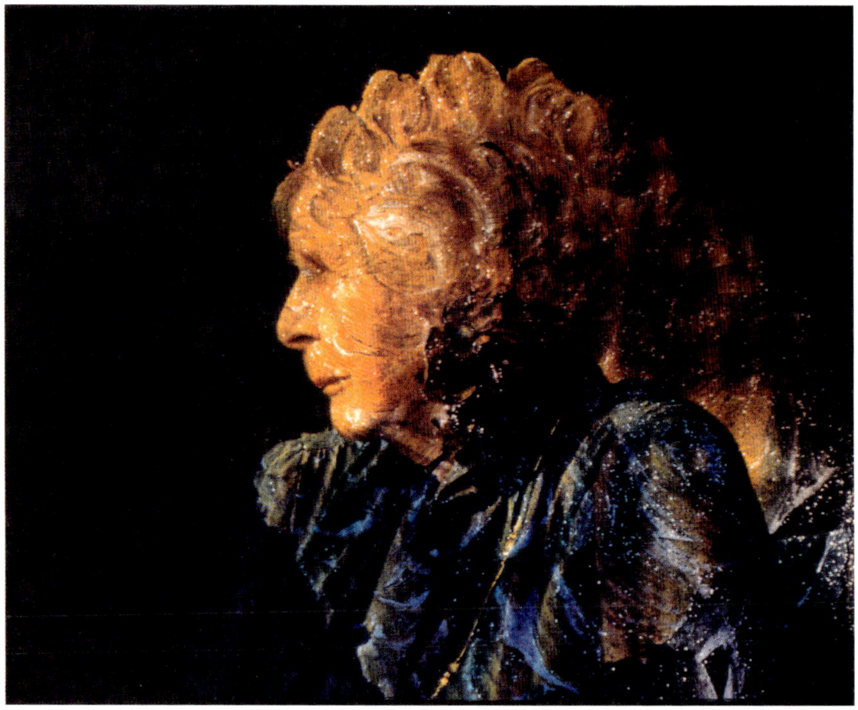

ornait notre pharmacie. Elle m'a donc appelé d'après mon père, Dr Hans Richard Giger, également H. R., Hansruedi. Malheureusement, je ne devins pas docteur. Dommage pour la plaque. Il y a peu de temps, j'ai demandé à ma mère comment ma naissance s'était passée. Elle se souvenait de ce que je voulais absolument sortir, mais que cela fut longtemps impossible. Donc, cet objet, élément intégral de *Passage I*, qui a la forme d'un trombone et m'a barré le passage au monde, était probablement un forceps. Quelle horreur !

Humanoid I, 1970
Huile sur bois, 170 x 100 cm

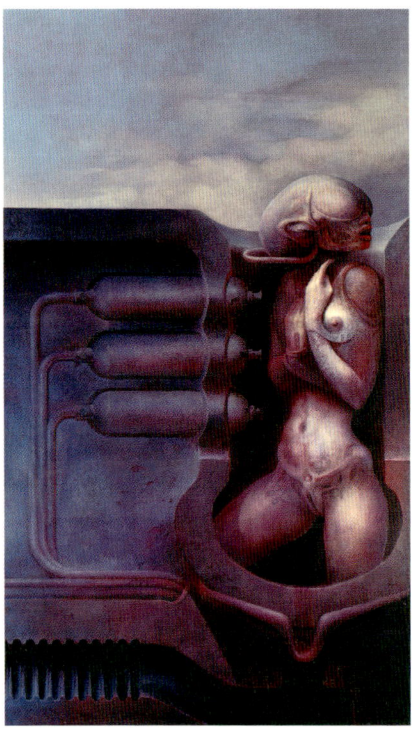

Passagen

En 1971, alors que je me rendais à Londres, j'ai pu observer pour la première fois à Cologne, devant la maison du « Floh de Cologne », le service de voirie allemand au travail. J'étais tellement fasciné par cet acte mécano-érotique qui mène à la « solution finale » de ces poubelles archicombles, que je m'empressai de faire quelques photos. Sur ce nouveau passage, j'essayai de superposer – et cela en violant presque les images – toutes sortes de réalités par le biais de la peinture psychédélique, pour obtenir la plus grande objectivité possible de cet objet qui semblait être fait exprès pour moi. (*Passagen X–XXXIII*, cf. pp. 72, 74/75)

F. M. Murer habitait au centre de Londres depuis plus d'un an, ce qui était pour Li et moi une raison d'aller en Angleterre. Murer et moi décidions de tourner un film documentaire intitulé Passages retraçant mon monde imagé. Les premiers lieux de tournage étaient des docks sinistres de Londres. *A Rh+*, le premier catalogue de mes œuvres, est publié chez Walter Zürcher, Gurtendorf.

Une histoire occulte véridique

Je raconte cette histoire le plus précisément possible car je veux qu'elle soit vérifiable dans les moindres détails. Il s'agit dans cette histoire de savoir si un objet peut être maléfique.

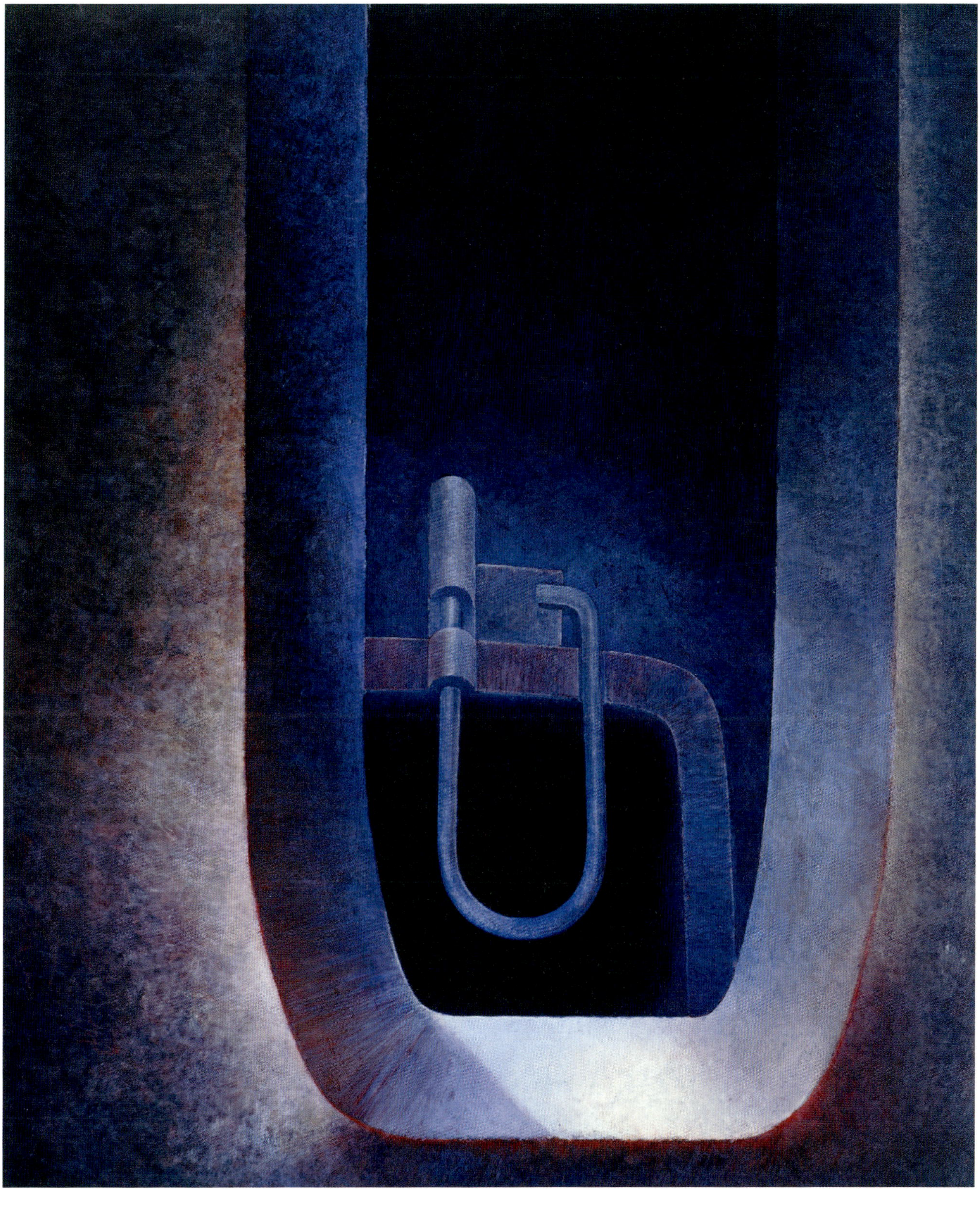

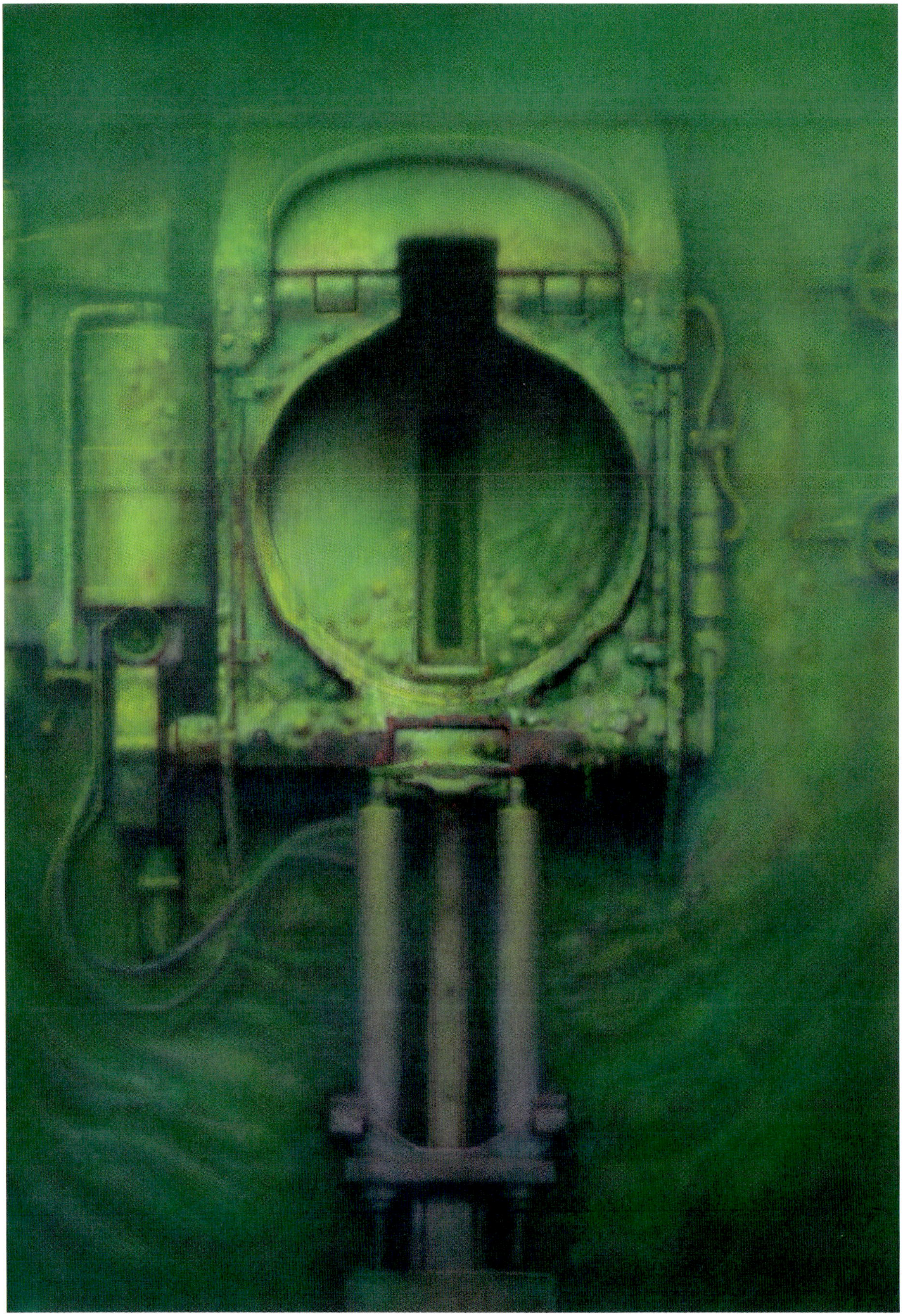

Asile pour Timothy Leary **3.7.1971**

Selon des juristes américains de renom, la tentative d'incriminer Timothy Leary en lui imputant un abus de drogue et de le mettre hors la loi n'est pas très sérieuse : en tant que médecin diplômé et professeur de psychologie, en tant que promoteur d'une association regroupant des centaines de scientifiques, il pensait être en droit de l'expérimenter librement. Si on le qualifie de « prophète » de la drogue LSD élaborée à Bâle, il ne faut pas oublier de mentionner que lui et ses amis condamnent très sévèrement l'application de ce remède sans le contrôle de spécialistes, et qu'ils exigent pour une préparation à la consommation personnelle un an de travaux préliminaires spirituels et corporels. Personne d'autre que Timothy Leary ne s'est exprimé en des termes plus durs contre l'empoisonnement avec des barbituriques, des amphétamines etc. dans certains pays. Avec ses appels, il a préservé de la drogue dure (morphine, héroïne) des centaines de milliers de personnes. Ses ennemis américains ont révélé dans leurs écrits la véritable cause de leur haine contre lui et l'ont déclaré expressément « ennemi public » : le fait que, grâce à ses suggestions, environ 15 % de la jeunesse blanche ait pris position contre la destruction de l'environnement, la guerre du Vietnam, l'oppression des Indiens et des Noirs a éveillé un sentiment de colère aveugle chez certains groupes. En tant que participants à des actions culturelles dans les années 60, nous savons qu'il y a peu d'innovations durant les dix dernières années – et cela vaut aussi pour l'Europe – dans le domaine musical, pictural, poétique, psychologique et dans la recherche d'un nouveau genre de vie, que l'on ne puisse plus tard attribuer d'une manière quelconque à Timothy Leary. Grâce à lui, le débat au sujet de l'œuvre des Suisses C. G. Jung et Hesse a atteint son point culminant aux États-Unis. Il fit autorité lors de la redécouverte par toute une génération des civilisations indiennes et des Indiens et aussi lors du débat lancé par la jeunesse moderne sur le monde empreint d'une religiosité nouvelle. Hugo Ball écrivit un jour que jusqu'ici tous les porteurs d'idées frayant de nouvelles voies avaient dû chercher asile en Suisse un certain temps et vit dans notre pays le lieu où les idées nouvelles pourraient être véhiculées et répandues en toute liberté. Sommes-nous moins généreux que les confédérés suisses du dix-neuvième siècle?
Nous voulons tout entreprendre avec les moyens qui sont à notre disposition, afin que l'on ne trahisse pas les principes de la Suisse et qu'ensuite on puisse s'en laver des mains. Il ne doit pas y avoir de majorité silencieuse dans une démocratie, encore moins une minorité qui se taise.

Représentant « Action : Asile pour Leary » Sergius Golowin, écrivain,
Berne Hansruedi Giger, artiste-peintre, Zurich Walter Wegmüller, artiste-peintre, Bâle

PAGE 74 DANS LE SENS DES AIGUILLES D'UNE MONTRE
Passage XVII, 1972

Passage XVI, 1972

Passage XXI, 1972

Passage XVIII, 1972

Tout acrylique sur carton sur bois, 100 x 70 cm

PAGE 75 DANS LE SENS DES AIGUILLES D'UNE MONTRE
Passage XXXIII, 1973

Passage XXIX, 1973

Passage XXII, 1973

Passage XXVII, 1972

Tout acrylique sur carton sur bois, 100 x 70 cm

Tract, 1971

Il y a quelques années, je reçus de mon ami Bijan Aalam, le galeriste à qui je dois la plus grande partie de ma collection d'objets occultes, une tête de diable en bois, creuse et, aux dires de Bijan, revêtue de peau humaine. Le col était recouvert d'une collerette en raphia comme celles qui revêtent les bouteilles de Chianti. Cet objet provenait de la succession de Pierre Molinier, un artiste-fétichiste qui a annoncé un jour qu'au moment où son pénis serait épuisé, il se suiciderait. Et en effet, il s'est tué d'un coup de feu. L'origine de la tête, qui présente trois petites cornes courbées, reste une énigme aujourd'hui encore. On estime qu'elle a environ 100 ans et qu'elle a servi d'objet rituel lors des messes noires ou de cérémonies semblables ; on ne l'a pas utilisée comme masque car l'ouverture du col est trop petite. Il se peut qu'elle soit tenue au-dessus de la tête et que le

PAGE 72
Passage XXIV, 1972
Acrylique sur carton sur bois, 100 x 70 cm

Photographie de HR Giger de la récupération des déchets, Cologne 1971

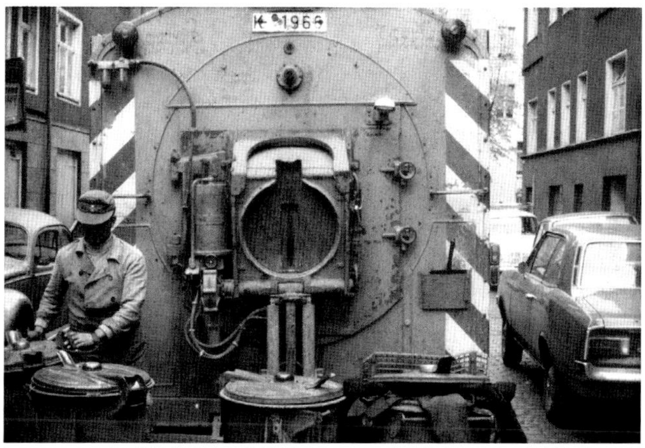

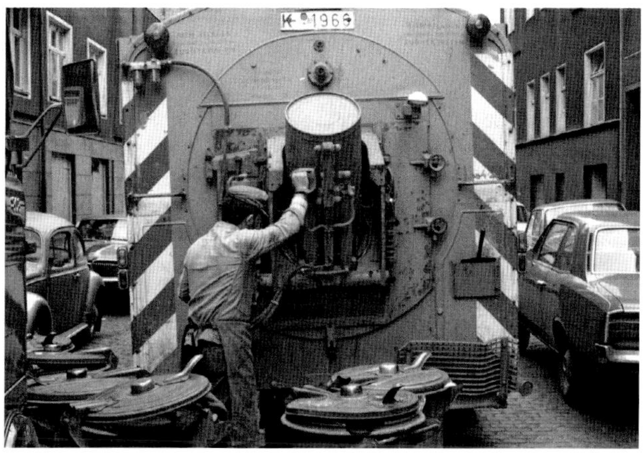

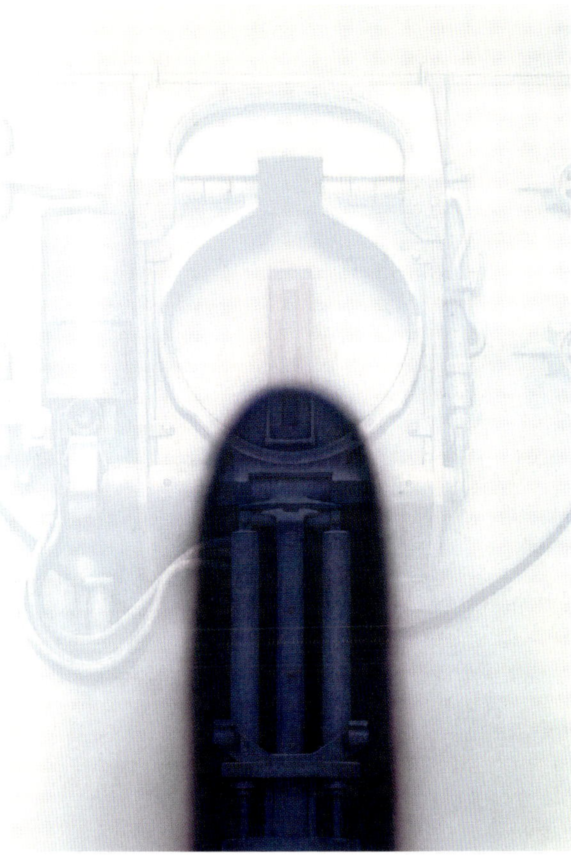
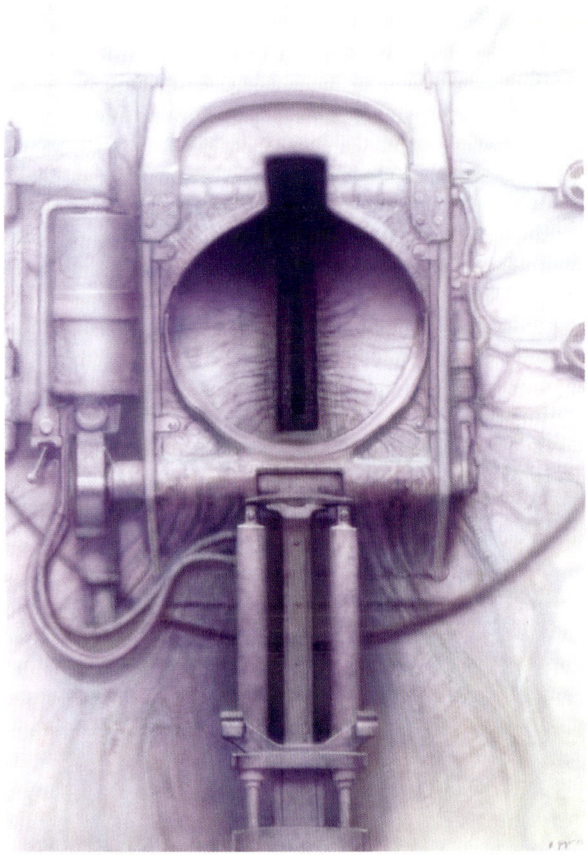
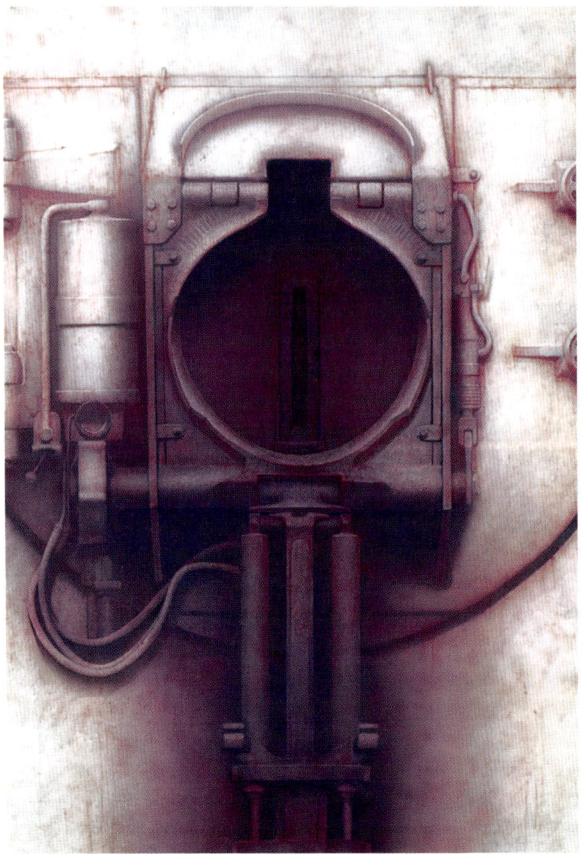
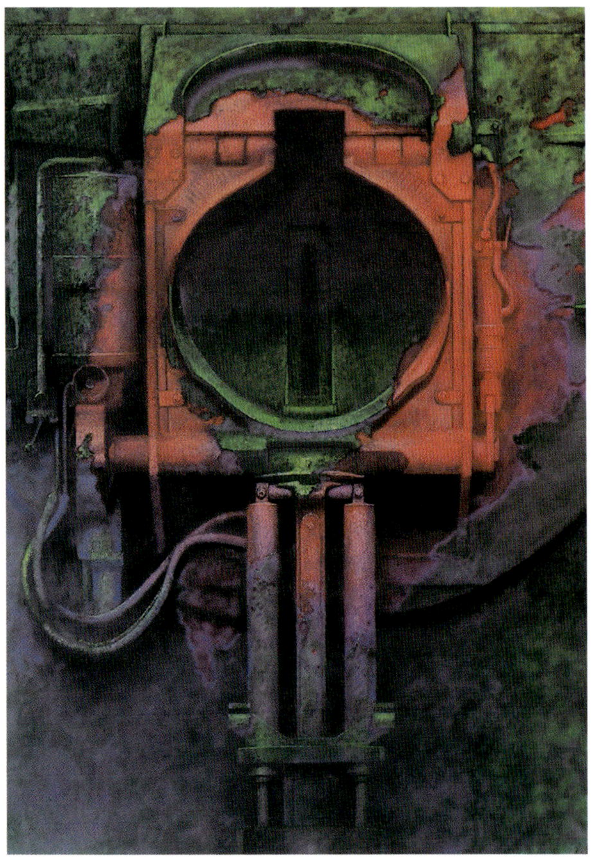

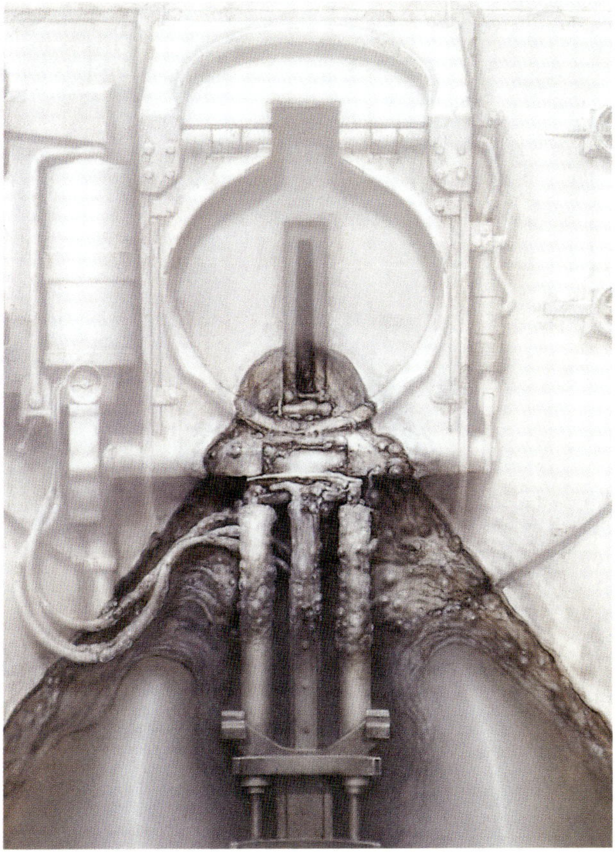

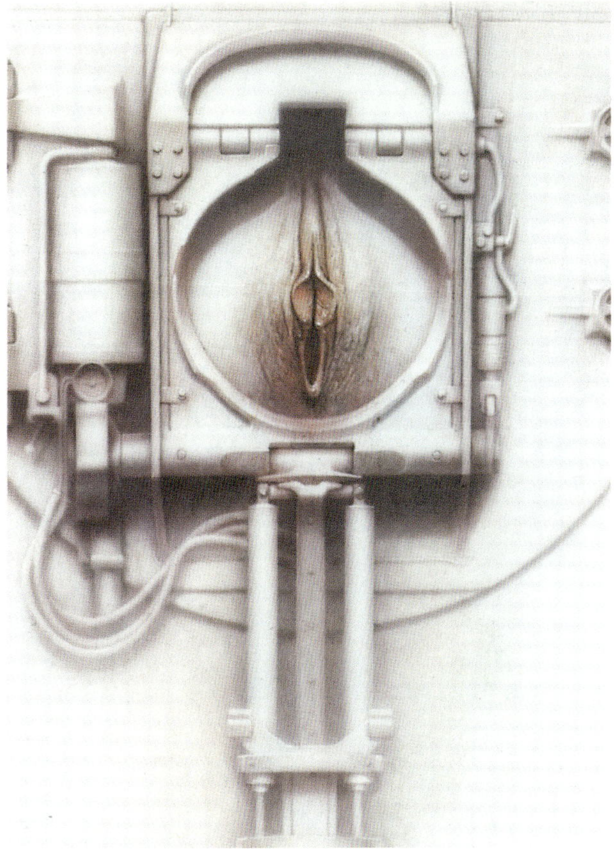

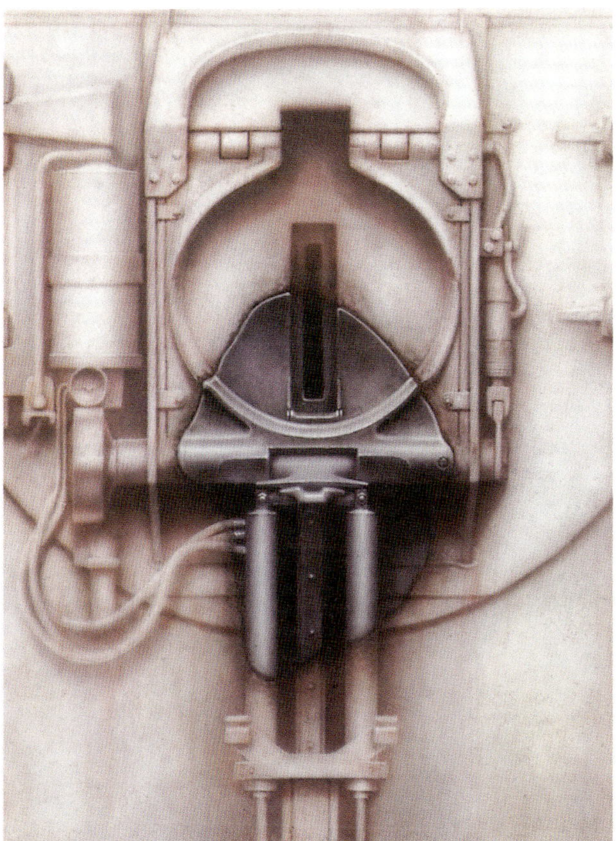

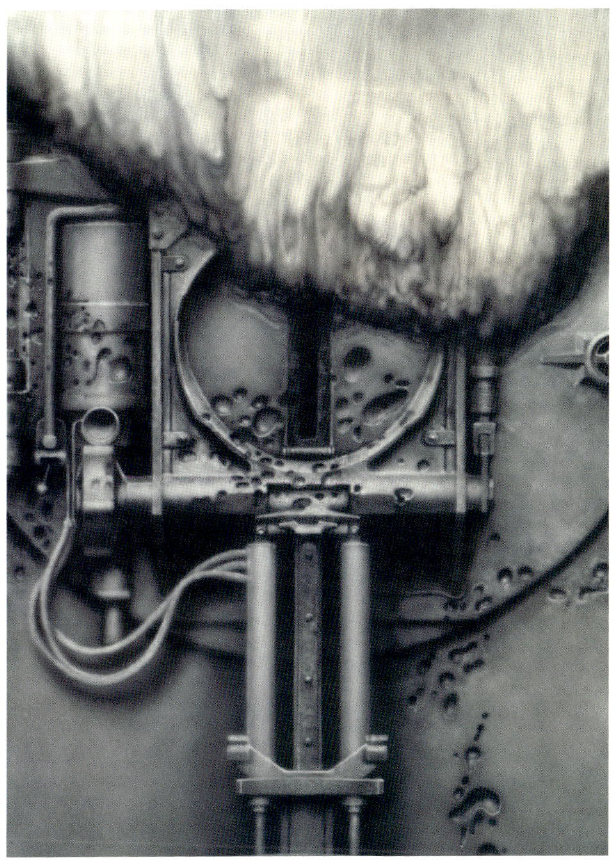

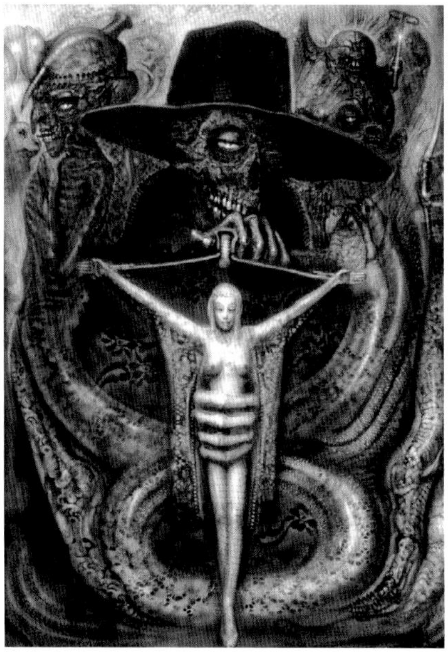

Satan II (1er état), 1977
Acrylique sur papier sur bois, 100 x 70 cm

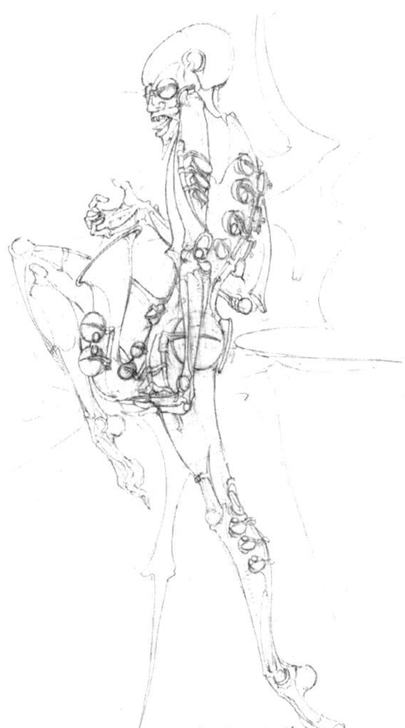

Le Saxophoniste, 1965
Crayon sur papier, 23 x 17 cm

Danse sabbatique, 1977
Acrylique sur papier sur bois, 200 x 140 cm

creux ait eu pour but de réduire le poids. Mais c'est tout ce que je sais. Je la posai sur le placard chinois dans ma chambre à coucher et l'oubliai. Quelque temps plus tard, lors d'une visite de mon ami Bijan Aalam, je me plaignis de dépressions qui me torturaient depuis un bon moment et dont je ne pouvais pas m'expliquer l'origine. Bijan remarqua la tête de diable sur le placard et donna à entendre que mon état mental était peut-être dû à cet objet dont il savait qu'on lui attribuait des forces maléfiques. Il me conseilla de le mettre à la cave. Je me conformai à son conseil et le mis dans une boîte en carton avec d'autres fatras, le descendis à la cave et l'oubliai.

Je hais la superstition car elle signifie pour moi une grande faiblesse. Elle nous rend prisonnier de nous-mêmes et peut pousser à la folie. La superstition peut défier le hasard, si bien qu'inconsciemment on active les choses. C'est que je m'efforce de ne pas être superstitieux. J'évite les sectes et tout ce qui a à faire avec le fanatisme religieux, car j'en ai fait l'expérience.

Il y a quelques années, c'était le 23 mars, un vendredi, on a imprimé, à des fins publicitaires pour le journal *Team* (n°4, avril 1984), une affiche rouge en cinq couleurs différentes d'après une image de la série *Victory*, celle portant le n° 516 V intitulée *Satan*. La cinquième couleur – une impression normale ne comprend que quatre couleurs – était un rouge-orange qui intensifiait énormément l'effet de l'image. Ce jour-là, je rentrai à Zurich avec sur moi les premières épreuves faites par l'imprimerie I. C. Müller à Seefeld. Peu de temps auparavant, j'avais rangé la cave et étais tombé sur la tête de diable ; je l'avais montée et l'avais placée sur la table du salon. Ce jour-là, j'étais en pleine forme, vu que l'imprimerie avait si bien travaillé. Je vis la tête et voulus la mettre sur l'étagère sur laquelle se trouvaient mes souvenirs. Le soir, mon ex-femme Mia m'avait invité à une soirée (Tango Palace) à Albisgüetli. Mon ami et collectionneur W. voulait y aller aussi avec son amie B. Il m'avait proposé de passer chez lui pour y aller ensemble. Je lui apportai en cadeau une de ces épreuves nouvellement sorties de presse et W., tout à fait enthousiasmé, l'accrocha au mur. Le rouge flamboyant impressionna tout le monde. Ce soir-là, B. était habillée d'une nouvelle robe merveilleuse, noire transparente, d'une sorte de tulle en viscose, parée de plumes que lui avait offerte W. Tout le monde l'admira dans ce cercle exclusif relativement restreint des fans de tango que Mia avait rassemblés. Un sculpteur s'était installé dans la salle et baratinait les gens pour les convaincre de le laisser fabriquer un moulage en plâtre de leur visage, un masque mortuaire. Nous nous approchâmes de sa table et j'essayai de persuader B. de se faire faire un masque de son beau visage. Sur les tables basses, réparties dans toute la salle, il y avait de petites bougies rouges. B. s'appuya légèrement contre une de ces tables. Quand j'appris que le sculpteur voulait garder les plâtres, je voulus lui déconseiller de se confier à lui, mais à ce moment-là, elle avait déjà pris feu. De la manche, le feu avait envahi, telle une flèche toute la robe légère en viscose et B. brûlait comme une torche. W. était comme paralysé, j'enlevai ma veste et nous essayâmes en vain d'asphyxier les flammes furieuses. La victime se roulait follement par terre. Finalement, les flammes furent étouffées et nous portâmes B. sous la douche dans la garderobe. Entre-temps, Mia avait appelé les secours qui vinrent bientôt. Ils enveloppèrent B. dans des couvertures et disparurent – et avec eux toute l'apparition fantomatique. Il y avait des gens qui n'ont même pas remarqué ce qui venait de se passer. W. et moi, nous avions perdu l'envie de fêter. À peine rentré, je remis ce maudit diable ignoble dans le sac en plastique et le descendis à la cave. B. était brûlée au troisième degré et devait subir de nombreuses opérations et endurer bien des souffrances.

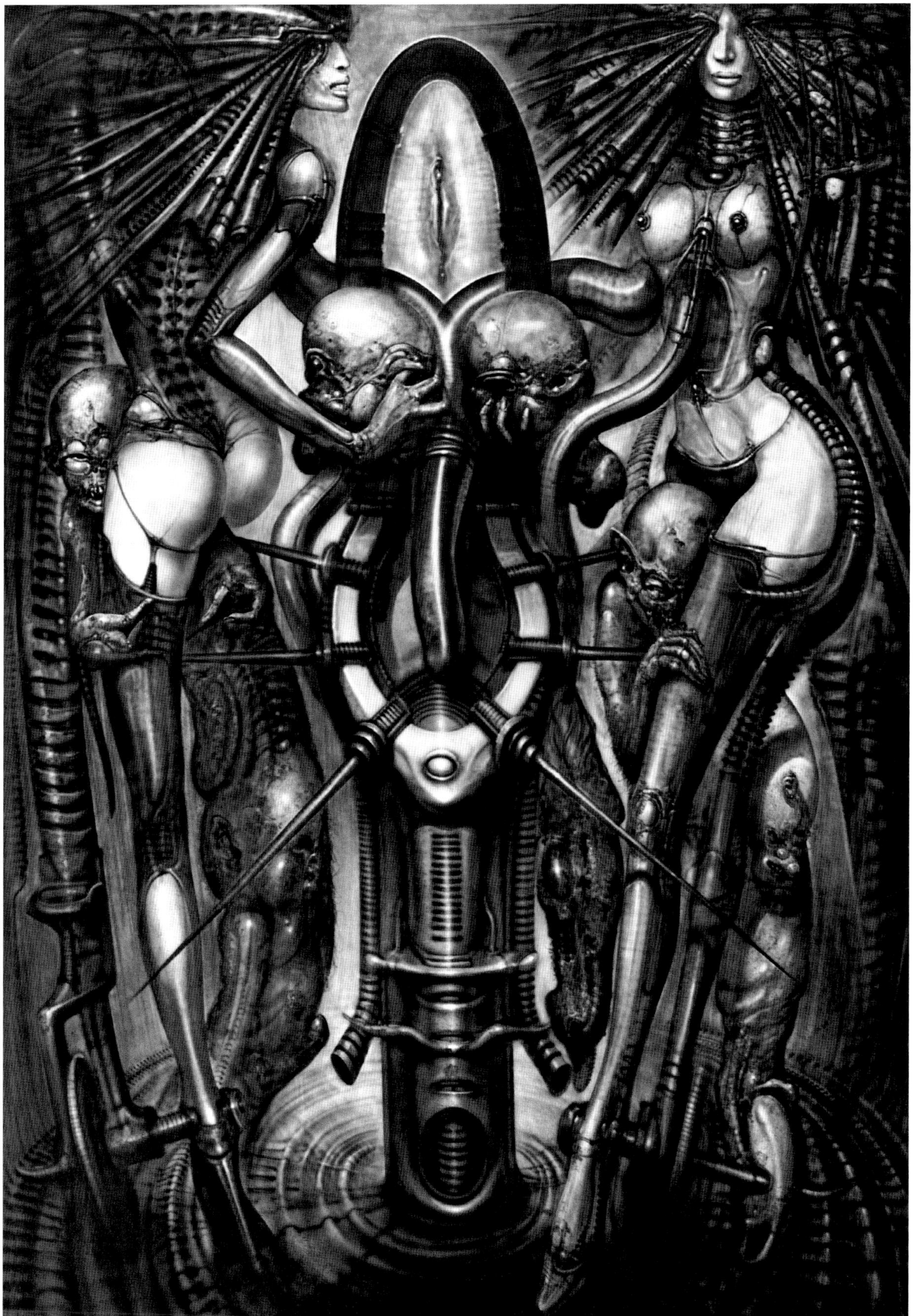

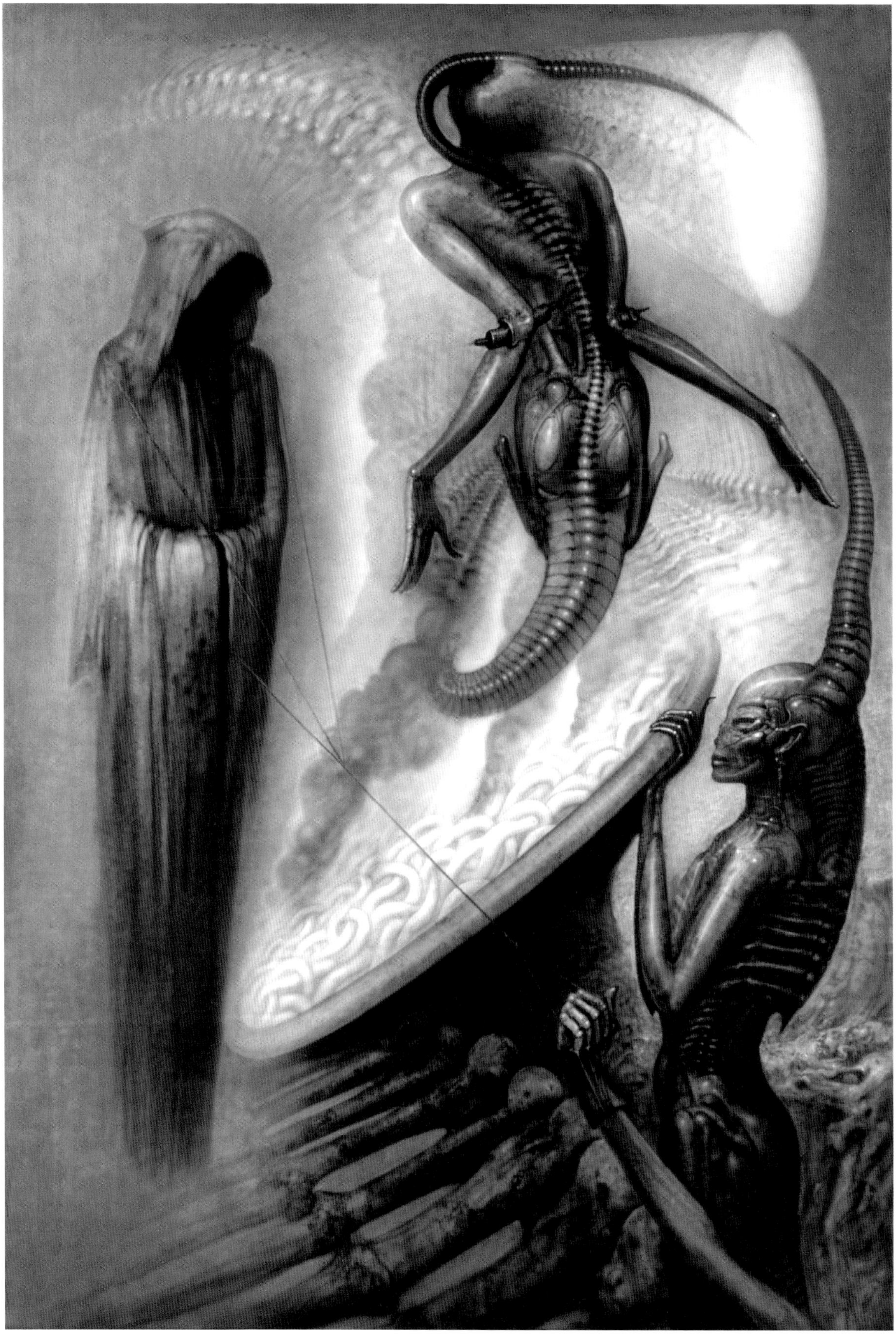

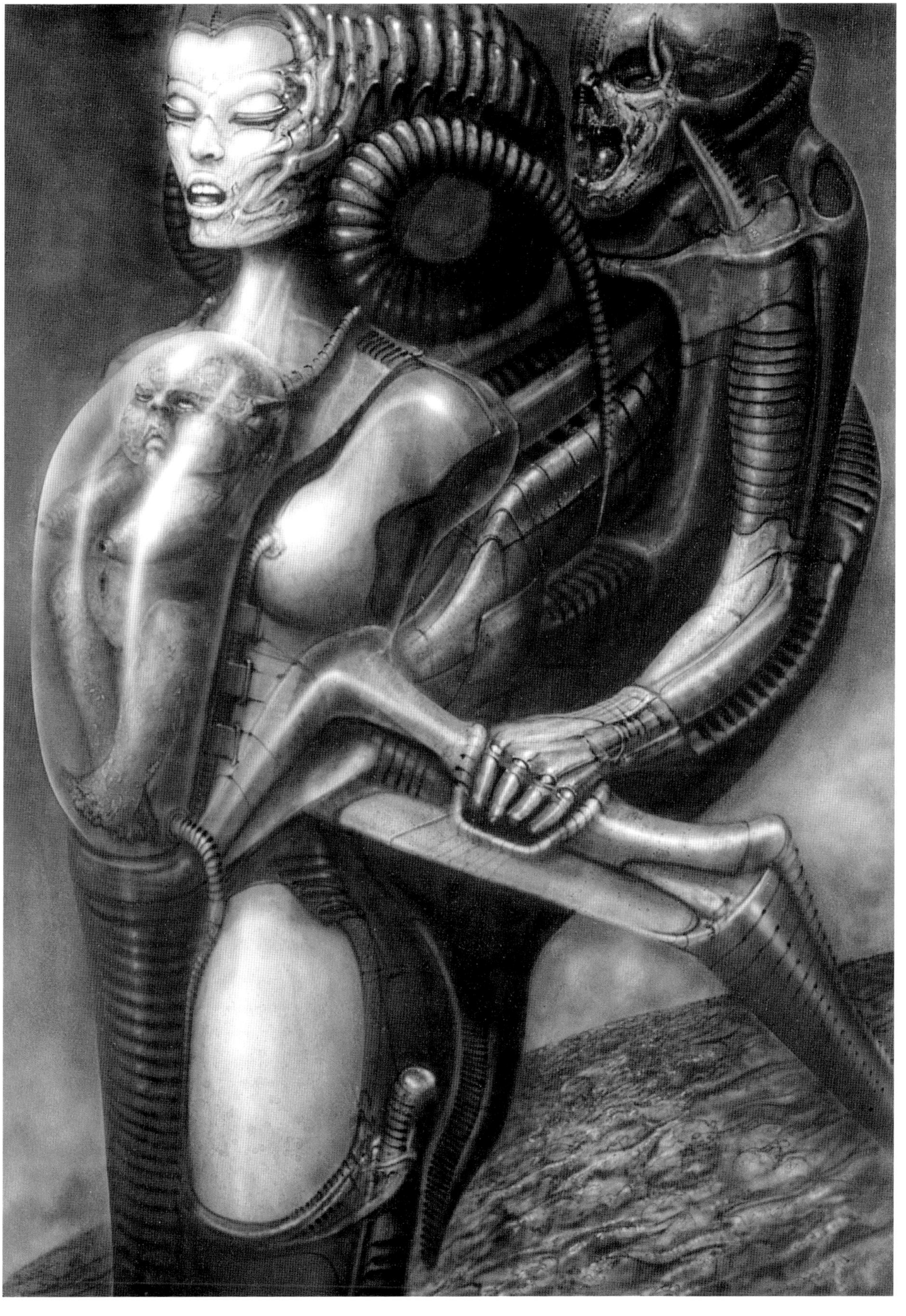

Satan I, 1977
Acrylique sur papier sur bois, 100 x 70 cm

PAGE 78
Le Mage, 1975
Acrylique sur papier sur bois, 200 x 140 cm

PAGE 79
Départ pour le sabbat, 1976
Acrylique sur papier sur bois, 100 x 70 cm

Victory V (Satan), 1983
Acrylique sur papier sur bois, 70 x 100 cm

Occult story II

Cet événement est un des hasards qui paraissent être l'effet de la Providence. Le prochain « hasard » se passa le 27 juin 1988, un lundi. Avec Ralf, mon collaborateur, j'étais en train de préparer le matériel d'exposition pour une manifestation au théâtre de la ville de Saint-Gall. Celle-ci était intitulée « Symposium für Alchemie » (Colloque sur l'alchimie) et fut organisée par Urs Tremp et Armando Bertozzi. Ma tâche consistait à décorer une vitrine d'environ deux mètres carrés avec divers objets. J'avais l'intention de mélanger des objets banals et magiques. Nous avions choisi précisément 27 objets d'exposition et les avions posés sur la table pour qu'ils soient emportés le lendemain. La tête de diable figurant sur la liste de Ralf sous le nom de *Crâne satanique n° 22* n'avait pas vu le jour depuis cet événement terrible il y a quatre ans. Après avoir terminé la liste, nous passâmes au jardin. Vers six heures du soir, une explosion funeste nous fit sursauter et des jardins avoisinants, on entendit des voix angoissées. Ralf et moi, nous nous regardâmes et nous nous rendîmes compte que cela était un avertissement de la part du crâne satanique. Je le remis alors dans le sac en plastique et, une fois de plus, je l'emportai à la cave. Dehors, un grand vent se leva. Ralf, qui craignait d'être surpris par la pluie sur sa motocyclette, se mit en route. Je téléphonai à ma mère. Environ cinq à sept minutes s'étaient écoulées depuis l'explosion, quand quelqu'un frappa à ma porte. Les voisins me rapportèrent que mon

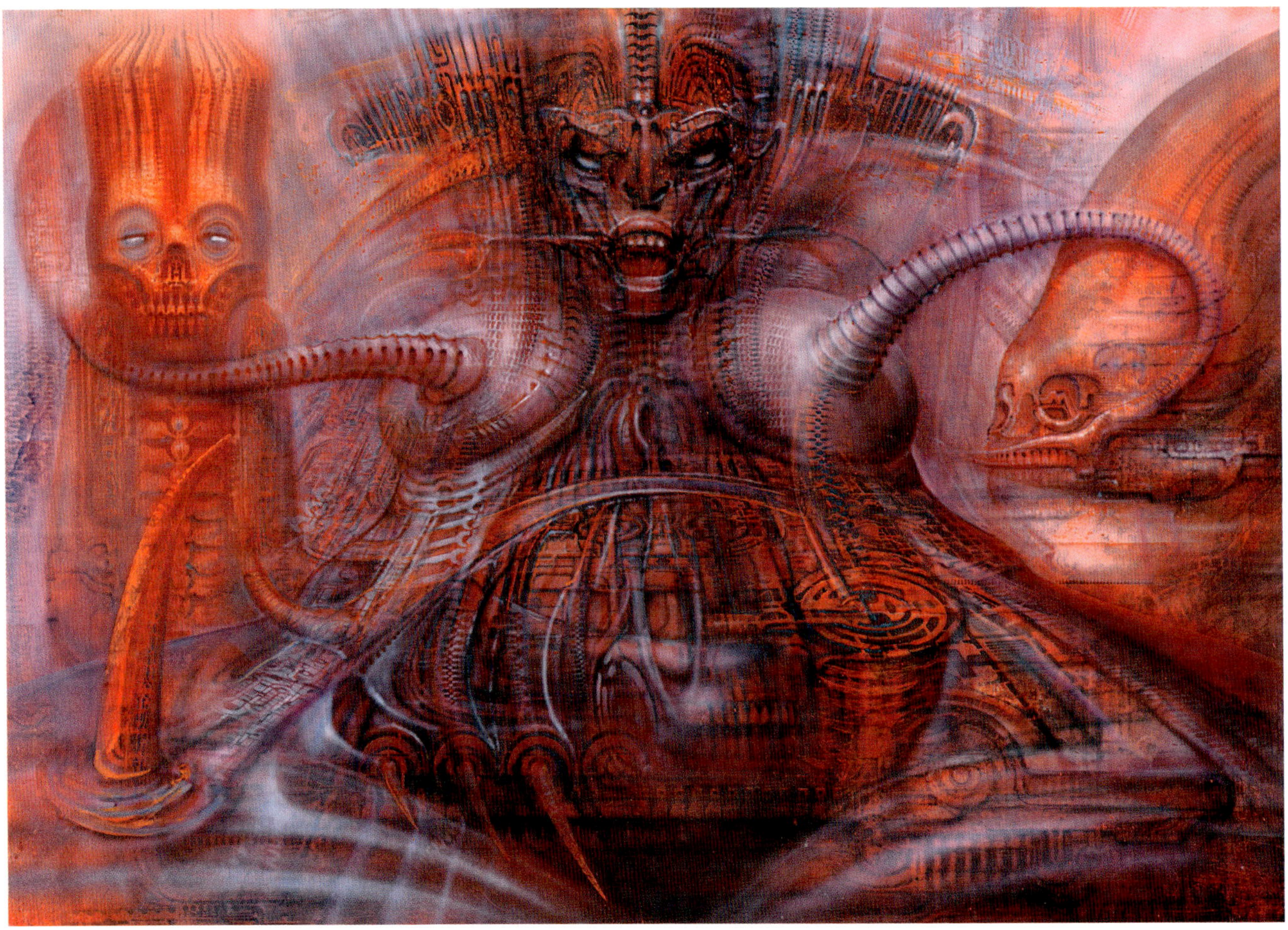

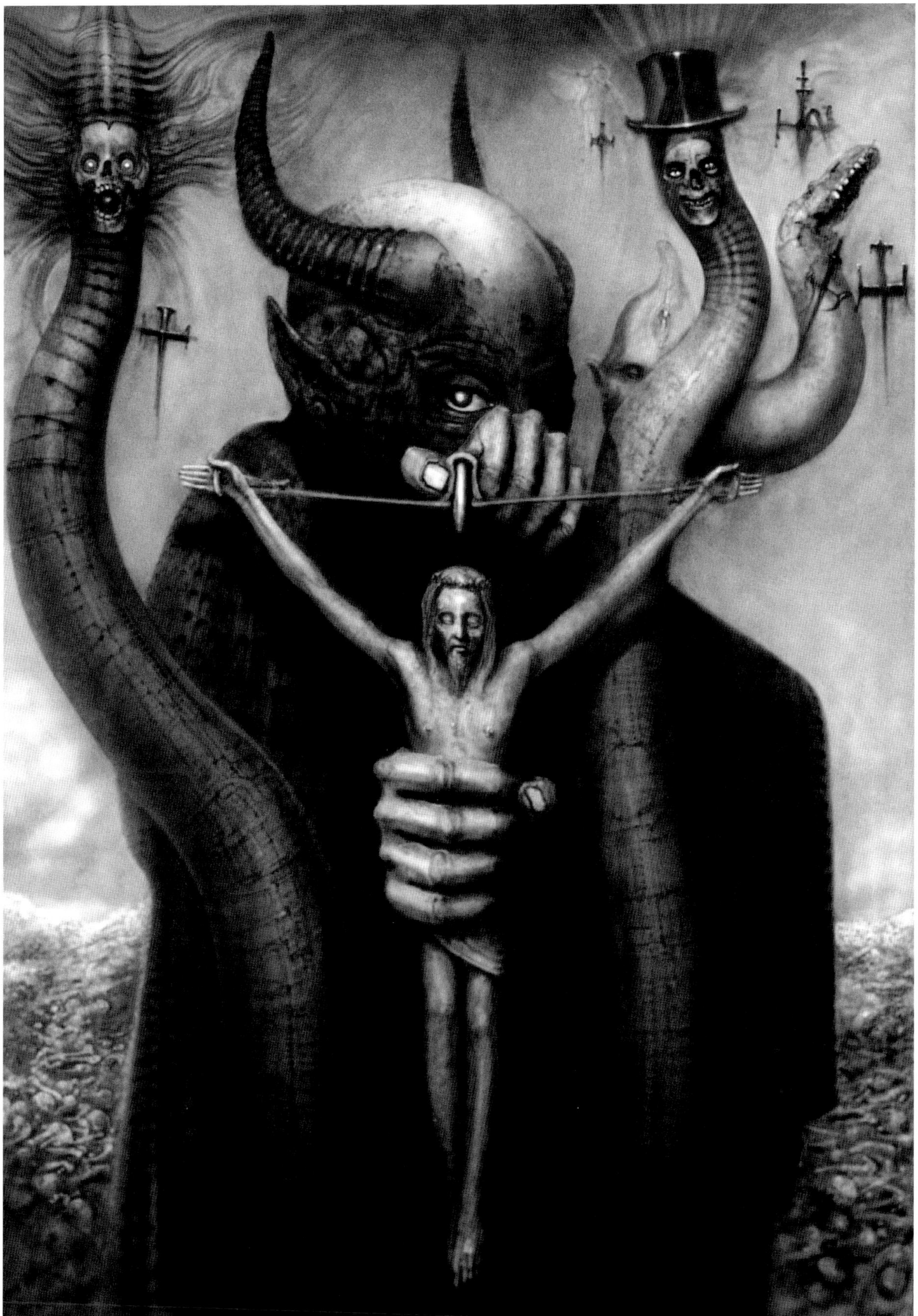

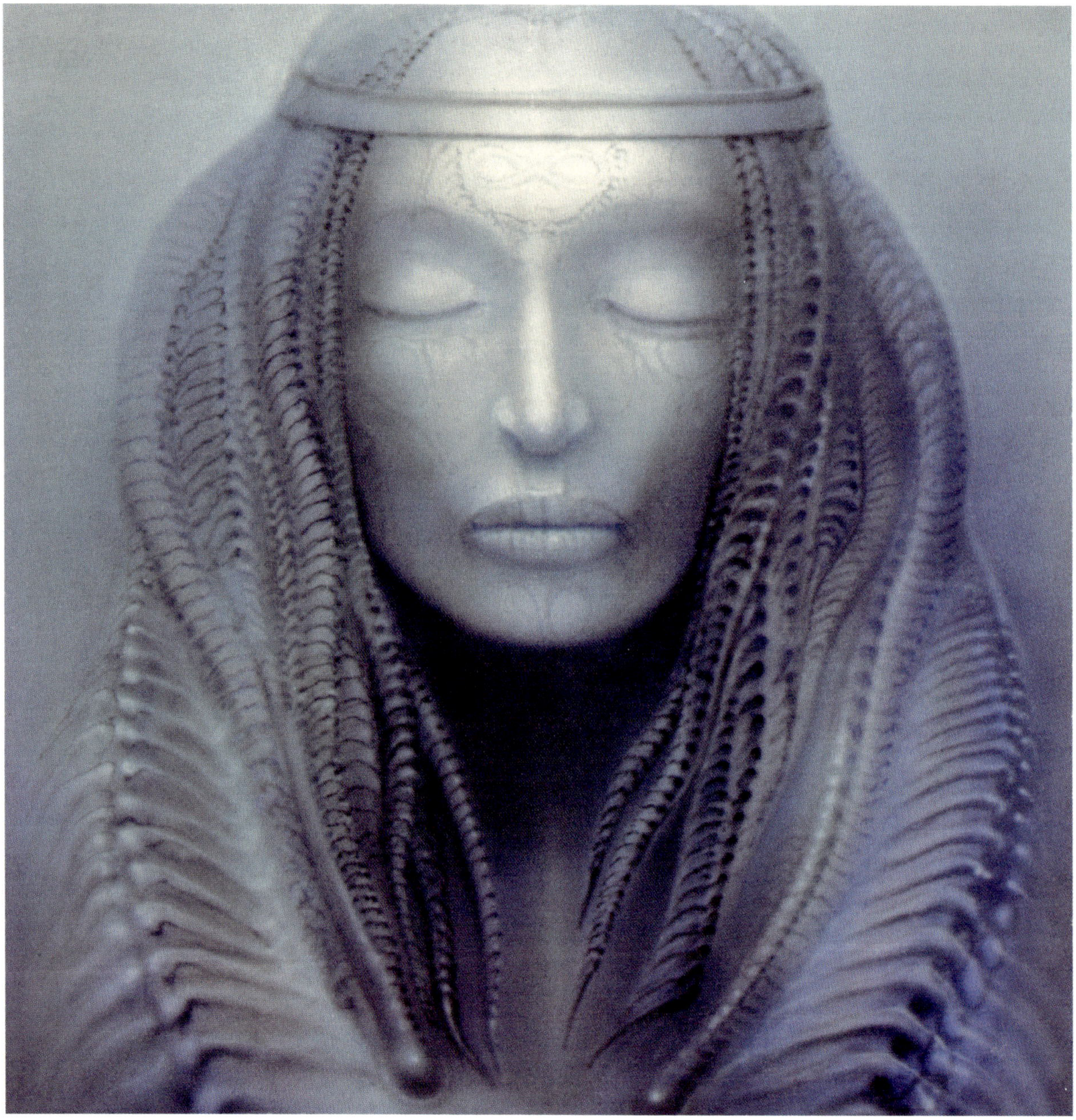

ELP I (Brain Salad Surgery), 1973
Acrylique sur papier, 34 x 34 cm

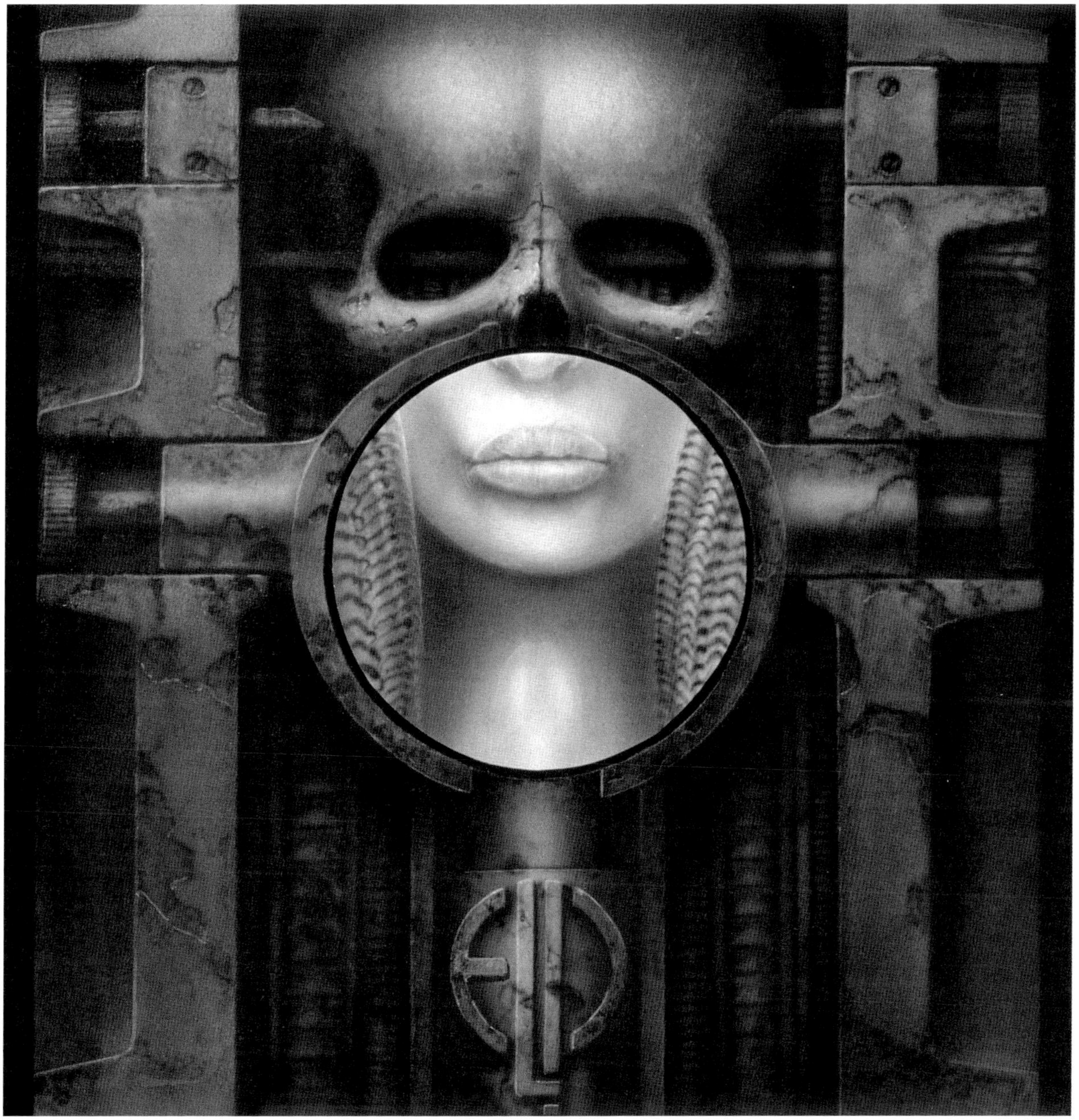

ELP II (Brain Salad Surgery), 1973
Acrylique sur papier, 34 x 34 cm

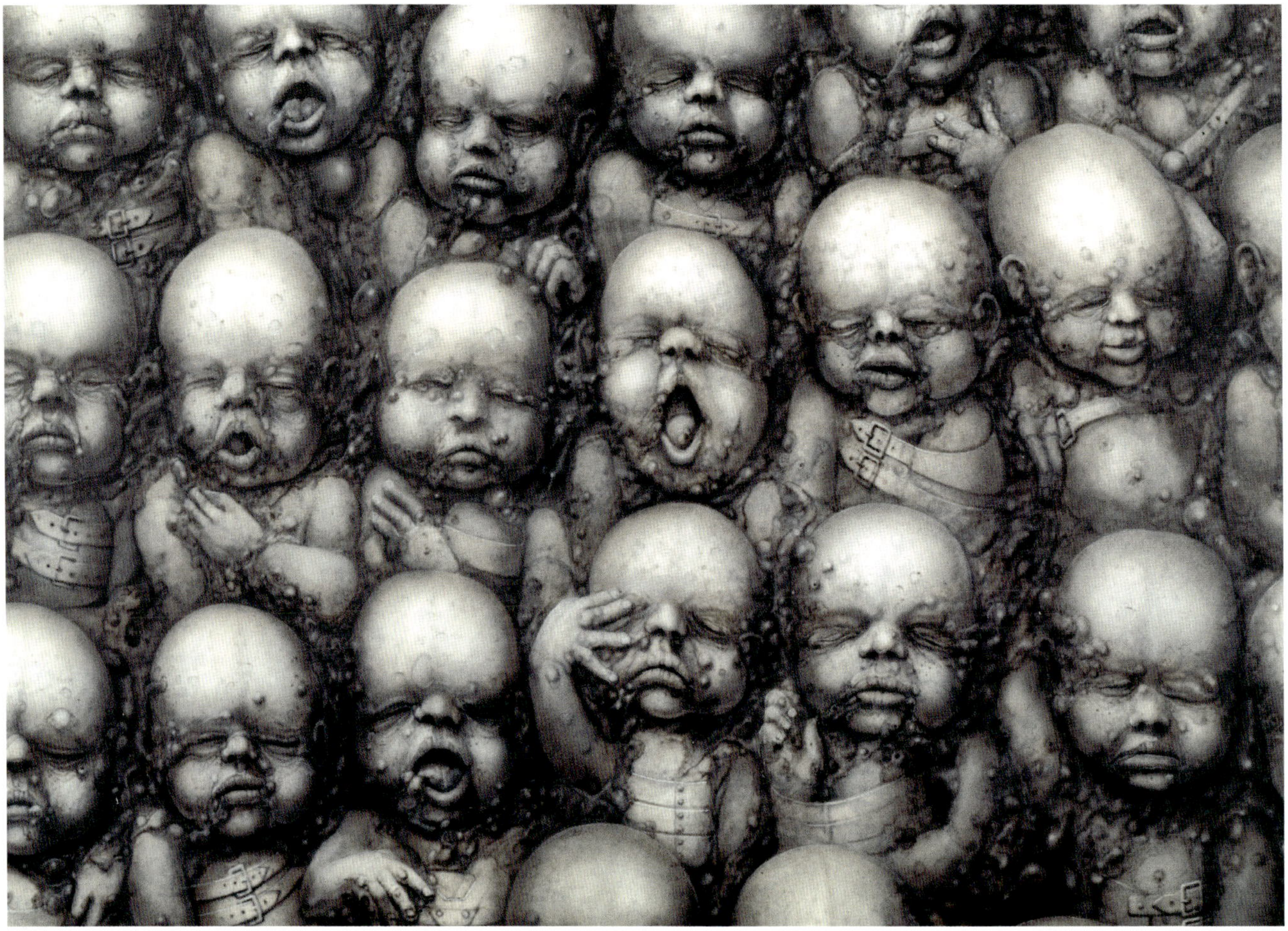

Paysage XVIII, 1973
Acrylique sur papier sur bois, 70 x 100 cm

Mia posant pour les *Erotomechanics*

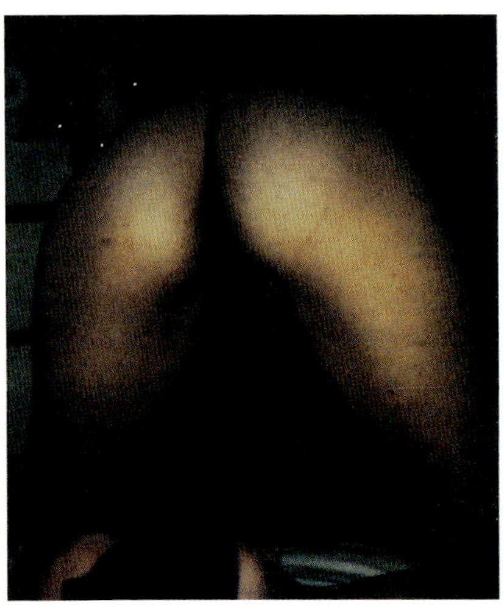

griottier s'était lentement écrasé dans leur jardin et qu'il s'était abattu précisément à l'endroit où ils étaient assis au soleil peu de temps auparavant. Ils avaient l'air bouleversé. Je sortis aussitôt pour voir moi-même ce qui s'était passé. En effet, l'arbre géant s'était tout simplement fendu à une hauteur de deux mètres et demi. D'une manière quelconque, l'éclair était tombé sur lui et avait coupé le tronc en deux. Il n'était pas tout de suite tombé, mais tenait encore debout grâce aux arbres dans l'entourage; quand le vent fit rage, il tomba. Sans ce retardement de quelques minutes, l'arbre aurait probablement foudroyé les gens.

Je racontai le lendemain l'histoire à Tremp quand il vint chercher le matériel d'exposition. Tous ses efforts pour me persuader d'exposer la tête de diable échouèrent. J'étais averti et ne voulais rien risquer; il y en allait de notre vie et des tableaux si la tête était parmi les objets exposés. Je renonce volontiers à elle. La superstition m'avait vaincu une fois de plus. Si je devais photographier ce malin pour ce livre, je le ferais, mais dans la cave uniquement.

Erotomechanics

Après le brouhaha et le stress qu'avaient provoqué la campagne de publicité et l'attribution de l'Oscar, Mia et moi, nous nous sommes mariés le 28 août; le mariage civil fut célébré en toute intimité. Ueli Steinle qui, en tant que mon manager, s'était chargé de mes affaires, nous avait réservé une fête merveilleuse. Nous avons passé à six une journée estivale magnifique au Ugly Club et sur

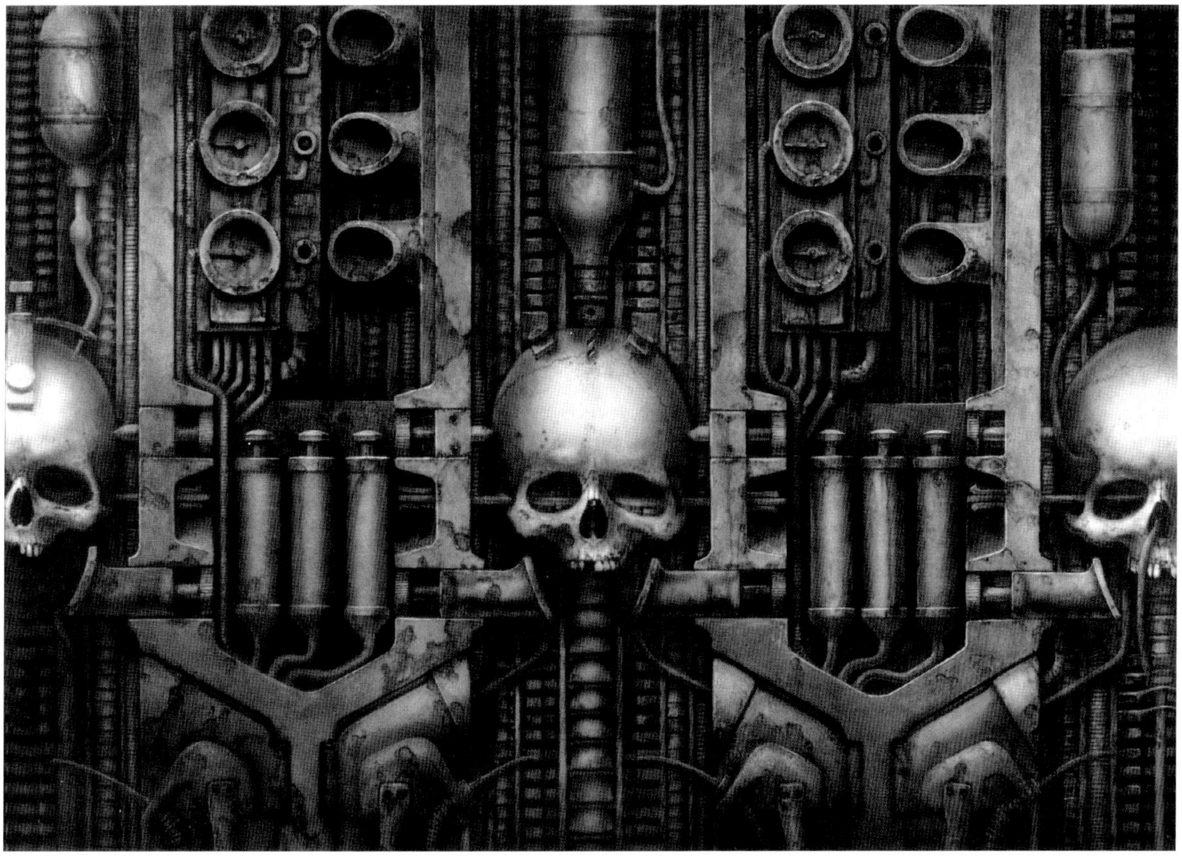

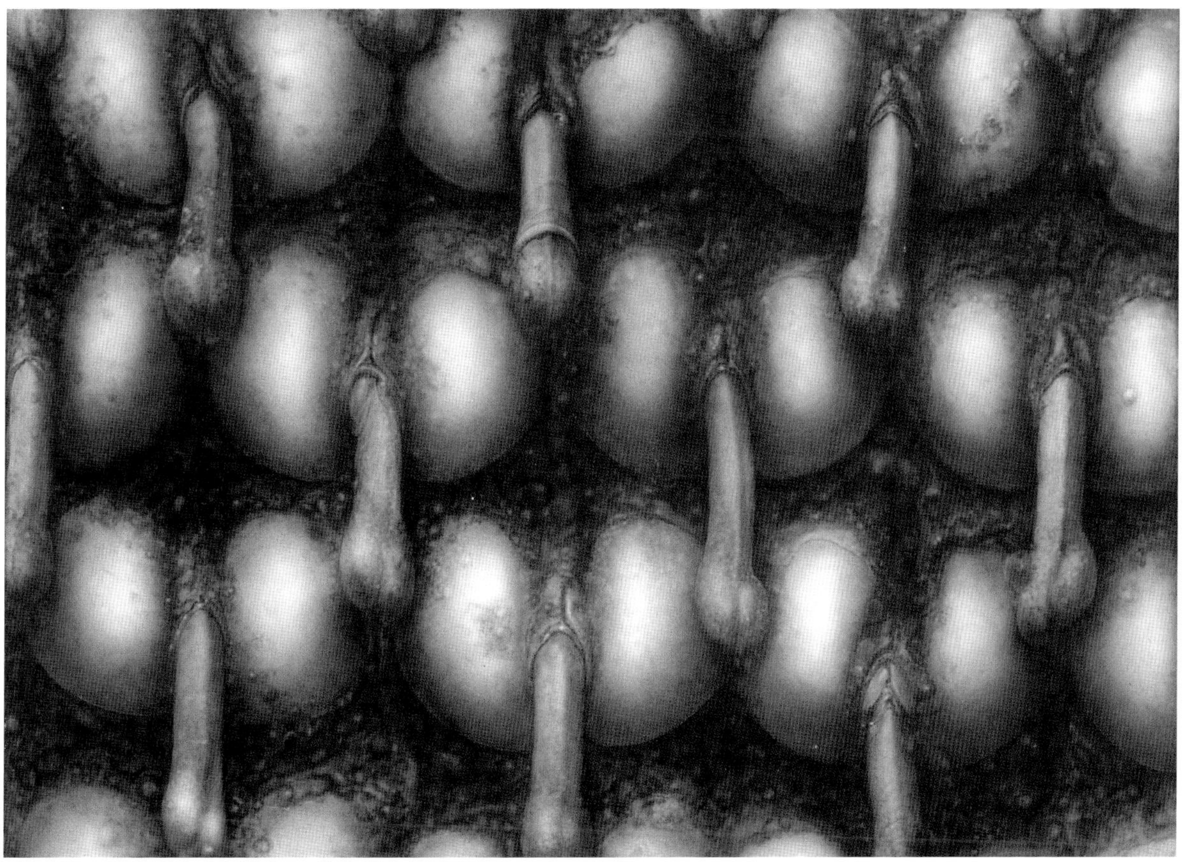

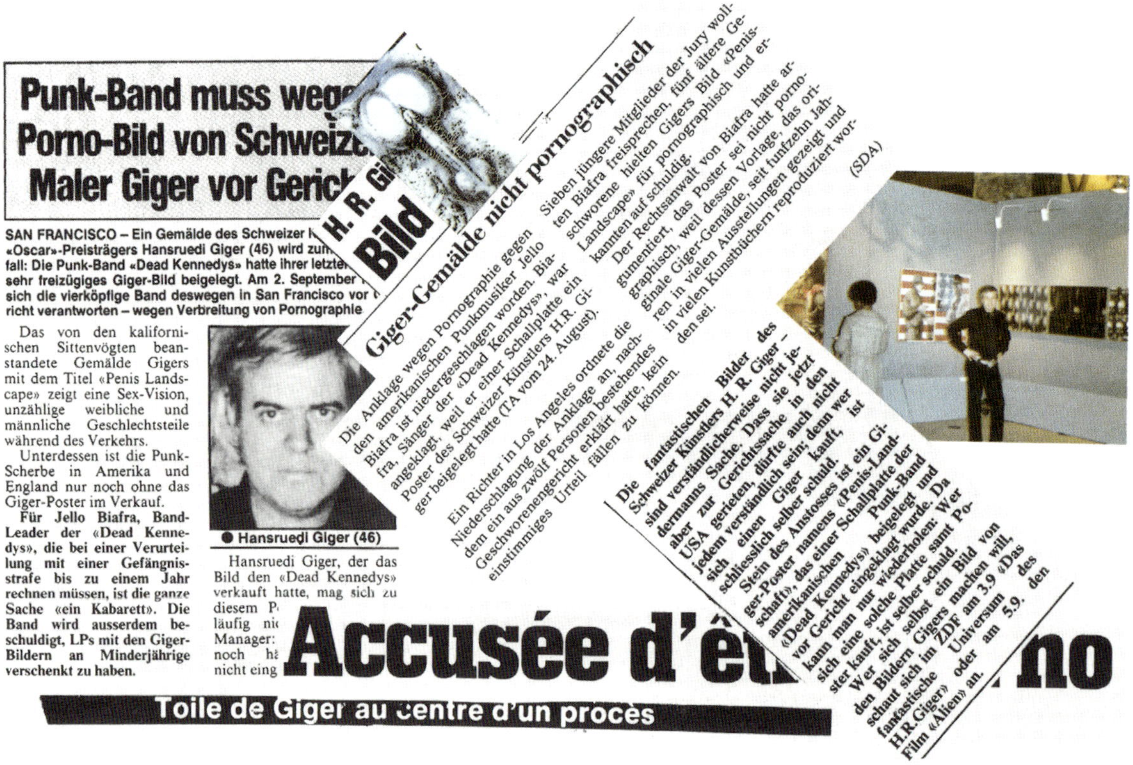

Punk-Band muss weg
Porno-Bild von Schweiz
Maler Giger vor Geric

SAN FRANCISCO – Ein Gemälde des Schweizer
«Oscar»-Preisträgers Hansruedi Giger (46) wird zu
fall: Die Punk-Band «Dead Kennedys» hatte ihrer letzte
sehr freizügiges Giger-Bild beigelegt. Am 2. September
sich die vierköpfige Band deswegen in San Francisco vor
richt verantworten – wegen Verbreitung von Pornographie

Das von den kalifornischen Sittenvögten beanstandete Gemälde Gigers mit dem Titel «Penis Landscape» zeigt eine Sex-Vision, unzählige weibliche und männliche Geschlechtsteile während des Verkehrs.

Unterdessen ist die Punk-Scherbe in Amerika und England nur noch ohne das Giger-Poster im Verkauf.

Für Jello Biafra, Band-Leader der «Dead Kennedys», die bei einer Verurteilung mit einer Gefängnisstrafe bis zu einem Jahr rechnen müssen, ist die ganze Sache «ein Kabarett». Die Band wird ausserdem beschuldigt, LPs mit den Giger-Bildern an Minderjährige verschenkt zu haben.

● Hansruedi Giger (46)

Hansruedi Giger, der das Bild den «Dead Kennedys» verkauft hatte, mag sich zu diesem P
läufig ni
Manager:
noch h
nicht eing

H. R. Gi
Bild

Giger-Gemälde nicht pornographisch

Die Anklage wegen Pornographie gegen den amerikanischen Punkmusiker Jello Biafra ist niedergeschlagen worden. Biafra, Sänger der «Dead Kennedys», war angeklagt, weil er einer Schallplatte ein Poster des Schweizer Künstlers H.R. Giger beigelegt hatte (TA vom 24. August).

Ein Richter in Los Angeles ordnete die Niederschlagung der Anklage an, nachdem ein aus zwölf Personen bestehendes Geschworenengericht erklärt hatte, kein einstimmiges Urteil fällen zu können.

Sieben jüngere Mitglieder der Jury wollten Biafra freisprechen, fünf ältere Geschworene hielten Gigers Bild «Penis Landscape» für pornographisch und erkannten auf schuldig.

Der Rechtsanwalt von Biafra hatte argumentiert, das Poster sei nicht pornographisch, weil dessen Vorlage, das originale Giger-Gemälde, seit fünfzehn Jahren in vielen Ausstellungen gezeigt und in vielen Kunstbüchern reproduziert worden sei. (SDA)

Die fantastischen Bilder des Schweizer Künstlers H. R. Giger sind verständlicherweise nicht jedermanns Sache. Dass sie jetzt aber zur Gerichtssache in den USA gerieten, dürfte auch nicht jedem verständlich sein; denn wer sich einen Giger kauft, ist schliesslich selber schuld.

Stein des Anstosses ist ein Giger-Poster namens «Penis-Landschaft», das einer Schallplatte der amerikanischen Punk-Band «Dead Kennedys» beigelegt und vor Gericht eingeklagt wurde. Da kann man nur wiederholen: Wer sich eine solche Platte samt Poster kauft, ist selber schuld.

Wer sich selbst ein Bild von den Bildern Gigers machen will, schaut sich im ZDF am 3.9. «Das fantastische Universum des H.R.Giger» oder am 5.9. den Film «Alien» an.

Accusée d'êt no

Toile de Giger au centre d'un procès

Coupures de presse sur le procès de Los Angeles dans lequel le groupe punk Dead Kennedys fut accusé de pornographie à cause d'un poster de Giger ; HR Giger à sa première exposition au Musée du Bronx à New York intitulée *Images of Horror and Fantasy*.

PAGE 85
Paysage XIX, 1973
Acrylique sur papier sur bois, 70 x 100 cm

Paysage XX, 1973
Acrylique sur papier sur bois, 70 x 100 cm

notre île sur le lac de Zurich où ce jour là, je perdis en nageant mon alliance trop grande pour mon doigt. J'étais bien embarrassé, lorsque je m'en rendis compte, et comme je ne pouvais pas en fabriquer une par miracle, il ne me restait plus rien d'autre à faire que de me confesser. Personne ne le dit, mais tous le pensèrent : cela pourrait bien porter malheur.

Inspiré par le travail sur *Alien* et surtout par le charme de l'amour de Mia, je créai les *Erotomechanics*, une série de tableaux dont six ont été regroupés dans un portfolio de sérigraphies. Un an et demi plus tard, le rêve était fini.

Depuis longtemps déjà, j'avais commencé à travailler à la série *Images de N. Y. City* qui représentent l'architecture froide, inhumaine et sans vie de New York et reflétaient précisément mon état d'esprit dépressif. Je me réfugiai entièrement dans la peinture. La situation s'améliora quand Mia prit un appartement à l'autre bout de la ville. Aujourd'hui, nous sommes devenus de très bons amis.

Cthulu Rising

Peu après sa légalisation internationale l'héroïne était devenue une marchandise rare. Seuls les riches, les hommes politiques et les scientifiques, qui étaient responsables de la catastrophe, pouvaient encore s'en procurer, vu que la moitié de l'humanité l'avait balayée du marché en faisant des stockages illégaux. Sur la terre, la température avait monté de quelques degrés et ce que l'homme avait craint depuis déjà longtemps s'était réalisé. Les icebergs fondirent et causèrent partout des inondations. À l'annonce d'une nouvelle terrifiante, tous les gens qui en avaient les moyens, se piquaient. Seuls les augures humanoïdes qui observaient les points les plus sensibles de la terre restaient éveillés, les yeux grand ouverts. Autour de quelques ouvertures naturelles menant au noyau de la terre, des choses étranges se produisaient.

Erotomechanics V
(Photo de mariage, 2e version), 1979
Acrylique sur papier, 70 x 100 cm

Erotomechanics VI, 1979
Acrylique sur papier, 70 x 100 cm

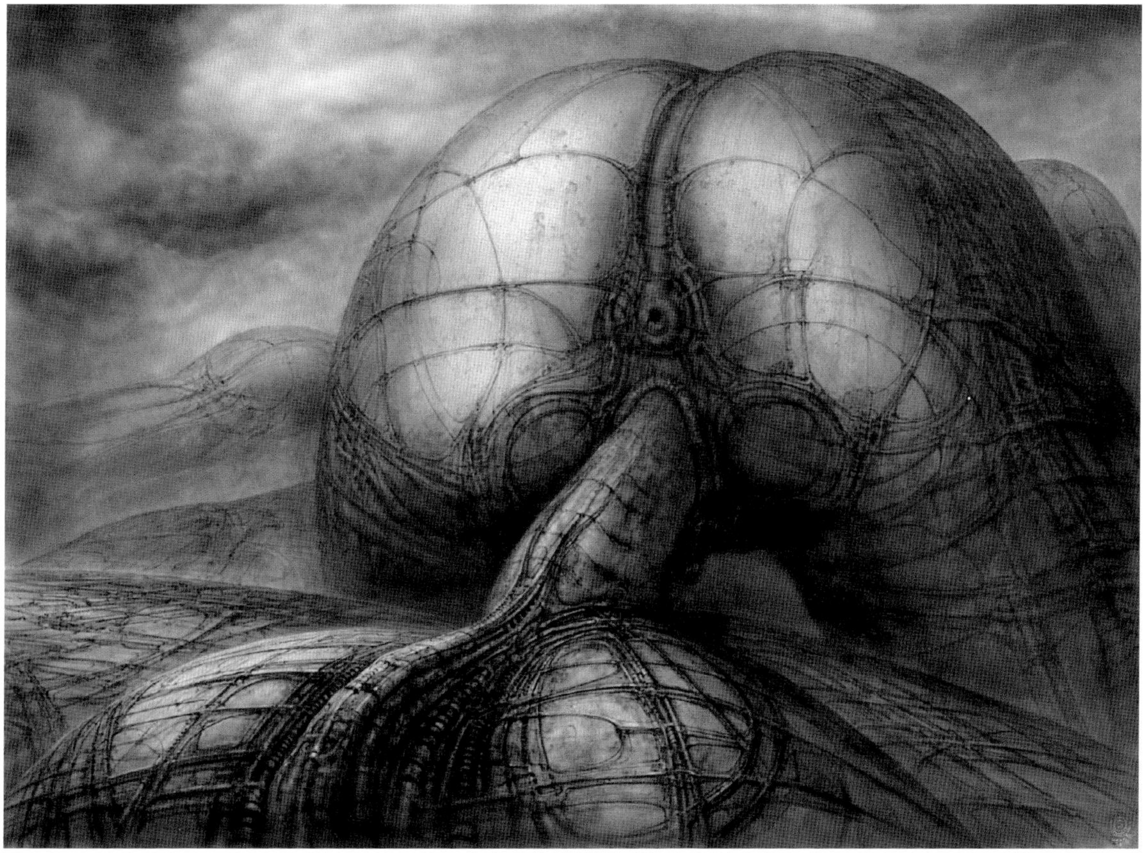

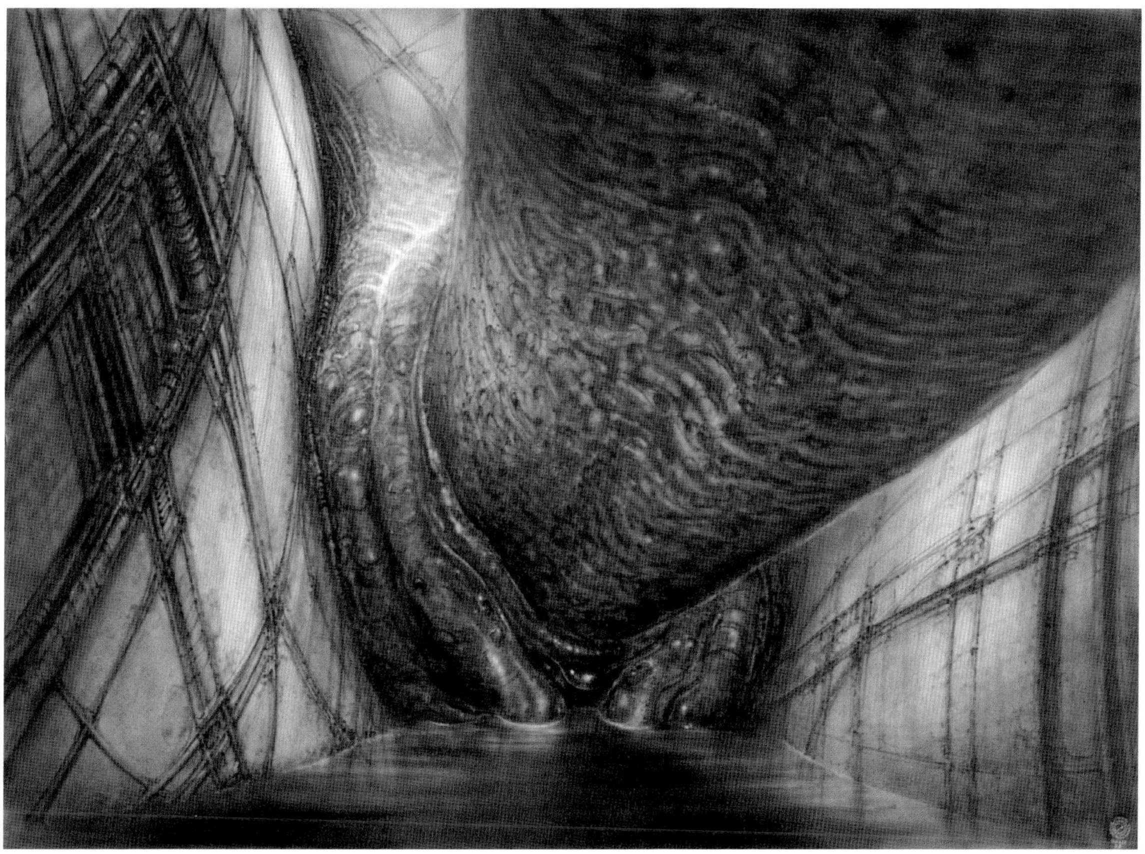

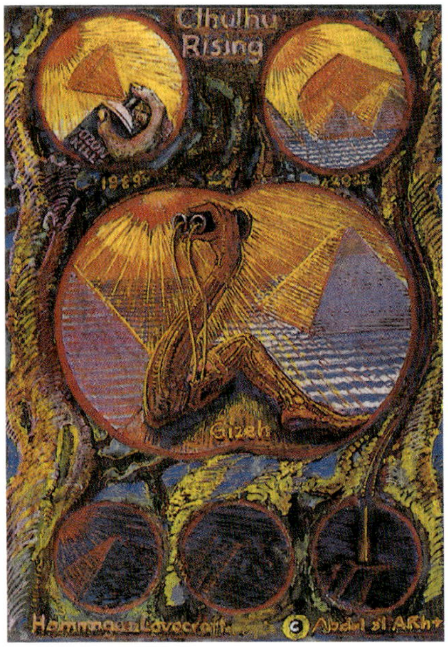

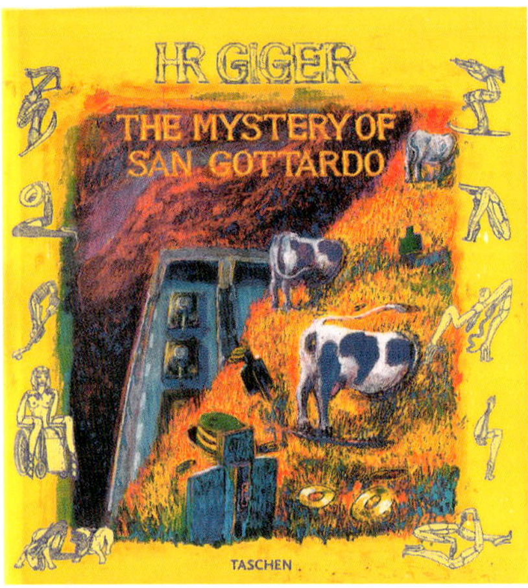

Cthulhu Rising, 1989
Marqueur sur papier, 30 x 21 cm

The Mystery of San Gottardo, 1998
Marqueur sur papier, 42 x 42 cm

PAGE 89
Ébauches pour affiche, 1989
Graisse et feutre sur papier, 35 x 24 cm

Seuls les quelques initiés, assistants et serviteurs de la vieille planète étaient toute la journée en action afin de préparer le jour J où les anciens dieux deviendraient enfin les maîtres absolus de la terre. Dans les anciens livres de magie comme le Nécronomicon *de l'Arabe dément Abdul Alhazred, qui sont difficiles à trouver, il est question du grand dieu Cthulhu qui avec son armée céleste règnera sur le monde. On dit que les dieux dorment dans les hypogées enfouis dans la terre et dans les mers.*

Un observateur rapporte qu'à l'intérieur de la grande pyramide de Chéops en Égypte, des travaux étranges eurent lieu. Elle était fermée au public déjà avant la catastrophe, sous prétexte de travaux de rénovation. Devant l'entrée s'accumulaient continuellement des monceaux de matériaux éboulés, comme si on y creusait quelque part des trous ou qu'on élargissait les couloirs menant à ladite grande galerie qui faisait penser à un chantier surdimensionné pour une rampe de lancement. À l'aide d'appareils spéciaux, on essayait de localiser les mouvements à l'intérieur de la pyramide, mais plus tard Le Caire fut inondé et l'eau atteignit presque le couloir artificiel inférieur. Les observateurs de l'armée disparurent sans laisser de traces. Plus tard – pendant la nuit – on remarqua, depuis un sous-marin, un mouvement à la pointe de la pyramide. Non sans émettre un bruit rappelant le grincement d'une lourde porte de coffre-fort, la pyramide s'aplatit encore davantage. Comme si l'œil de Dieu qui orne le billet d'un dollar allait disparaître. Puis, un profond grondement se fit entendre et un objet sortit de la pointe de la pyramide à la vitesse du son, trop vite pour être saisi.

Malheureusement, même ceux qui sont clairvoyants n'ont jamais pu éviter une catastrophe. De plus, les prophètes des catastrophes ne jouissent guère d'une grande popularité et souvent, ils sont même, le malheur une fois arrivé, accusés de l'avoir secrètement favorisé. Un artiste débordant d'imagination, Abdul A Rh+, et qui en 1987, longtemps avant la catastrophe, se trouvait à l'intérieur de la pyramide, s'imagina de la façon suivante l'ancienne partie telle qu'elle était tracée sur les plans : Quant à la représentation de la pyramide sur le plan, l'artiste a transposé la coupe d'un pistolet du type Walther sur la grande galerie et les sépultures royales. Lesdites chambres de décharge correspondent à un gigantesque silencieux. La galerie montante aurait la taille des robots armés portant des lunettes qui s'y trouvent accroupis au lieu des cartouches. Leur hauteur de 8,53 mètres correspondrait à

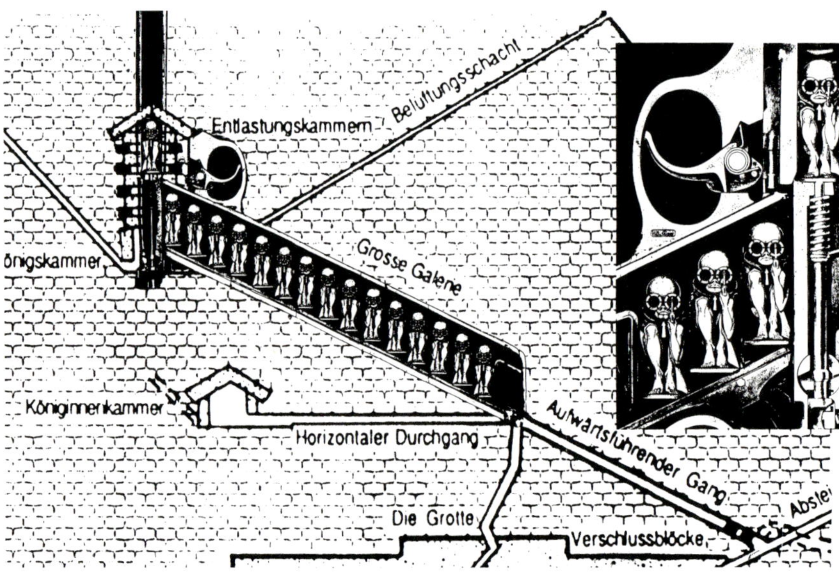

Collage, *Coupe de la pyramide de Chéops à laquelle est incorporée une machine à enfanter*

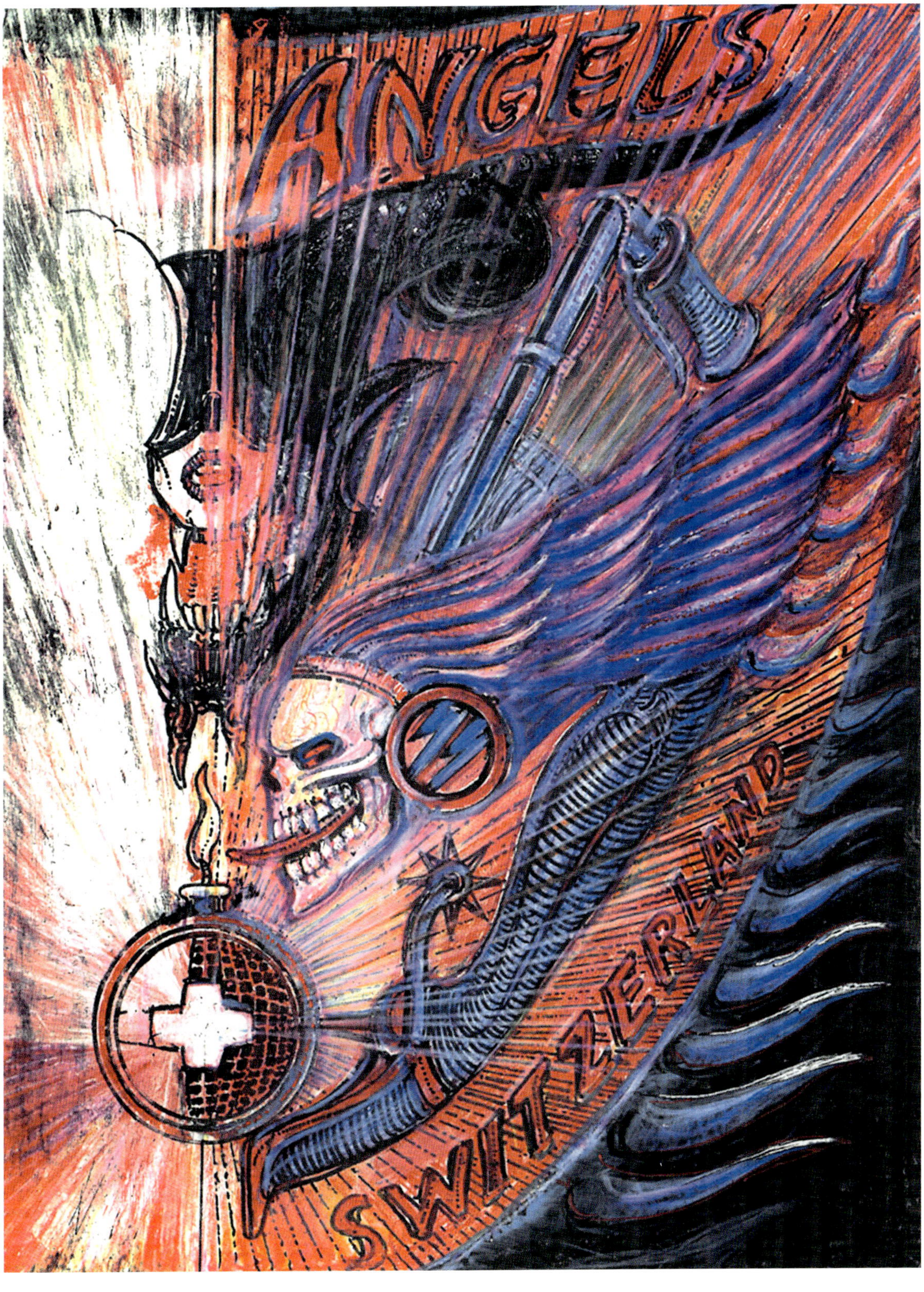
ANGELS
SWITZERLAND

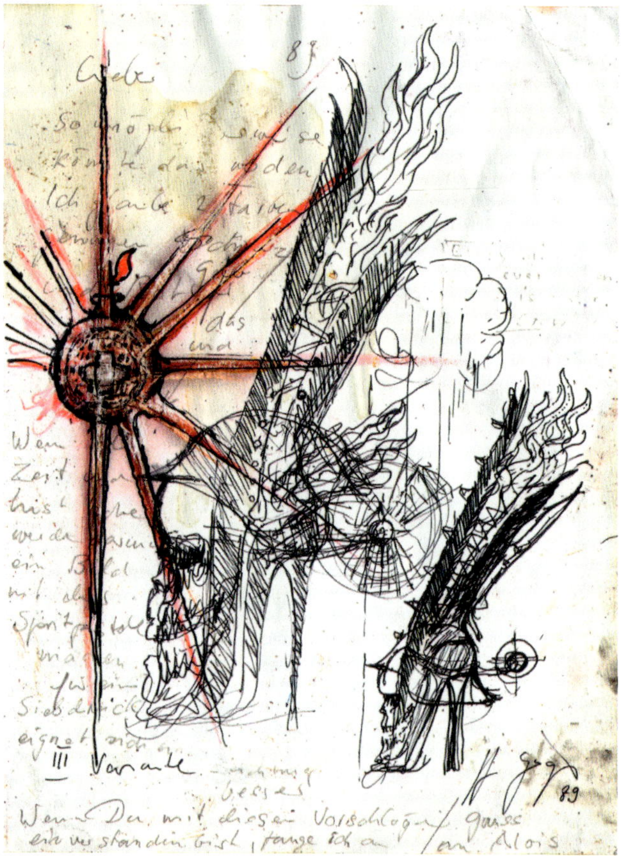

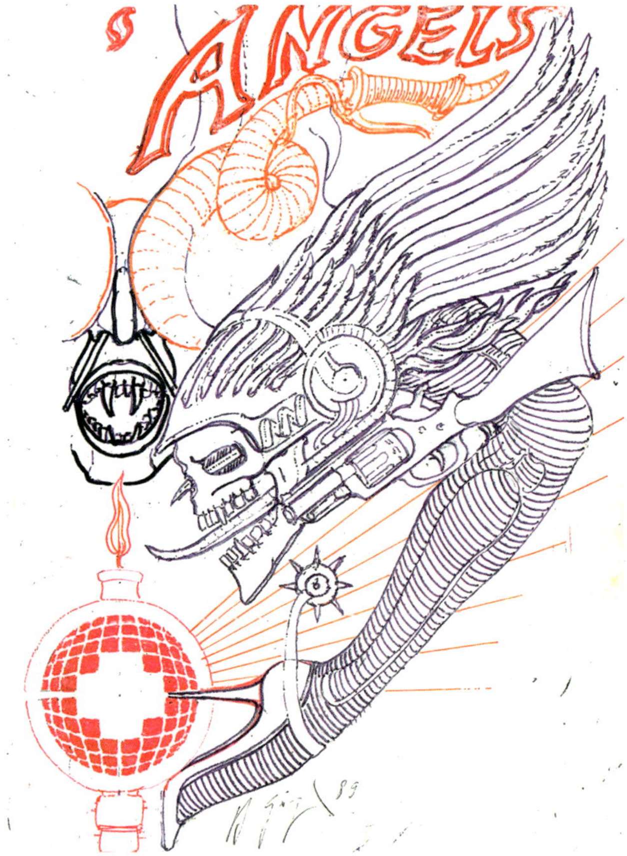
ANGELS

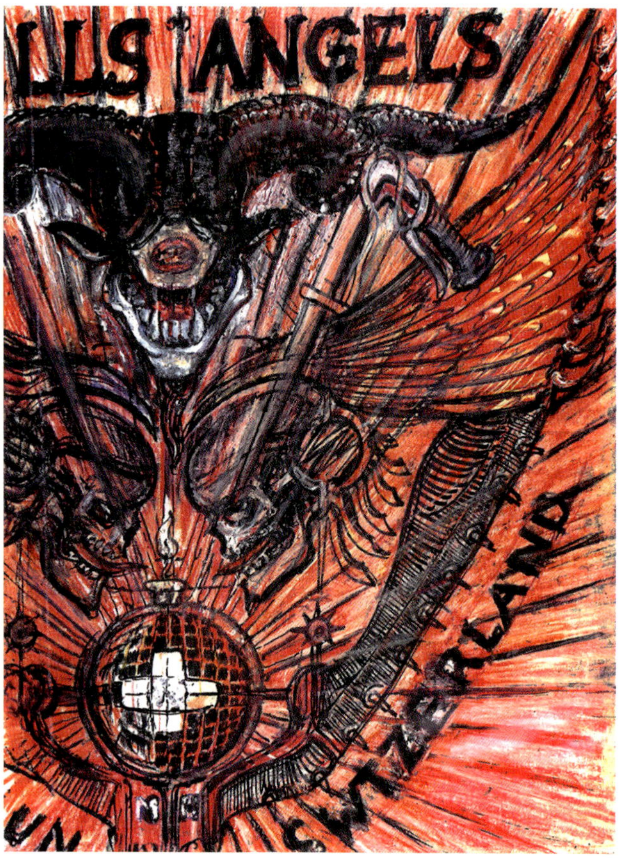
LLS ANGELS

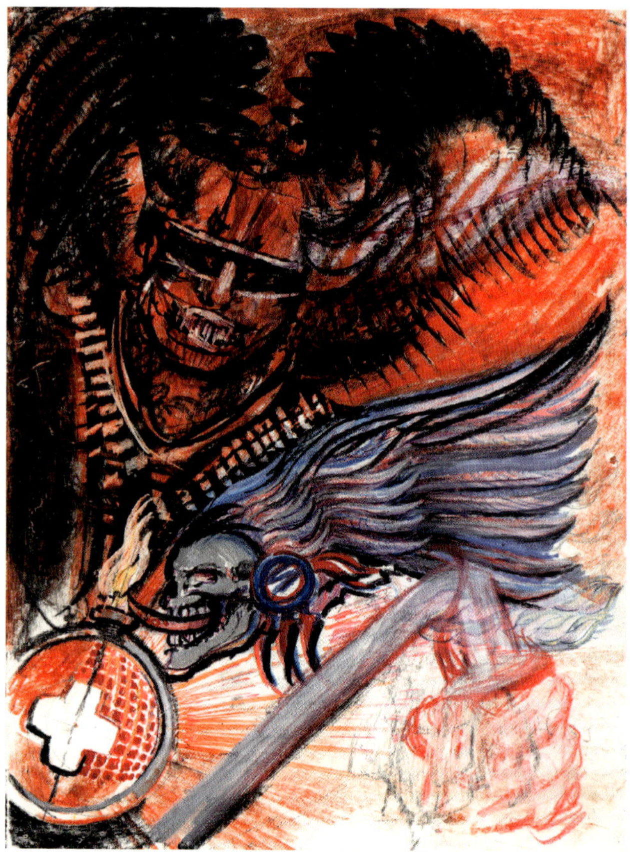

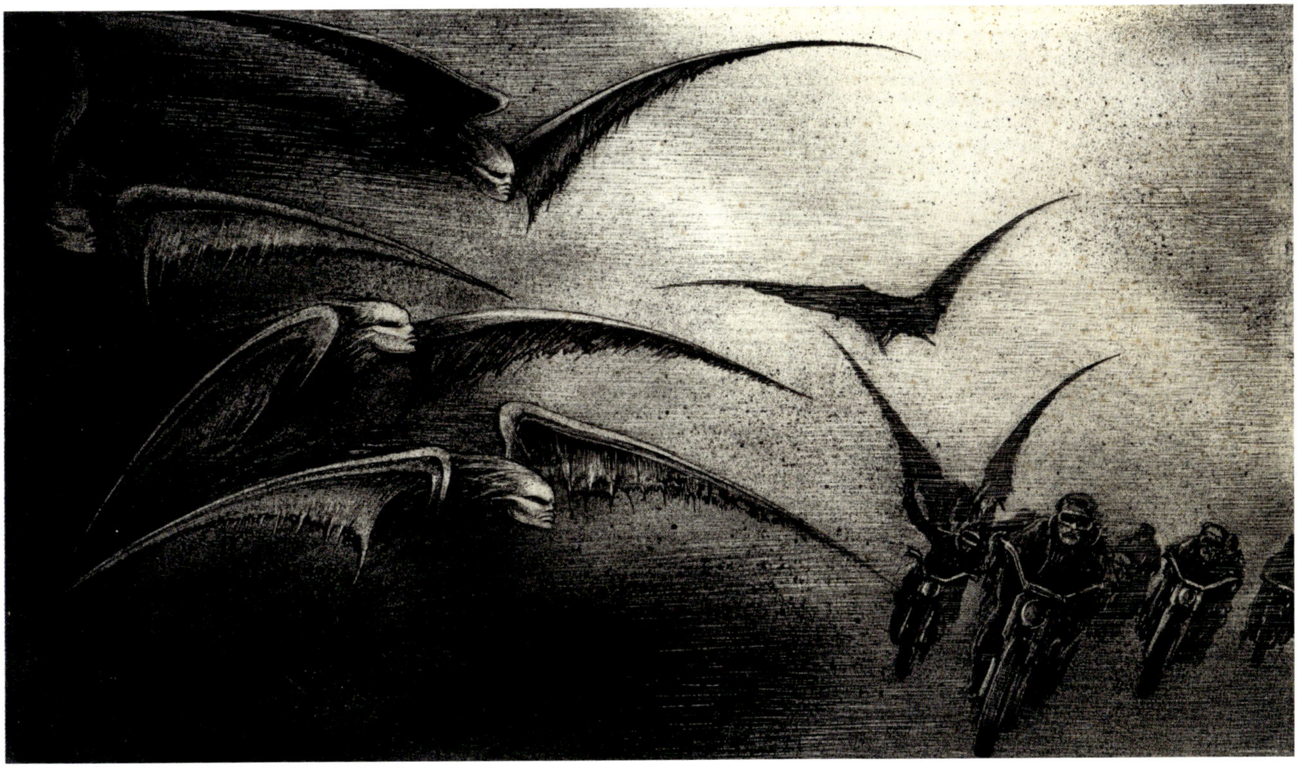

The Hells Angels, 1967
Encre de Chine sur Transcop sur papier/bois, 44 x 25 cm

notre idée de la taille des dieux. Mais il y a une chose qui ne fonctionne pas : lors du lancement d'une cartouche, seule la balle sort, donc seulement la tête.

Le Biker

Alex Schraner, solitaire et ami proche des Hells Angels of Switzerland, m'a poussé à dessiner une ébauche de l'affiche de la 10e Rencontre internationale des Hells Angels à Agasul. Il y a vingt ans déjà, les Hells Angels exerçaient sur moi une certaine fascination, comme le prouve un lavis de 1967 ; par conséquent, j'étais heureux de pouvoir faire la connaissance du président des Hells Angels, Black. Rempli d'enthousiasme et soutenu par l'imagination créative de Lex, je commençai à expérimenter avec mes feutres à vernis, et le résultat fut applaudi. Malheureusement, ce ne fut que deux jours avant le début de la manifestation que je vis l'affiche imprimée, et je fus consterné. L'affiche de couleurs lumineuses était devenue un navet fade et plat. Quelle honte ! Il était gênant pour moi de remettre à cette organisation mondiale un travail si mauvais, mais je n'avais plus le temps de le corriger. Dans la nuit qui suivit les festivités auxquelles je pouvais participer, bien qu'étant le seul qui ne fût pas membre, je me mis à remanier les affiches à l'aide du pistolet à peinture et de l'encre de Chine transparente, ce qui d'emblée améliora la qualité des images. Si jamais un des trois cent invités de la rencontre revient en Suisse, un exemplaire retouché à la main et gratuit lui est réservé.

PAGE 90
Ébauches pour l'affiche de la 10e Rencontre internationale des Hells Angels, 1989
Graisse et feutre sur papier, 35 x 24 cm

Le président des Hells Angels Suisses

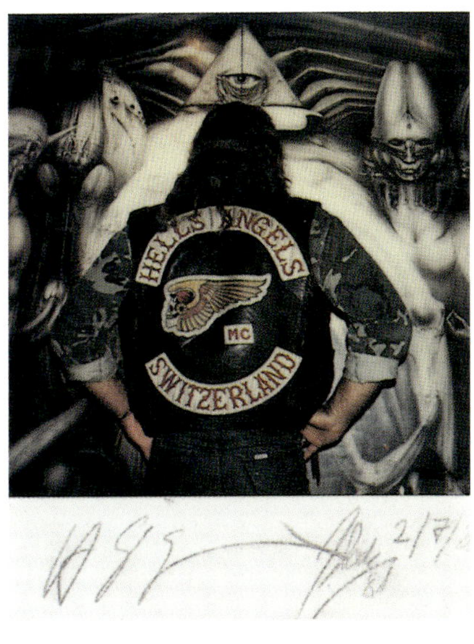

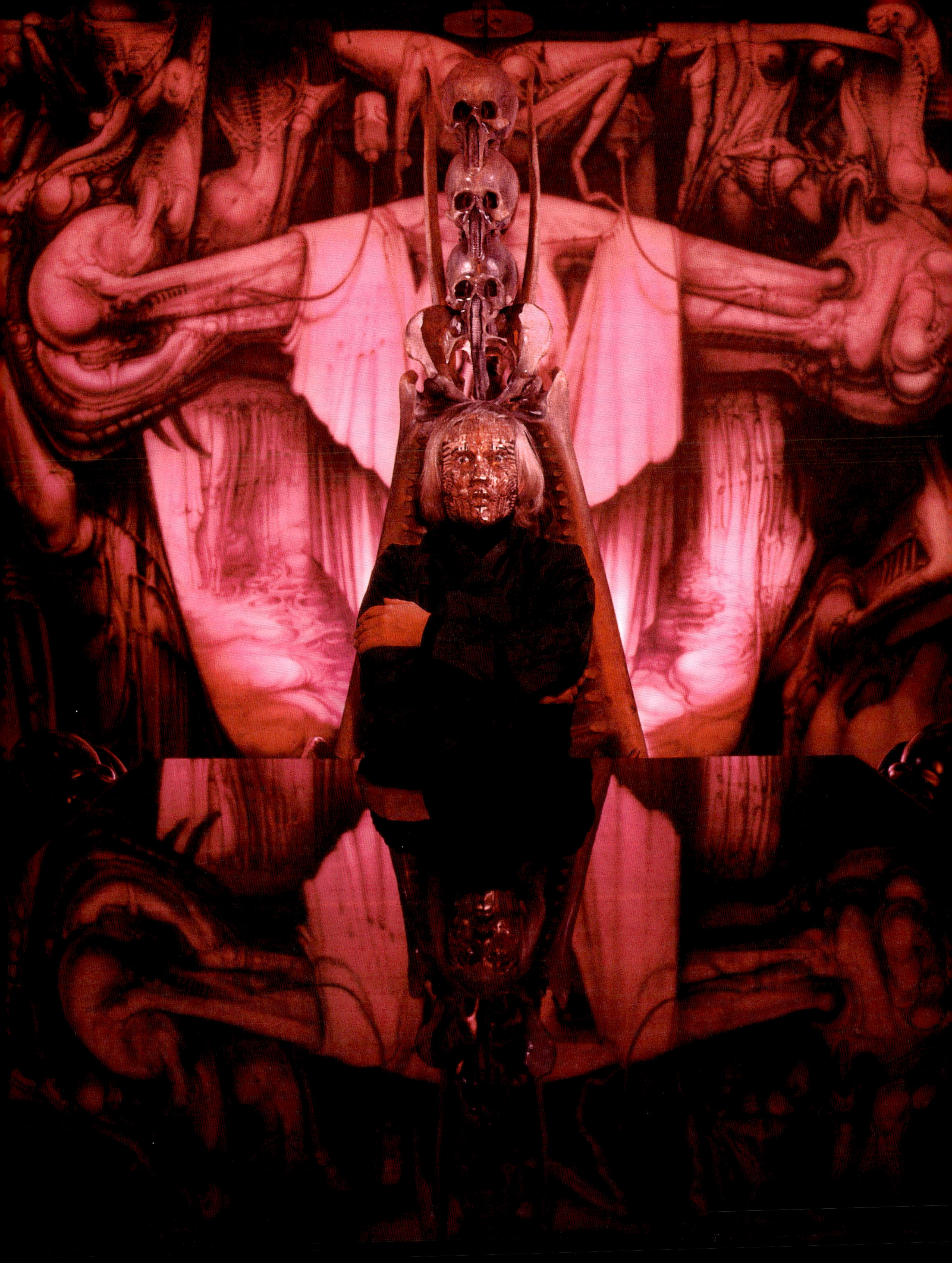

HR Giger
1940–2014
Vie et œuvre

1940 Hansruedi Giger naît le 5 février à Coire, en Suisse. Il est le deuxième enfant de Melly Giger-Meier et du pharmacien Hans Richard Giger.

jusqu'à 1956 La fascination de Giger pour le macabre se manifeste très tôt. À l'âge de six ans, une société pharmaceutique offre au père de Giger un crâne que Hansruedi promène dans les rues de la ville au bout d'une ficelle. Il est également fasciné par la momie égyptienne du musée Rhétique de la ville. Il construit dans l'appartement de ses parents un train fantôme et y promène les enfants du quartier dans un chariot. À partir de 1953, il fréquente l'école cantonale de Coire. Ses performances scolaires sont médiocres, mais il se découvre une passion pour le dessin. L'élève Giger développe une fascination pour les armes et s'entraîne au tir et à l'utilisation d'explosifs avec ses camarades de classe.

1957/58 Giger installe ce qu'il appellera plus tard sa Chambre Noire dans le grenier. Lieu de création artistique et de fêtes, salle de répétition de jazz et de rock. Giger joue du piano et du saxophone soprano. Il part suivre les cours de l'Institut Haute Rampe à Lausanne et, l'année suivante, sera scolarisé au Collège Alpina de Davos.

1959 Après son diplôme de fin de scolarité, Giger effectue un stage de dessinateur industriel auprès de l'architecte Venantius Maissen. Le cabinet reçoit beaucoup de commandes de l'Église catholique, et Giger dessine des tabernacles, des croix, des fonts baptismaux.

1960/61 Il fait ses classes à Winterthur en tant que canonnier-lanceur de mines dans les troupes à motorisation légère, et perd rapidement tout intérêt pour les armes à feu.

1962 Giger étudie à l'École des arts décoratifs de Zurich. Il participe à sa première exposition collective à la galerie Stürchler à Bâle. Il publie des dessins dans le magazine satirique underground *Fallbeil*.

1963 Giger publie d'autres dessins dans la revue underground *Clou*. Un portrait du jeune artiste paraît dans la *Neue Bündner Zeitung*.

1964 Plusieurs dessins à l'encre de Chine de la série *Atomkinder*, commencée l'année précédente, paraissent dans le journal de l'école cantonale de Coire. Il réalise des œuvres d'inspiration tachiste, peintes sur papier à la détrempe. Premiers masques, première huile sur toile d'une machine à procréer, la *Machine à enfanter*.

1965 Giger lit Sigmund Freud et commence à tenir un journal de ses rêves.

1966 Giger obtient son diplôme d'architecte d'intérieur et designer industriel de l'École des arts décoratifs de Zurich. Jusqu'en 1968, il est l'assistant du sculpteur et designer Andreas Christen, qui travaille pour Knoll International. Giger publie à compte d'auteur un portfolio de douze dessins intitulé *Une aubaine pour un psychiatre*. Il réalise la série des *Schächte (putis)*, puits inspirés par un rêve. À l'automne, il fait la connaissance de la jeune apprentie comédienne Li Tobler et s'installe en collocation avec un ami et elle dans un appartement en attente de démolition. Il y passe beaucoup de monde, parmi lesquels Peter Handke, Doris Kunstmann ou H.C. Artmann. La première exposition personnelle de Giger se tient à la galerie Beno à Zurich.

1967 Giger emménage avec Li Tobler dans un appartement sous les toits et sans chauffage. Elle termine sa formation de comédienne et joue au Theater am Neumarkt de Zurich. Giger fait la connaissance de l'écrivain Sergius Golowin et du cinéaste Fredi M. Murer. Il participe à la *Poëtenz-Schau* de l'artiste et écrivain Urban Gwerder.

1968 Giger a une exposition personnelle dans les vitrines d'Hotelplan à Winterthur. Il décide de quitter son emploi auprès du designer Andreas Christen pour devenir artiste indépendant. Fredi M. Murer lui confie la réalisation d'éléments de décor pour son film *Swiss Made 2069*. Giger réalise sa première créature extraterrestre en vinyle polyester, une sorte d'armure blanche avec magnétoscope et magnétophone intégrés dans la tête et la poitrine, ainsi qu'une cuirasse sur mesure pour un petit chien. Li Tobler est engagée dans la troupe du Stadttheater de Saint-Gall. Giger emménage dans une autre colocation. Il y peint essentiellement à l'huile de petits paysages.

1969 H.H. Kunz, cofondateur de la première maison d'édition d'affiches suisse, édite et distribue dans le monde entier certains des tableaux de Giger. Bruno Bischofberger publie les sérigraphies *Biomécanoïdes*. Giger réalise les décors de la mise en scène de Peter Stein de la pièce d'Edward Bond, *Early Morning*, au Schauspielhaus de Zurich.

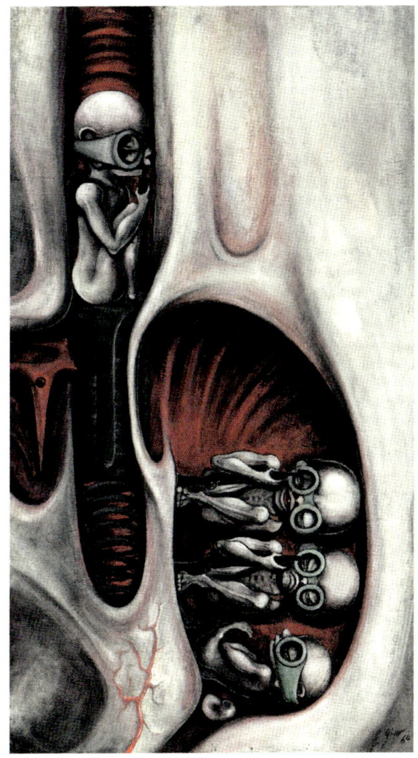

La Machine à enfanter, 1964
Huile sur papier sur bois, 114,9 x 65 cm

PAGE 92
HR Giger avec un masque sur la chaise Harkonnen-Capo, 1984

1970 La série de tableaux *Passagen*, commencée l'année précédente, avec le motif clinique-claustrophobique de la baignoire, est montrée à la galerie Bischofberger à Zurich. Li Tobler revient à Zurich. L'argent hérité de son oncle permet à Giger d'acquérir une petite maison mitoyenne en banlieue de Zurich, où ils emménagent tous les deux. Giger y installe un atelier. Il fait la connaissance du peintre Friedrich Kuhn.

1971 L'ouverture d'une benne à ordures ménagères lui donne l'idée d'une seconde série de

Passagen. Il part à Londres avec le réalisateur Fredi M. Murer tourner des scènes pour le film *Passagen* de Giger avec les docks pour décor. Sa première monographie, *A Rh+* est publiée aux éditions Walter Zürcher, Berne.

1972 Giger découvre la technique du pistolet à air comprimé et peint sur papier sans esquisse préalable. À Kassel, le Kunstverein présente une vaste exposition Giger.

1973 Giger réalise la pochette du 33 tours *Brain Salad Surgery* d'Emerson, Lake & Palmer. Il peint *Tagtraum* avec Claude Sandoz et Walter Wegmüller. La première Biennale d'art suisse à la Kunsthaus Zürich censure le paysage *Paysage XX*, représentant une copulation en série.

1974 Giger travaille sur le du *Temple des passages*, un intérieur fait de tableaux muraux, dans lequel on pénètre par un sas rappelant un sarcophage égyptien. Parution du second livre de Giger, *Passagen*, un catalogue de ses œuvres.

1975 Après un long combat contre sa dépression, Li Tobler finit par se donner la mort, dans la maison de Giger, en se tirant une balle dans la tête. Giger se rend à Cadaqués et y recentre Salvador Dalí. Impressionné, Dalí montre au réalisateur Alejandro Jodorowsky, en train de préparer son film *Dune*, un catalogue des œuvres de Giger. Fasciné, le réalisateur demande à Giger de lui créer une planète. En tenant compte de certains modèles de Moebius, il dessine Harkonnen, une colline surmontée d'un château bâti à l'image du maître, sur des os et des excréments.

1976 Le jour de l'anniversaire de la mort de Li Tobler, Giger réalise le happening *The Second Celebration of the Four* comme un rituel à sa mémoire. Exposition personnelle à la galerie Sydow-Zirkwitz à Francfort-sur-le-Main.

1977 Premier séjour aux États-Unis pour l 'inauguration de l'exposition de groupe *Images of Horror and Fantasy* au Musée du Bronx de New York. À Zurich, la Kunsthaus accueille une vaste exposition Giger. La monographie *Giger's Necronomicon* est publiée. Le coûteux projet *Dune* ne trouve pas de financement mais Giger reçoit un appel de Dan O'Bannon, scénariste en charge d'un nouveau projet de film intitulé *Alien* qui lui demande de créer un monstre. Giger développe des idées pour le Facehugger et l'œuf de la créature. À la fin de l'année, il rencentre Mia Bonzanigo qui deviendra sa compagne par la suite.

1978 La Twentieth Century Fox engage Ridley Scott pour le projet *Alien*. O'Bannon lui montre le *Necronomicon* et le réalisateur est emballé, il a trouvé le monstre pour son film. Giger peint une trentaine de tableaux en préparation. Le tournage commence aux studios Shepperton, près de Londres et Giger rejoint l'équipe pour superviser jour et nuit la réalisation de ses images.

1979 La première européenne du film *Alien* a lieu à Nice, puis à Londres et Paris. En mai, Giger et Mia Bonzanigo se rendent à Hollywood pour assister à l'avant-première avec Timothy Leary et son épouse Barbara. Sur le Sunset Boulevard, on a installé l'énorme Space Jockey. Au retour de ce voyage, HR Giger se marie avec Mia.

1980 Parution du livre *Giger's Alien* avec une préface de Timothy Leary. Les tableaux et croquis réalisés pour *Alien* sont exposés au Musée cantonal des Beaux-Arts de Lausanne. Le 14 avril, au Dorothy Chandler Pavilion, son équipe et lui se voient remettre l'Academy Award for Best Achievement in Visual Effects pour

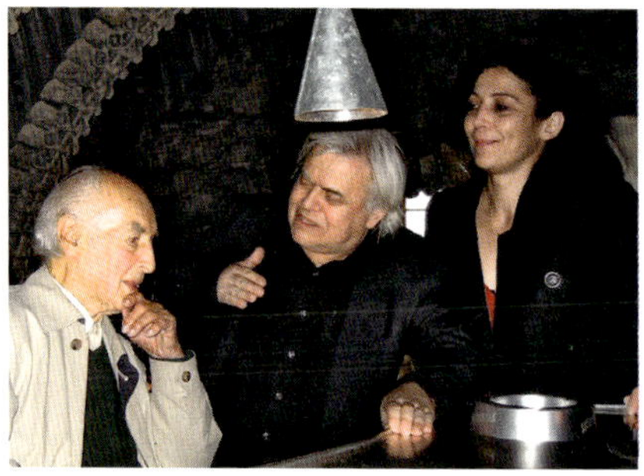

Alien. Giger inaugure aux Hansen Galleries de New York une exposition de tableaux érotiques qui fait l'objet d'une série photographique de quatorze pages dans *Penthouse*. Ce séjour inspire à Giger une nouvelle série intitulée *N. Y. City*.

1981 Giger construit une chaise *Harkonnen* en plâtre et en os, sur le modèle de celle qu'il avait créée en 1975 pour le film *Dune*. Il crée la pochette du premier album solo *KooKoo* de Debbie Harry. Il réalise les clips de deux de ses titres *Backfired* et *Now I Know You Know* et son *Temple des passages* sert de coulisse au tournage.

1982 La série des meubles *Harkonnen*, qui comprend une table et un miroir, est exposée au restaurant Nouvelle à Zurich. À Winterthur, la Kunsthalle im Waaghaus expose certains tableaux de la série *N. Y. City*. Giger travaille au projet de film *The Tourist* de Brian Gibson. Un an et demi après leur mariage, HR Giger et Mia Bonzanigo divorcent ; ils resteront amis.

1983 Giger peint la série *Victory* dans des tons rouges avec de la peinture fluorescente et réalise également les *Totems*, poteaux métalliques surmontés de têtes hurlantes.

1984 Grande rétrospective au Seedamm-Kulturzentrum de Pfäffikon, près de Zurich. Giger dessine l'affiche du film de science-fiction à petit budget *Future Kill* de Ronald Moore.

1985/86 Giger doit développer des scénarios d'épouvante pour le film *Poltergeist II* réalisé par Brian Gibson. Cette fois, le film sort, mais Giger est déçu du résultat. Giger réalise deux tableaux pour la pochette de l'album *To Mega Therion* du groupe suisse de métal avant-gardiste Celtic Frost. Parution du livre *Necronomicon II*.

1987 Vaste exposition personnelle au Shibuya Seibu Seed Hall de Tokyo. Les livres de Giger paraissent en traduction japonaise et un fan club japonais de Giger se crée. Le réalisateur Akio Jissoji demande à Giger de réaliser un monstre pour son nouveau film, *Teito Monogatari*.

1988 Inauguration à Tokyo d'un HR Giger Bar, dont l'artiste dessine l'aménagement intérieur. Des contraintes strictes en matière empêchent le projet d'être réalisé d'après les plans initiaux, qui prévoyaient de faire monter et descendre sur quatre étages des tables pour deux personnes dans des cabines d'ascenseur ouvertes. Exposition de dessins de Giger à l'Art-Magazin à Zurich. Le livre *HR Giger's Biomechanics* paraît.

1989 Giger peint ses premiers tableaux présentant des reliefs dans des tons rouges et bleus. Il réalise des croquis pour un nouveau projet de film de Ridley Scott, *The Train*, que le réalisateur mettra finalement de côté. Il travaille sur *Alien II* mais les idées de Giger ne sont guère mises en valeur. Il dessine la pochette d'*Atomic Playboys* du guitariste rock américain Steve Stevens.

1990 Giger travaille à son propre projet de film, *The Mystery of San Gottardo*. Il réalise un livre faisant office de scénario, mélange de bande dessinée et de roman illustré. Les personnages principaux sont des créatures biomécaniques composées uniquement de bras et de jambes reliés par un ordinateur surpuissant. Il commence à travailler sur l'identité visuelle du projet de film *Dead Star* de William Malone (qui sortira au cinéma en 2000 sous le titre *Supernova*, confié à un autre réalisateur). Ouverture de l'exposition *Alien dans ses meubles* au château de Gruyères à l'occasion du 50ᵉ anniversaire de l'artiste. Son cinquantenaire est l'occasion de nombreuses ex-

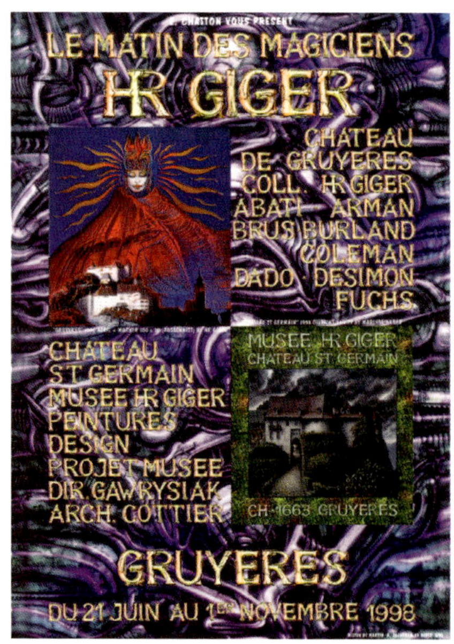

positions dans des galeries, et d'une exposition au Musée des beaux-arts des Grisons de Coire.

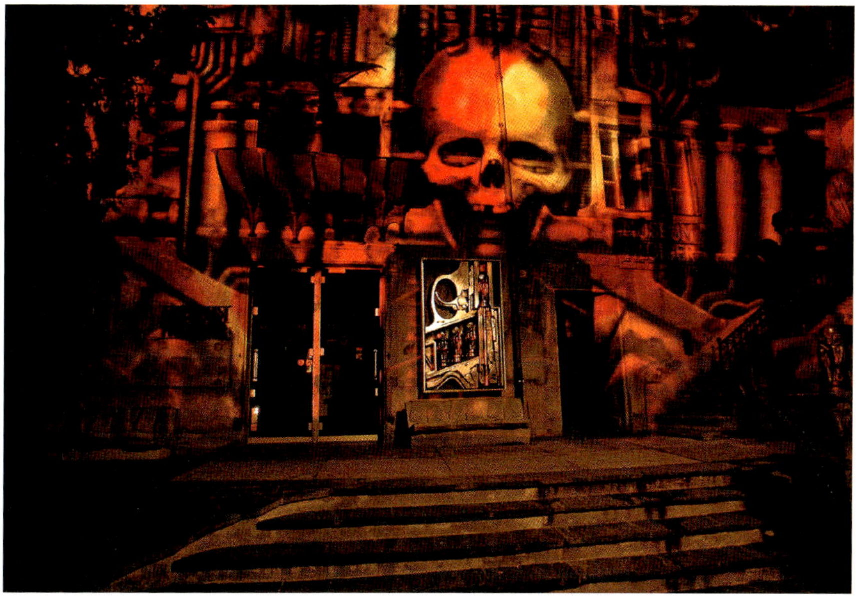

1991 La rétrospective Giger intitulée *Biomechanische Visionen* s'ouvre à la Painthouse Akademie de Davos.

1992 Inauguration à Coire d'un HR Giger Bar, entièrement pensé par l'artiste. On y retrouve les meubles Harkonnen ainsi que des tables en verre, des miroirs, des appliques murales et un comptoir dans le même style. Il travaille à une fontaine avec les douze signes du zodiaque sous forme de sculptures biomécanoïdes composées de bras et de jambes; il est prévu d'installer l'œuvre sur la place en face du bar Giger. Le jeu vidéo *Dark Seed*, un jeu d'horreur explore un sombre monde parallèle imaginé par Giger. Une rétrospective Giger est présentée au Museum Baviera de Zurich. Giger publie, en collaboration avec le magicien Akron, le *Baphomet – Tarot der Unterwelt* composé de vingt-deux cartes, pour lesquelles il associe certains motifs de ses tableaux aux puissances occultes.

1993 Giger présente dans des galeries, à Burgdorf et New York, son *Watch Abart*, inspiré par des croquis et des sculptures de montres avec des piques sur la face intérieure du bracelet, ainsi qu'un masque fétiche coulé dans le métal. Pour la pochette de l'album du groupe américain Danzig, *How the Gods Kill*, Giger adapte son tableau *Maître et Marguerite* de 1976.

1994/95 Giger travaille sur le film *Species* pour la MGM. Il développe le personnage de la créature extraterrestre hybride Sil, tantôt reptile tueur, tantôt femme fatale. Il crée également un train fantôme. Cela lui donnera l'idée de construire une sculpture de train fantôme dans le jardin de sa maison de Zurich. C'est dans le cadre de son travail sur *Species* que Giger réalise ses dernières œuvres au pistolet à air comprimé.

1996 Rétrospective Giger *Visioni di fine millennio* au Palazzo Bagatti Valsecchi à Milan. En mars, le site Internet de Giger est mis en ligne; 150 000 visiteurs jusqu'à la fin de l'année. Il poursuit son travail sur la *Fontaine du zodiaque*, finalement réalisée dans son jardin. Parution du livre *www HR Giger com* par TASCHEN.

1997 Acquisition aux enchères du château Saint-Germain, à Gruyères, pour y installer son propre musée. Initialement, Giger prévoit de construire un train dans les wagons duquel le visiteur, attaché par une ceinture, pourra observer les œuvres comme dans un train fantôme.

1998 Inauguration du HR Giger Museum dans le château Saint-Germain à Gruyères qui accueille ses œuvres principales, mais aussi sa collection personnelle d'œuvres d'autres artistes. Avec TASCHEN, il publie le livre *Mystery of San Gottardo* qui contient texte, design des caractères et scènes du futur film.

2000 Giger dessine un pied de micro pour Jonathan Davis, chanteur du groupe américain Korn.

2001 Carmen Scheifele et la commissaire d'exposition Ingrid Lehner succèdent à la première directrice Barbara Gawrysiak à la tête du HR Giger Museum.

2003 Inauguration du HR Giger Bar dans le musée de Gruyères. Cette fois encore, l'artiste a pensé toute la décoration. Exposition personnelle à la Fletcher-Art Gallery à Woodstock.

2004 Rétrospective *Le monde selon HR Giger* au musée de la Halle Saint-Pierre à Paris. Giger se voit décerner la médaille de la Ville de Paris. Réalisation de nombreux projets parmi lesquels un pendentif Baphomet en argent fin, la *Giger SmartSkin* pour les téléphones mobiles, des sculptures peintes inspirées des *Passagen* avec des bennes à ordures ou encore un gratte-dos *Alien*.

2005 Le site web www.hrgigermuseum.com, conception et design Carmen Scheifele avec HR Giger, programmation Daniel Krenger et Urs Senn, mises à jour régulières Matthias Belz. Le facteur de guitares Ibanez présente la série des HR Giger Signature Guitars. Vaste rétrospective Giger au Musée technique national de Prague.

2006 Dix ans après leur rencontre, HR Giger et Carmen Scheifele se marient; leur vieil ami, l'aubergiste et poète Urs Tremp est maître de cérémonie. La Kunsthaus de Vienne présente la rétrospective *Giger in Wien*.

2007 L'exposition *Das Schaffen vor Alien, 1961–1976* au Musée des beaux-arts des Grisons de Coire, inaugure, avec un catalogue plus orienté vers l'histoire de l'art, une nouvelle phase de la réception de l'œuvre de Giger. On peut voir des sculptures, dessins et objets de Giger à l'Université polytechnique de Valence, en Espagne.

2009 Le Deutsches Filmmuseum de Francfort-sur-le-Main présente une vaste exposition des travaux de Giger pour le cinéma; l'exposition part ensuite au Tampere Art Museum, en Finlande. Rétrospective a lieu au Sala Kubo, à San Sebastián, en Espagne. Réalisation du documentaire *HR Giger Revealed* de David N. Jahn.

2010 Ouverture à Sarnen, pour les soixante-dix ans de Giger, de l'exposition *HR Giger in Obwalden*. La pochette de l'album, intitulé *Eparistera Daimones*, de Triptykon, groupe succédant à Celtic Frost, reprend le tableau de Giger *Vlad Tepes* (1978); comme début d'un triptyque CD en commun faisant appel aux thèmes chers à l'artiste.

2011 La Kunst Haus de Vienne présente l'exposition *Träume und Visionen*. Le réalisateur Ridley Scott invite Giger à participer à la création de *Prometheus* qui fait suite à la saga *Alien* et il réalise divers dessins pour le film.

2013 HR et Carmen Giger se rendent à Londres pour la première du film *Prometheus*. Parution du livre *Alien Diaries* qui contient les facsimilés du journal illustré que l'artiste tenait à l'époque du tournage. Giger présente l'exposition *Die Kunst der Biomechanik* au Lentos Kunstmuseum de Linz. On célèbre le 50e anniversaire du musée HR Giger à Gruyères en présence de l'artiste.

2014 HR Giger meurt le 12 mai après une chute dans sa maison. Il est inhumé au cimetière de Gruyères d'où on peut voir son musée. Il laisse deux grands projets en cours: le film documentaire *Dark Star* de Belinda Sallin et une monographie parue en 2016 aux éditions TASCHEN.

Remerciements

Un grand merci à Carmen Giger qui nous a apporté son soutien dans ce projet. Elle maintient en vie l'héritage de son mari grâce à son travail de directrice du musée HR Giger au sein du château Saint-Germain à Gruyères. Une visite du musée s'impose à tous ceux qui aimeraient approfondir les impressions que les œuvres que nous avons présentées ici leur ont procurées.

COUVERTURE
Li I (détail), 1974
Acrylique et encre de Chine sur photo, 70 x 97 cm

PAGE 2
HR Giger à l'entrée du *Temple des passages* (aire d'entrée), 1975

PAGE 94 EN HAUT
HR Giger avec Albert Hofmann et Carmen au HR Giger Bar, Gruyères, 2005

PAGE 94 EN BAS
Affiche d'exposition, 1998

PAGE 95
Ouverture du HR Giger Bar, Gruyères, 2003

QUATRIÈME DE COUVERTURE
HR Giger devant la Kunsthaus Zürich, 1977

Achevé d'imprimer

UN LIVRE TASCHEN, UN ARBRE PLANTÉ!
Chaque année, nous compensons nos émissions de CO_2 avec l'Instituto Terra, un programme de reforestation de l'État du Minas Gerais, au Brésil, fondé par Lélia et Sebastião Salgado. Pour plus d'informations sur ce partenariat environnemental, rendez-vous sur: www.taschen.com/institutoterra.
Inspiration: illimitée.
Empreinte carbone: (presque) nulle.

Envie d'en savoir plus? Consultez taschen.com pour découvrir nos toutes dernières parutions, parcourir notre nouveau magazine et vous abonner à notre newsletter.

Hohenzollernring 53, D–50672 Köln
www.taschen.com

Traduction: Évelyne Ferry
Biographie: Lutz Eitel, Berlin

Printed in Slovakia
ISBN 978-3-8365-3419-2